팀워크로
혁신을 설계하는

캡스톤 디자인

아이디어에서 사업화까지

양창훈·원성권·송진호 지음

초아출판사

머리말

여러분은 시험을 위해 밤새 암기한 지식들이 실생활에 얼마나 활용되는지 생각해 본 적이 있으신가요?

대학 교육의 진정한 가치는 지식의 습득을 넘어 그 지식을 현실 세계의 문제해결에 적용할 수 있는 능력배양에 있습니다.

제가 25년 전 해외 유학 중 석사과정 마지막 학기에 처음 접한 '캡스톤디자인'이라는 과목은 바로 이러한 교육의 본질을 일깨워주는 소중한 경험이었습니다.

당시 한국에서는 생소했던 이 과목은, 교실에서 배운 전공 지식을 실제 현장의 문제에 직접 적용하여 구체적이고 창의적인 해결책을 만들어내는 과정이었습니다. "이론은 충분히 배웠으니, 이제 그것을 가지고 무엇을 할 수 있는지 여러분이 보여 주세요"라는 교수님의 도전적인 말씀이 아직도 생생합니다. 캡스톤디자인은 시험지 위의 답안이 아닌, 그동안 배운 모든 지식을 활용하여 우리 주변의 실질적인 문제에 대한 실천적 아이디어와 실효성 있는 대안을 제시하는 실전 프로젝트였습니다.

대학 교육은 크게 'Science'와 'Art'라는 두 축으로 구성됩니다. 'Science'는 '왜(Why)'의 문제 규명을 위한 보편적 지식의 탐구로, 현상의 원인과 결과, 즉 인과관계에 대한 비판적 사고를 통해 현실을 진단하고 설명하는 체계화된 지식을 구축합니다. 반면 'Art'는 '어떻게(How)'에 초점을 맞추어, 가치 판단적 문제해결을 위한 처방적 지식을 탐구하고 적용하는 실천적 타당성을 강조합니다. 이는 문제가 '왜' 발생했는지 이해하는 것과, 그것을 '어떻게' 해결할지 실행하는 것 사이의 균형입니다.

캡스톤디자인은 바로 이 두 영역의 접점에서, 대학에서 습득한 이론적 지식(Science)을 우리 사회의 실질적인 문제해결에 적용(Art)하는 실전형 교육 프로그램입니다. 이는 교과서와 강의실의 경계를 허물고, 학생들이 전공 지식을 실제 상황에서 활용하며 실무 능력, 창의적 사고, 그리고 혁신적 문제해결 역량을 키울 수 있는 귀중한 기회입니다.

특히 주목할 점은 캡스톤디자인이 개인의 노력만으로 완성되는 것이 아니라는 점입니다. 서로 다른 관점과 배경을 가진 학생들이 하나의 팀을 이루어 공동의 목표를 향해 협력할 때, 비로소 진정한 집단 지성이 발휘되고 의미 있는 혁신이 탄생합니다. 때로는 좌절하기도 하고 실패의 순간도 있겠지만, 이러한 협력적·창의적 문제해결 과정은 학생들에게 실제 현장에서 요구되는 팀워크, 의사소통 능력, 갈등 관리, 리더십 등을 자연스럽게 체득하는 소중한 경험이 됩니다.

이 책은 캡스톤디자인을 처음 접하는 학생들과 이를 지도하는 교수님들 모두에게 실질적인 안내서가 되고자 합니다. 학부 과정에서 배운 지식이 단순한 이론적 개념으로 머물지 않고, 우리 사회의 실질적인 변화와 혁신을 이끄는 실천적 도구로 활용되길 바랍니다. 캡스톤디자인을 통해 학생들이 자신의 전공 지식에 대한 깊은 이해와 함께, 문제 정의부터 해결책 도출까지의 전 과정을 경험하고, 협업의 가치와 도전을 극복하는 성취감을 느끼길 진심으로 희망합니다.

지식의 실천과 협력적 문제해결의 여정이 모든 참여자에게 의미 있는 배움과 성장의 기회가 되기를 기원하며, 이 책이 여러분의 캡스톤디자인 경험을 더욱 풍요롭고 성공적으로 만드는 데 조금이나마 도움이 되길 바랍니다.

2025년 가톨릭관동대학교 행정학과

교수 양창훈

목차

머리말 2

세상을 바꾸는 것은 창의력이다. 9

PART 1
창의력

I. 창의력 16

01. 창의적인 생각 16
02. 생각의 틀 18
03. 긍정적 사고와 부정적 사고 20
04. 어려움과 불가능의 차이 22
05. 창의력 7가지 접근법 23

PART 2
대학의 시대적 학습 변화

II. 대학의 학습 변화 28

01. 학습자의 변화 28
02. 변화된 학습, 이젠 어떻게 가르칠 것인가? 30
03. 4차 산업혁명의 도래 30
04. 대학의 변화 32

III. 어떻게 하면 잘 가르칠 수 있을까? 40

01. 신 디지털 세대 출현 40
02. 학습목표에 따른 분류 41
03. 플립러닝(Flipped Learning), 블랜디드 러닝(Blended Learning) 43

IV. 대학의 4차 산업혁명 관련 교육과정 개편 트랜드 46

01. 대학혁신 지원방안의 7개 혁신 제도 46
02. 국내 대학들의 과정 개편 49

V. 급변하는 환경 이해하기 57

PART 3
관찰과 아이디어 창출

VI. 관찰력 키우기 62

01. 일반적인 사물에 새로운 의문을 가져라. 62
02. 세밀한 관찰로 남들이 놓치는 것을 발견하고 남들이 떠올리지 못한 생각을 하자. 63
03. 실수나 실패를 제품의 다른 시장이나 사용기능 변화를 살펴보자. 68
04. 시각·후각·청각·촉각·미각의 오감을 적용해 보라. 69
05. 제품이나 서비스 개발은 불편을 해소하는 방향에서 시작하라. 70
06. 응용력을 통해 새롭게 탄생시켜 보자. 71
07. '왜 그럴까?'를 지속적으로 생각하며 사물을 깊게 관찰하라. 72

VII. 아이디어 창출 74

01. 아이디어 창출 사례 74
02. 사회변화와 새로운 직업 81

PART 4
캡스톤디자인 수업

VIII. 캡스톤디자인 스케치 90

01. 캡스톤디자인 / 융합 캡스톤디자인 90
02. 캡스톤디자인의 유형 94
03. 캡스톤디자인의 지원 연계성 95
04. 캡스톤디자인 과목 목적 및 팀원의 역할 96
05. 캡스톤디자인의 팀 운영의 핵심 97
06. 캡스톤디자인의 3가지 영역 99
07. 캡스톤디자인 수업을 통해 학생 개인이 얻게 되는 것들 99
08. 팀의 구성 및 자율운영팀 102
09. 캡스톤디자인 강의계획 예 104

IX. 캡스톤디자인 수업 들어가며 110

01. 학습 동기 부여 110
02. 천재는 한 분야에 미친 노력의 결과이다. 114

X. 캡스톤디자인 수업 사고기법 125

01. 캡스톤디자인의 사고 영역 125

02. 창의적 문제해결 절차 128

03. 아이디어 발굴을 위한 기법 130

1. 브레인 스토밍과 브레인 라이팅 132
2. 속성 나열법 133
3. 스캠퍼 134
4. 형태 분석법 136
5. 강제열거법 137
6. 육색 사고모 138
7. 시네틱스 140
8. 마인드 맵 141
9. 하이 라이팅 142
10. 역브레인 스토밍 142
11. 평가 행렬법 143
12. 쌍비교분석법PCA 144
13. 만다라트 145
14. 친화도법 Diagram(KJ기법) 148
15. PMI (Plus, Minus, Interesting) 149
16. 트리즈 TRIZ 151
17. OS(Object/Solution) Matrix 154
18. M/T Matrix 155
19. TEMPEST 분석 156
20. IDEO의 디자인 씽킹 3단계 156
21. 구글의 10가지 디자인 원칙 157
22. 일반적인 사회조사 프로세스 159

XI. 아이디어 선정 및 평가 161

01. 아이템은 전략적 우위성 확보가 중요하다. 161

02. 신제품 개발 평가 : NPD 164

03. 사업 타당성 평가 166

PART 5
사업화

XII. 마케팅 계획 Marketing Plan 172

01. 마케팅 전략체계 172

02. 고객분석의 틀 173

03. 구매 의사결정의 주체 173

04. 소비자 구매 의사결정 174

05. 시장 세분화, 표적시장, 포지셔닝 175

06. SWOT분석 177

07. 신제품 성장전략 대안 179

08. 가격 결정 방법과 특성 비교 180

09 브랜드명 선정기준 182

10. 판매촉진 183

11. 신제품이 실패 한 이유 184

XIII. 사업계획서 작성 187

01. 사업계획서 187

02. 사업계획서 작성 방법 203

03. 사업계획서의 종류 220

04. 신제품 개발 계획서 231

05. 비즈니스 모델 233

06. 비즈니스 모델 캔버스 구성 239

07. 지식재산권 244

PART 6
캡스톤디자인 리더십 과정

XIV. 캡스톤디자인 리더십 교육과정 274

01. 팀의 시작 276

02. 팀의 이해 277

03. 캡스톤디자인의 팀 리더의 역할 280

04. 팀 리더의 바람직한 위상과 팀원의 업무 282

05. 캡스톤디자인 팀 관리 (Management) 284

06. 팀장이 캡스톤디자인에서 기억해야 할 원칙 285

07. 커뮤니케이션(Communication) 288

08. 프리젠테이션(Presentation) 292

맺음말 298

참고자료 300

세상을 바꾸는 것은 창의력이다.

기술 혁신가이자 사물인터넷(Internet of Things)의 개념을 창시한 케빈 애슈턴(Kevin Ashton)은 「창조의 탄생」(How to Fly a Horse)에서 모든 창조는 천재의 머리에서 나오는 것이 아니라 일반적인 사고에서 나오며, '문제가 해결책으로 이어지고, 그 해결책이 다시 새로운 문제로 이어지는 일련의 단계를 거친다.' 라고 설명했다. 애플의 공동 창업자이자 CEO였던 스티브 잡스(Steve Jobs)는 2007년 최초의 스마트폰인 애플 아이폰을 발표하면서 기존 휴대폰과는 달리 물리적 키보드 대신 전체 화면을 터치스크린으로 구성하는 혁신적인 접근법을 도입했다. 과연 이러한 혁신은 어떻게 가능했을까?

1. 문제: 기존 휴대폰은 물리적 키보드가 있어 화면 크기에 제약이 있다.
해결책: 물리적 키보드를 없애고 전체 화면을 터치스크린으로 구성할 필요가 있다.

2. 문제: 그럼, 터치스크린을 어떻게 조작할 것인가?
해결책: 효과적인 포인팅 장치가 필요하다.

3. 문제: 휴대폰의 좁은 디바이스에 어떤 포인팅 장치를 사용할 것인가?
해결책: 마우스나 스타일러스(Stylus)와 같은 장치를 고려해 본다.

4. 문제: 마우스는 휴대가 불편하고, 스타일러스는 분실의 우려가 있다.
해결책: 사용자의 손가락을 직접 포인팅 장치로 활용하자.

경영학자 윤석철 교수는 “인생 그 자체가 창조의 여정이며 우리의 삶을 구성하는 모든 창조가 상상력을 필요로 한다.”고 말했다. 이 상상력이 생명 연장, 우주 개척, 생활의 편리함을 가능하게 한다. 창조 없이는 세상의 변화도 없으며, 그 시작은 상상력에서 비롯된다. 모든 사물의 실체는 인간의 상상력에서 시작되며, 문제 해결 역시 상상에서 출발한다. 상상은 창의력 발휘로 이어지고, 창의력은 새로운 사고를 통해 문제를 해결할 수 있게 한다.

과도한 출혈로 인한 생명 위험 상황에서 수혈(Blood transfusion)은 가장 중요한 응급 치료법이다. 현대적 수혈 기술은 어떤 역사적 배경을 거쳐 발전했을까?

1665년 영국에서 처음으로 동물 간 수혈 실험이 성공했고, 이에 영향을 받은 프랑스에서는 1667년 인간에게 처음으로 동물 혈액을 수혈하려는 시도가 있었다. 당시 가장 순수하다고 여겨진 어린 양(Sheep)의 혈액이 수혈용으로 사용되었으나, 수혈받은 환자 대부분이 심각한 합병증을 겪거나 사망했다. 이후 1678년 프랑스는 법으로 수혈을 금지하여 약 150년간 수혈 연구가 중단되었다.

오랜 시간이 지난 후, 수혈에 대한 인간의 호기심과 연구가 다시 활기를 띠기 시작했다.

1818년, 영국 런던의 가이즈(Guys) 병원에서 인간 간 수혈이 시도되었으나, 결과는 실패였다. 어떤 환자는 회복했지만, 다른 환자는 사망했다. 이러한 수수께끼는 1901년 칼 란트슈타이너(Karl Landsteiner)에 의해 해결되었다. 그는 인간 혈액이 서로 다른 특성을 가진 여러 유형(후에 A, B, AB, O형으로 명명)으로 구분된다는 사실과 혈액형 간 적합성에 따라 수혈 가능 여부가 결정된다는 원리를 발견했다.

이로써 수혈의 과학적 기반은 마련되었으나, 혈액이 공기와 접촉하면 응고되는 문제로 인해 실제 수혈과 보관에 어려움이 있었다. 그러던 중 1914년, 구연산 나트륨이 혈액 응고를 억제한다는 사실이 밝혀지며 항응혈제가 개발되고 혈액 저장이 비로소 가능해졌다. 동물 혈액을 인간에게 수혈한 1667년부터 혈액 보관이 가능해진 시점까지 약 250년이 소요되었다. 현재는 혈액형에 관계없이 수혈 가능한 인공 혈액의 개발이 활발히 진행 중이다. 의학 발전은 이처럼 오랜 연구와 실험, 때로는 희생을 거치며 점진적으로 이루어지는 창의적 과정의 산물이라고 볼 수 있다.

OECD(세계경제협력개발기구)는 2000년부터 3년마다 PISA(Programme for International Student Assessment: 국제 학업성취도 평가)를 실시하여 전 세계 만 15세 학생들의 읽기/독해, 수학, 과학 소양을 평가한다. 이를 통해 참여국들이 교육체제에 대한 성과를 상호 비교하고 교육정책 수립의 기초 자료로 활용할 수 있도록 지원하고 있다. 2022년 PISA에서는 처음으로 '창의적 사고력'(Creative Thinking) 평가가 도입되었는데, 64개 참여국 중 한국은 인지 영역에서 최상위권을 기록했다.

OECD는 창의적 사고력을 '독창적, 효과적으로 문제를 해결하고 지식의 발전 및 풍부한 상상력의 표현을 가져올 수 있는 아이디어를 생성, 평가 및 개선하는데 생산적으로 참여할 수 있는 역량'으로 정의한다. 2022년 평가에서 한국 학생의 90%가 기본 역량 수준(3레벨) 이상을 달성해 OECD 평균을 크게 상회 했으며, 상위 성취 수준(5레벨) 이상도 46%에 달했다. 특히 아이디어 평가와 개선 과정, 그리고 과학적 문제 해결 영역에서는 한국은 참여국 중 가장 높은 정답률을 보였다.

그동안 한국의 교육시스템이 창의성 함양에 취약하다는 비판을 받아왔으나, PISA 평가에서는 오히려 뛰어난 성과를 보였다. 이러한 차이는 어디서 비롯되었을까? 흥미롭게도 학부모의 직업이나 가정의 자산이 자녀의 창의적 사고력에 큰 영향을 주지 않았으며, 취약계층 학생들에게서도 성장형 사고가 높게 나타났다는 것이다. 이는 사회경제적 배경이 창의력 발달에 결정적 요인이 아님을 시사한다.

또한 창의적 사고력 발달을 위해서는 문해력이 기반이 되어야 하며, 이를 위해 어릴 때부터 독서 습관을 기르는 것이 중요하다는 점이 연구를 통해 확인되었다. 특히 주목 할만한 점은 창의성이 타고난 재능이 아니라 수학, 읽기, 과학 등의 교육과 꾸준한 연습을 통해 발달시킬 수 있는 역량이라는 사실이다. 이러한 창의성의 후천적 발달 가능성은 캡스톤디자인 교육의 가치를 강력하게 뒷받침한다. 캡스톤디자인은 학생들이 실제 문제 해결 과정에 참여하며 창의적 사고력을 연습하고 발전시킬 수 있는 구조화된 기회를 제공한다. 이는 단순한 지식 습득을 넘어 학생들이 실무 능력, 협업 역량, 창의적 문제 해결 능력을 종합적으로 키울 수 있는 핵심 교육 방법론이다.

창의력

1 PART

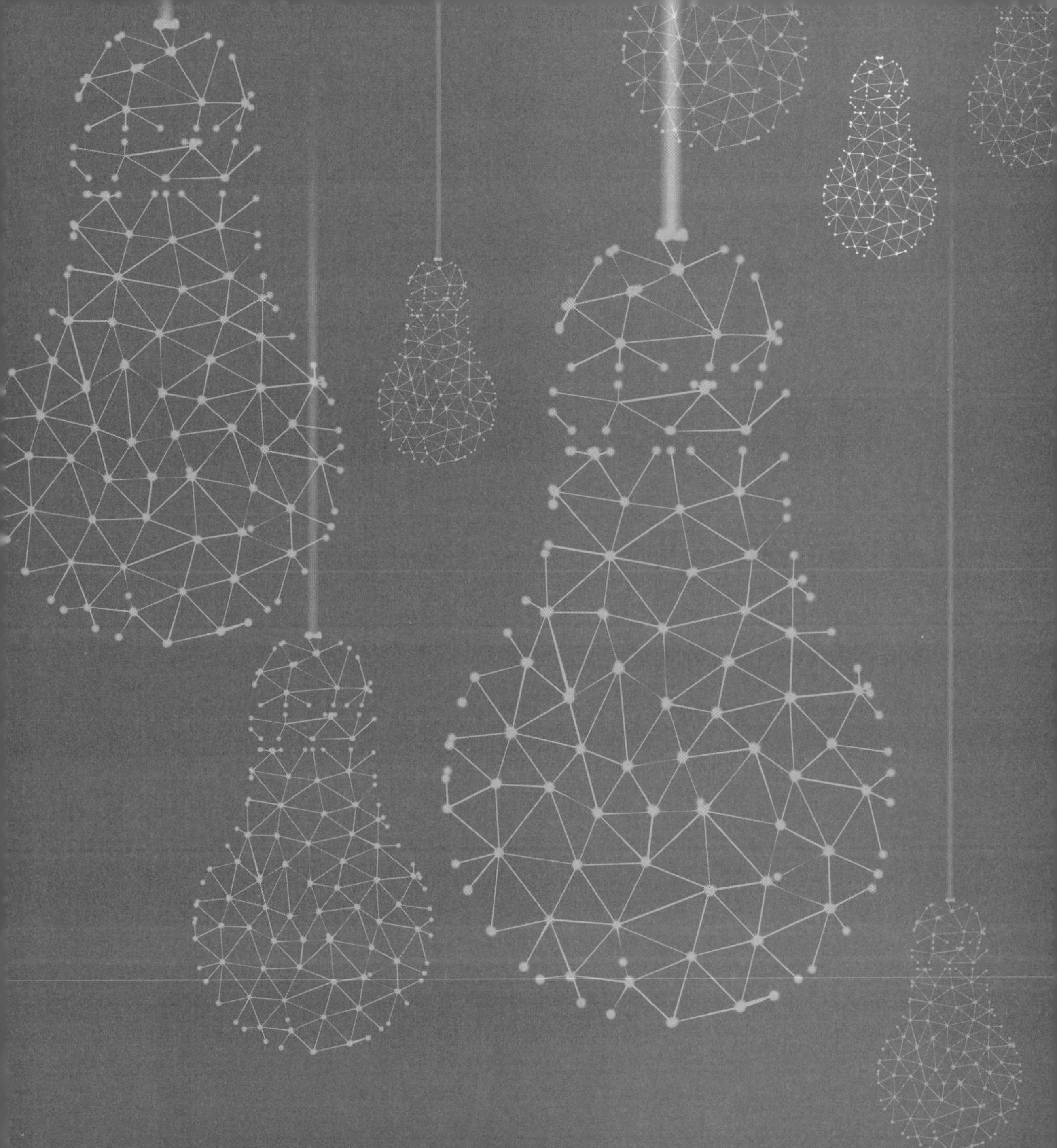

I. 창의력

01. 창의적인 생각 16

02. 생각의 틀 18

03. 긍정적 사고와 부정적 사고 20

04. 어려움과 불가능의 차이 22

05. 창의력 7가지 접근법 23

I.

창의력

01. 창의적인 생각

어느 음악회에서 멋진 복장을 갖춘 남자가 무대에 오르고 있다. 손에는 아무것도 없어서 지휘자인가 생각할 즈음, 책상 앞 의자에 앉는다. 놀랍게도 책상 위에는 타이프라이터(Typewriter)가 놓여있다. 자연스럽게 타이핑 하는 소리가 관객에게 들린다. 연주가 시작 되었다. 클래식 무대 위에서 타이프라이터는 악기로서 훌륭하게 연주되고 있다. 타이프라이터는 문서 작성을 위한 도구를 넘어, 리듬과 타건 소리로 음악을 표현할 수 있는 훌륭한 악기가 되었다. 사무실에서의 시끄러운 타이핑 소리를 다른 악기 소리와의 조화를 통해 화음으로 재탄생시키는 창의적 사고의 전환이 놀라울 다름이다.

Leroy Anderson Typewriter

우리의 일상생활에서도 사고의 전환이 필요하다. 살아 가면서 부딪히는 갈등의 문제도 관점에 따라 달리 보이게 된다. 상대방의 입장에서 생각하면 오해는 줄어들고 이해는 넓어지기도 한다.

무슨 일이든 바라보는 관점에 따라 해석이 달라지며, 사고의 전환만으로도 상황은 완전히 달라질 수 있다.

우리가 일상생활에서 마주치는 일들은 '그럴 것이다' 라는 고정관념에 많이 사로 잡혀있다. 고정관념에서는 새로운 생각이 나올 수 없다. '왜 그런가?' 를 끊임없이 물으면서 깊이 사고하고, 다양한 관점에서 바라봐야 우리는 대안적 해결 방안을 도출할 수 있다. 그것을 우리는 창의력이라고 한다. 새로운 제품을 만들 때도 사용자나 구매자, 최종 소비자를 생각해야 좋은 제품을 개발할 수 있다.

어떤 과학자가 거미에 관한 새로운 실험을 하고 있다. 그는 거미를 실험대 위에 올려놓고 여러 사람들이 보는 앞에서 탁자를 치며 큰 소리로 외쳤다. "뛰어! 뛰어!" 그랬더니 놀랍게도 거미는 뛰기 시작했다. 과학자는 다시 여러 사람들이 보는 앞에서 거미의 다리를 부러뜨렸다. 그리고 거미에게 소리쳤다. "뛰어! 뛰어!" 그러나 다리가 부러진 거미는 꼼짝하지 않았다. 과학자의 표정은 흐뭇하다. 실험이 끝나고 과학자는 실험의 결론을 발표하였다. "거미의 귀는 다리에 달려 있습니다."

아마도 독자는 웃고 있을 것이다. 그렇다. 올바른 과정을 거쳤다고 해서 반드시 결과에 동의해야 하는 것은 아니다. 우리가 이미 습득한 지식과 앞으로 탐구해야 할 지식을 깊이 이해할 때 비로소 창의적 사고의 문이 열린다. 창의력이란 단순히 새로운 생각을 적용하는 것이 아니라, 기존의 지식을 재해석하고 연결하여 새로운 가치를 발견하는 능력이다.

우리가 알고 있는 미국의 기업들을 살펴 보자. 애플과 테슬라와 같은 세계적 혁신기업들은 특이하게도 신입사원을 위한 공식적인 입문 교육 프로그램을 운영하지 않는다. 입사하자마자 바로 업무에 투입한다. 하지만 상사의 구체적인 업무 지시도 없다. 오직 해결해야 할 '문제'와 달성해야 할 '목표'만 주어질 뿐이다.

분초를 다투며 시간과의 전쟁을 벌이는 실리콘 밸리의 기업들은 신입사원 교육을 낭비라고 생각한다. 과거의 업무 방식을 그대로 답습하는 것이라면, 기계적

자동화나 인공지능에 맡겨도 충분할 것이다. 국내기업의 통계에 따르면, 신입사원이 독립적으로 업무를 수행할 수 있기까지 평균 1년 2개월이 소요된다고 한다. 기존의 많은 기업들은 이 기간을 직원 교육을 위한 불가피한 투자로 간주한다. 만약 여러분이 혁신기업에서와 같이 아무런 지원이 없이 백지상태에서 담당 업무를 시작해야 한다면, 어떤 접근으로 이 도전에 대응할 것인가?

02. 생각의 틀

생각은 우주와 같아서 아직 끝까지 가본 적도 또 그 범위도 알 수 없다. 그렇다고 우리 자신이 만든 사고의 '틀' 안에 우리의 생각을 가두어서도 안된다. 우리의 생각은 경계를 넘어 무한한 새로운 세계로 나아가야 한다. 학문도 기존의 틀 안에서 지식의 습득을 반복하는 데 그친다면 진정한 발전은 이루어질 수 없다. 우리의 사고가 무한한 가능성을 품고 있음을 인정하고, 개인에게 내재된 사고의 경계를 과감하게 허물어야 한다.

대부분 사람들의 생각은 초기의 값에 크게 의존한다. 처음에 본 것, 처음에 알게 된 것 등 초기의 값이 전체적인 판단에 매우 강력하게 영향을 미친다. 이것을 '닻 내리기 효과'(Anchoring Effect)라고 한다. 닻이 내린 곳에 배가 머물 듯이 처음 입력된 정보가 정신적인 닻으로 작용해 전체적인 판단에 영향을 미치는 현상이다. 생각은 인식과 처리 과정의 결합으로 이루어져 있다. 그러나 우리는 대부분 처리 과정에만 시간을 집중적으로 할애하는 경향이 있다. 반면, 인식의 전환만으로도 사고의 결과는 완전히 달라질 수 있다. 우리의 사고 결과는 사물을 어떻게 인식하느냐에 크게 좌우된다. 인식은 창의력 발현에 핵심적 요소로 작용하며, 이는 다양한 경로를 통해 형성된다.

우리의 인식 속에는 이미 광고와 홍보를 통해 구축된 연상 작용이 깊이 자리하고 있다. 예컨대, 정밀 시계를 떠올리면 자연스럽게 스위스 제품을, 스마트폰

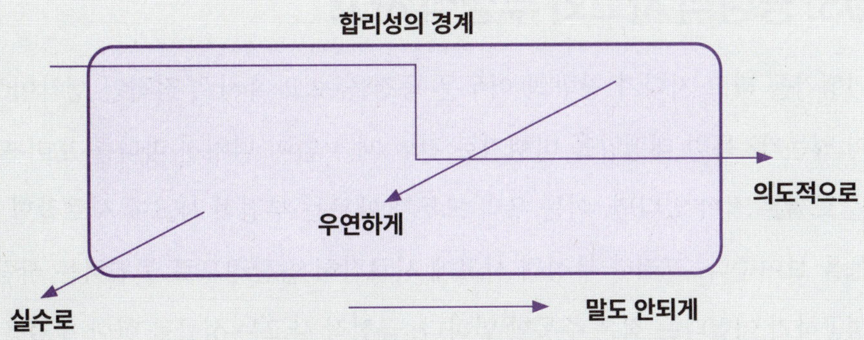

Serious Creativity by Edward De Bono

은 한국과 미국의 브랜드를, 패션 분야에서는 프랑스나 이탈리아를 연상하게 된다. 이러한 인식은 대체로 실제 경험과 신뢰성을 기반으로 구축되지만, 때로는 전략적으로 설계된 마케팅 노력에 의해 의도적으로 형성되기도 한다.

피아노는 음악에서 없어서 안되는 대표적인 악기이다. 음악학과 학생들을 상대로 강의할 때 피아노 건반 개수를 물어보면 88개임을 정확히 알고 있다. 피아노는 7옥타브를 가진 악기로 소프트, 소스테누토, 댐퍼 등 3개의 페달과 백건반 52개, 흑건반 36개 등 총 88개의 건반으로 이루어져 있으며 6,200여개의 부품으로 구성되어 있다. 또 피아노는 실제로 이 악기의 완전한 명칭이 아니다. 본래 '피아노포르테'라 불렸으며, 건반을 누르는 힘의 강약을 조절하여 음량을 표현할 수 있다는 의미를 담고 있다. 그런데 '왜 피아노 건반이 88개인가?'라는 질문을 던진다면, 대부분의 사람들은 고개를 갸우뚱하며 의아해한다.

인간의 청각은 약 20Hz에서 20,000Hz 사이의 주파수 범위만 감지할 수 있기 때문에, 피아노 건반을 현재의 88개보다 더 늘리더라도 인간에게는 실질적인 의미가 없게 된다.

'왜 그럴까?'와 같은 근본적인 질문을 던지며 사고를 확장할 때, 우리는 더욱 창의적인 아이디어의 영역으로 나아갈 수 있다.

03. 긍정적 사고와 부정적 사고

비행기를 타고 가다가 창밖의 어두운 풍경을 보고 혹시 부정적인 생각이 든 적이 있는가? 특히 태평양을 비행기로 건널 때 끝없이 펼쳐진 바다를 보며 불안감을 느껴본 적이 있다면, 이는 우리 모두가 때로는 부정적 사고에 사로잡힐 수 있음을 보여준다. 그러나 부정적 사고에 사로잡혀 습관적으로 불평하는 사람들이 성공하기 어렵다는 점은 주목할 만하다. 긍정적 사고는 성공을 향한 첫걸음이 되는 반면, 부정적 사고로 시작한 일은 대개 만족스럽지 못한 결과로 이어진다. 따라서 일상의 모든 활동에서 긍정적 마음가짐을 유지할 때, 우리는 보다 풍요롭고 의미 있는 삶을 영위할 수 있다. 예를 들어보자.

강원도 횡성의 한 임야가 7,600평이고 감정가가 3억 5천만원 이었다고 한다. 그러나 경매 초기에 8,000만원의 경매가에도 유찰이 되었다. 산에 돌이 많아서 쓸모가 없다는 이유 때문이었다.

그런데 어떤 긍적적인 사고를 지닌 사람이 7,450만원에 낙찰을 받았다. 어떤 생각으로 낙찰을 받았을까? 이 긍정맨은 야산의 돌을 채취하여 판매함으로써 5,000만원의 수익을 올렸고, 은행 경매대출 3,000만원을 상환했다. 그리고 돌이 제거된 이 땅을 전원주택 부지로 용도를 변경해서 평당 15만원, 총 11억 4천만원의 가치를 창출시켰다. 이처럼 긍정적 사고는 문제를 기회로 전환하는 강력한 힘을 가지고 있다

정주영 현대그룹 회장의 일화를 보자. 1970년대는 중동의 석유파동으로 인해 경제가 암울한 시기였다. 하지만 현대건설은 사우디아라비아에서 건설 신화를 이룩했다.

1975년 현대건설은 사우디아라비아 주베일 항만 공사를 9억 3,000만 달러(당시 우리나라 예산액의 절반 수준)에 수주하여, 1979년까지 총 51억 6,400만 달러 규모의 대형 프로젝트로 완성을 시켰다. 모래바람과 극심한 더위, 물 부족

이라는 열악한 환경에도 불구하고, 긍정적인 사고방식이 불가능을 가능으로 바꾸는 신화를 만들어냈다. "중동은 이 세상에서 건설공사 하기 제일 좋은 곳입니다. 1년 12달 비가 안 오니 1년 내내 공사할 수 있고요, 건설공사에 필요한 모래자갈이 현장에 있으니 자재조달이 쉬웠습니다. 필요한 물은 실어오면 되고, 더위를 피해 낮에 자고 밤에 일하면 됩니다." 정주영 회장의 이 말이 얼마나 긍정적인 사고인가! 그렇다. 사람들은 같은 것을 보면서도 서로 다른 생각을 하고, 누군가는 도전 속에서 기회를 발견하기도 한다.

창의적 사고는 여러분의 마음, 생각 속에 있다. 생각이 나쁜 것과 좋은 것이 아니라 생각의 방향에서 창의적인 사고가 일어나는 것이다.

한 늙은 인디언 추장이 어린 손자에게 자신의 내면에 일어나는 '큰 싸움'에 관해 이야기를 한다. 이 싸움은 또한 어린 손자의 마음속에도 일어나고 있다고 설명해 준다. 추장은 손자에게 설명한다.

"애야, 우리 모두의 마음속에서 이 싸움이 일어나고 있단다. 두 늑대의 싸움이란다. 한 마리는 악한 늑대인데 화, 질투, 슬픔, 후회, 탐욕, 거만, 자기 동정, 거짓, 자만심, 우월감, 그리고 이기심이란다. 다른 한 마리는 좋은 늑대인데 이는 기쁨, 평안, 사랑, 소망, 인내심, 평온함, 겸손, 친절, 동정심, 아량, 진실 그리고 믿음이란다." 손자가 추장 할아버지에게 물었다. "어떤 늑대가 이기나요?" 추장은 간단히 답하였다.

"내가 먹이를 더 많이 주는 놈이 이기지."

모든 것은 우리 마음 속 생각에 있다. 생각을 깨어나게 하는 것, 그것이 창의력의 출발이다. 캡스톤디자인은 국내 모든 대학에서 실시하고 있는 유일한 창의력 프로그램이다. 이 프로그램은 긍정적 사고를 통한 인식의 변화에서 시작되며, 학생들의 창의력 향상을 목표로 한다.

04. 어려움과 불가능의 차이

여러분은 어려움과 불가능의 차이를 아는가? 어려움은 시간이 더 걸리는 것이고 불가능은 내가 포기해야 생기는 것이다. 불가능은 본인이 포기하거나 일을 중단했을 때 일어난다. 대부분의 경우 어려움이 오면 불가능이 따라온다. 참을 수 없는 고통이 온다면 포기할 수 있다. 그러나 우리가 인생을 살면서 고통으로 포기하기보다는 본인의 한계로 포기하는 경우가 더 많다. 인내가 부족한 탓이다. 야생에서 사자가 토끼를 사냥할 때도 전속력으로 집중하듯, 목표 달성에 최선을 다하지 않는다면 많은 일들이 불가능해진다.

일론 머스크는 한 인터뷰에서 스페이스X의 로켓 발사가 세 번 연속 실패했을 때, 만약 포기했다면 파산했을 것이라고 고백한 바 있다. 그러나 그는 포기하지 않고 네 번째 도전에서 마침내 성공을 이루어냈다. 이처럼 성공을 향한 끈질긴 노력에는 한계가 없다.

토마스 에디슨은 "천재는 1%의 영감과 99%의 땀으로 이루어진다"라고 말하며, 총 1,093개의 발명 특허를 출원했다. 세익스피어는 소네트(10개의 음절로 구성된 시행 14개가 일정한 운율로 이어지는 형태의 시)를 154개 창작했다. 바흐는 성인이 되고 나서 칸타타를 매주 한 곡씩 작곡했으며, 모차르트는 35세의 나이로 세상을 떠나면서 620개의 작품을 남겼다. 아인슈타인은 상대성 이론 외에도 248편의 추가 논문을 발표했다. 다윈은 진화론 외에 119편의 저서를 남겼다. 매슬로는 욕구 단계 이론을 포함하여 165편의 논문을 작성했다. 램브란트는 650점 이상의 회화를 그리고, 피카소는 20,000점에 달하는 방대한 작품을 창작했다.

만약 이들이 어렵다고 중간에 포기했다면 어느 누구도 그들을 기억하지 못했을 것이다. 레오나르도 다 빈치도 혁신적 노력의 대표적 인물이다. 코페르니쿠스보다 약 20년 앞서 태어나 '태양은 움직이지 않는다'라고 기록하며 지구중심설에 의문을 제기했다. 또한 해부학적 관찰을 통해 인간과 동물의 구조적 유사성을 인식했으며, 이는 다윈의 체계적인 진화론보다 수백 년 앞선 통찰이었다. 더불어 뉴턴보다 약 200년 앞서 중력이 가속도의 한 형태라는 개념을 파악했고, 낙하하는 물체가 '가장 짧은 경로로 지구 중심을 향해 떨어진다'는 관찰을 통해 중력상수를 계산해낸 것으로 밝혀졌다. 이처럼 위대한 인물들의 업적이 증명하듯, 진정한 성취는 포기하지 않는 꾸준한 노력에서 비롯된다.

포기하는 순간, 그동안의 모든 노력은 헛되이 되고 가능성은 한순간에 사라진다. 포기하면 불가능이 생기지만, 긍정적 사고는 불가능을 가능으로 변모시킨다. 긍정적 사고가 창의적 해결책을 찾아내는 승리자가 될 수 있다. 오케스트라 지휘자에 따라 곡 해석과 연주가 달라지듯, 남들과의 비교로 자신의 방식을 한탄할 것이 아니라 목표의 성과는 자신만의 노력과 접근법에 달려 있음을 인식해야 한다. 그래야 본인에게 불가능은 없다는 것을 스스로 깨닫게 된다. 불가능은 내가 멈추거나 포기했을때 생기게 된다. 그렇다. 불가능과 포기는 어쩌면 성공이라는 길 위의 장애물이다. 본인이 성공을 위해 나아가다 중도에 포기하면 불가능이 현실이 된다. 그래서 불가능이라는 것은 남들에게 없고 나에게만 있는 것이다.

대부분 실패와 성공을 별개라고 생각한다. 그러나 실패와 성공은 하나의 길 위에 있다. 실패할수록 성공에 가까워 지는 것이다. 실패에 직면할지라도 포기하지 말고, 꾸준한 인내와 긍정적 사고로 성공에 도달하기 바란다.

05. 창의력 7가지 접근법

창의력도 개발이 가능하다. 심리학자인 마이클 겔브(Michael Gelb)가 제시한 창의력 향상을 위한 7가지 접근법은 다음과 같다.

1. 호기심 기르기

배움은 끊임없는 갈구이다. 질문하고, 탐구하고, 기록하고, 관찰하고, 생각한다.

학습은 경험과 성찰을 통해 이루어진다.

2. 감각 개발하기

시각, 청각, 후각, 미각, 촉각 등 모든 감각을 동원해 다양한 정보를 수용한다. 여러 관점과 인식을 결합하고 주위 관찰을 통해 사물과 현상을 이해한다.

3. 폭넓게 생각하기

새로운 가능성을 위한 열린 자세로 예술적 상상력과 과학적 논리력 사이의 균형을 유지한다.

4. 연결점 만들기

서로 관련없어 보이는 것들의 연결고리를 발견한다. 모든 행동과 관계들은 서로 연결되어 있음을 이해하고, 거시적 관점으로 사물을 바라본다.

5. 역설 받아들이기

모호성과 불확실성을 즐긴다. 답이 없는 질문을 탐구하는 것이 상상력을 촉진한다.

6. 실증적으로 행동하기

항상 자기 자신의 가설을 증명하려 한다. 실험도 해보고, 아이디어를 현실화해 보기도 한다. 경험과 실패를 통해 학습하고, 자신만의 생각을 발전시킨다.

7. 정신과 육체 균형 맞추기

정신과 육체의 건강을 추구한다. 육체적으로 건강한 삶이 새로운 아이디어를 탐구하는 원동력이 된다.

결국 창의력은 열린 사고에서 비롯되며, 포기 없는 꾸준함과 긍정적 마인드로 주변의 사물을 바라보고 새로운 가능성을 탐구할 때 비로소 발현된다. 학문

역시 끝없는 호기심이 지속적인 발전을 이끌어내는 원동력이다.

우리는 누군가의 창의적 사고가 만들어낸 결과물들로 둘러싸인 세계에서 살아가고 있다. 어느 날 문득 깨달아 보니 남들이 구축해 놓은 세상에 태어나 그 혜택을 함께 누리는 행운을 얻은 것이다. 그렇다면 우리 역시 다음 세대를 위해 무언가를 해야 할 의무가 있지 않을까? 이제는 기존의 것을 소비하는 수혜자에서 벗어나 능동적인 창조자가 되어야 할 때다. 우리 각자가 가진 고유한 관점과 경험을 바탕으로 새로운 가치를 창출하고, 그것을 다시 세상과 나누는 선순환을 만들어가야 한다.

대학의 시대적 학습 변화

2 PART

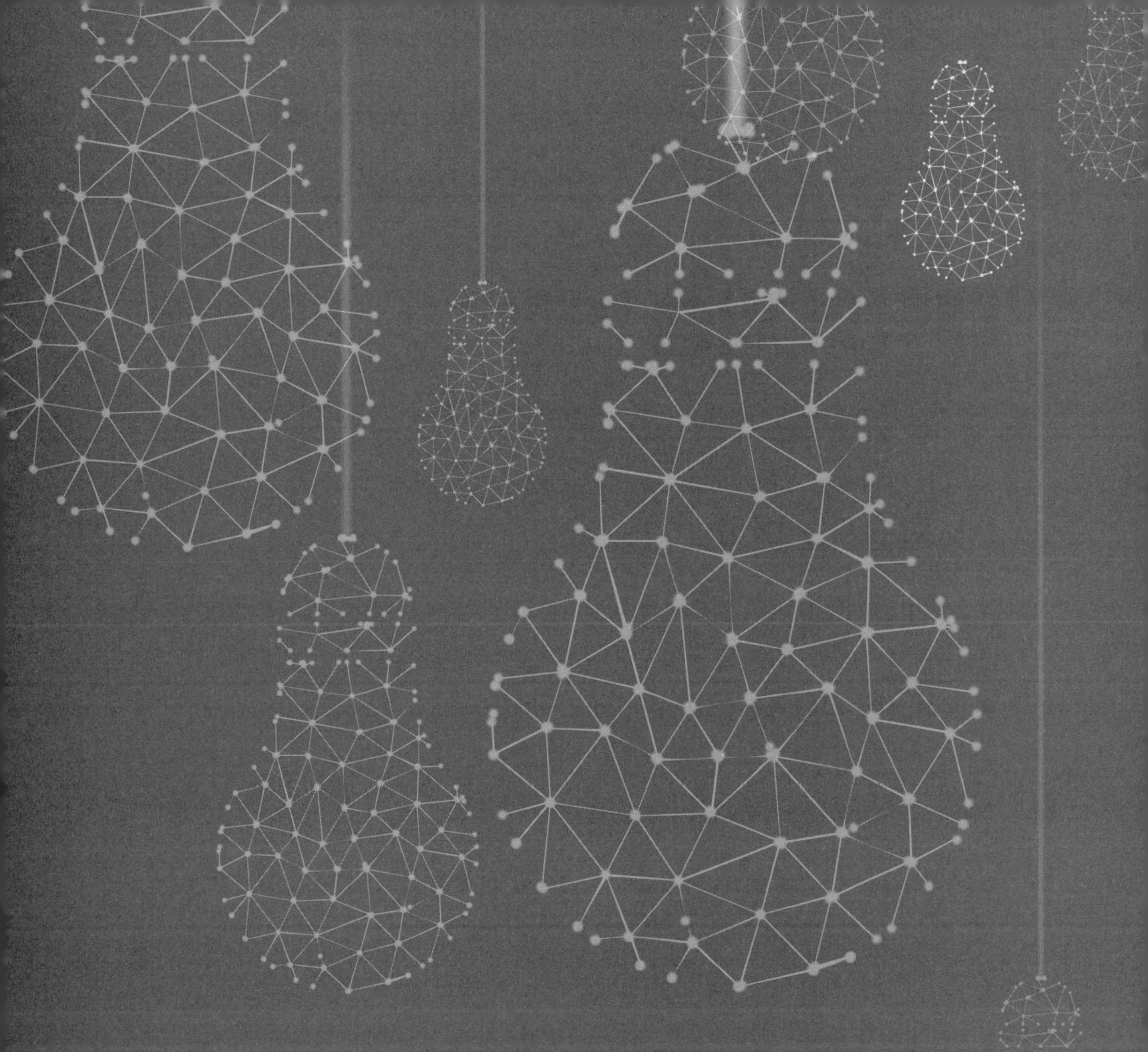

II. 대학의 학습 변화 28

01. 학습자의 변화 28

02. 변화된 학습, 이젠 어떻게 가르칠 것인가? 30

03. 4차 산업혁명의 도래 30

04. 대학의 변화 32

III. 어떻게 하면 잘 가르칠 수 있을까? 40

01. 신 디지털 세대 출현 40

02. 학습목표에 따른 분류 41

03. 플립러닝(Flipped Learning), 블랜디드 러닝(Blended Learning) 43

IV. 대학의 4차 산업혁명 관련 교육과정 개편 트랜드 46

01. 대학혁신 지원방안의 7개 혁신 제도 46

02. 국내 대학들의 과정 개편 49

V. 급변하는 환경 이해하기 57

II. 대학의 학습 변화

01. 학습자의 변화

학습 방법은 시대에 따라 지속적으로 변화되고 있다. 각 시대적 배경과 특징에 따라 배우는 방식과 가르치는 방식이 모두 달라지기 때문이다. 그렇다면 지금 우리 시대의 학습은 어떤 특징을 갖고 있을까?

1. 베이비 부머 세대 (1946년-1964년)

이 세대는 개인의 성공을 위해 성실하고 건실한 삶을 추구했다. 특히 전쟁 이후 정부의 강력한 경제개발 계획과 추진력에 힘입어 신생 기업들이 설립되고, 어려운 국가 경제의 재건이 진행되던 시기였다. 야근과 특근을 마다하지 않고 경제적 성장과 발전을 중시했으며, 조직을 위한 희생정신으로 성공할 수 있다고 믿었다.

2. X세대(1965년-1979년)

산업화와 민주화를 동시에 경험한 세대로, 박정희 정부 시절의 고도 경제성장으로 인해 비교적 안정적인 환경에서 성장했다. 이들은 민주화 운동을 경험했고, 컬러 TV의 등장과 프로야구 출범을 목격했다. 일과 승진을 중시하면서도 삶의 균형을 추구하는 특징이 있다. 인터넷이 처음 도입된 세대로서 온/오프라인 교육을 모두 경험했으며, 대가족 문화 속에서 가족을 중시하고 취미 생활도 즐긴다.

3. Y세대(1980년-1995년)

베이비 부머 세대의 자녀 세대로 '밀레니얼 세대'라고도 불린다. 낙천적인 성향을 지니며, 개인의 가치와 다양성을 중시한다. 멀티태스킹을 선호하고 디지털 환경에 익숙하다. 자기확신이 강하고 즉흥적이며, 정보와 경험의 공유를 즐긴다. 높은 연봉이나 승진보다는 의미 있는 일을 추구하는 경향이 있다. 독립심이 강하며 일과 사생활을 명확히 구분한다. 또한 정보 습득이 빠르고 소비 지향적인 특징을 보인다.

4. Z세대(1996년-2012년)

인터넷과 모바일 환경에서 성장한 '디지털 네이티브' 세대로, 개인의 가치와 다양성을 중시하며 온라인 활동에 익숙하다. 전체 구매의 50% 이상이 온라인에서 이루어지며, 디지털 언어로 소통하고 학습한다. 전통적인 교실 수업보다 모바일 기반 학습을 선호하고, 짧고 간결한 메시지로 소통하는 것을 즐긴다.

5. 알파세대(2013년-2024)

'디지털 퍼스트' 세대로 태어날 때부터 스마트 기기와 AI에 둘러싸여 성장했다. 이들은 음성 인식, 터치스크린, 인공지능 서비스를 일상적으로 사용하며, 가상현실(VR)과 증강현실(AR)을 자연스럽게 받아들인다. 유튜브를 주요 학습 도구로 활용하고, 개인 맞춤형 콘텐츠를 선호한다. 환경 문제와 지속가능성에 대한 인식이 높으며, 다양성과 포용성을 당연한 가치로 여긴다. 코로나19 팬데믹으로 인해 원격 학습과 디지털 소통에 익숙해진 첫 세대이기도 하다.

2025년 이후 출생 세대는 베타세대, 2040년 이후 출생 세대는 감마세대로 명명될 예정이다. 현재 교육 현장에서는 주로 X세대가 MZ세대(Y세대와 Z세대)를 교육하고 있다. 각 세대의 고유한 특성과 차이를 이해하고 인정하면서, 세대별 특성에 맞는 새로운 교육 방법을 개발하고 적용하는 것이 필요하다.

02. 변화된 학습, 이젠 어떻게 가르칠 것인가?

대다수 대학에서는 아직도 전통적인 집합 교육 방식을 고수하고 있다. 일정한 시간, 정해진 강의실에서 한 명의 교수가 다수의 학습자에게 일방적인 강의를 통해 지식을 주입하는 방식이 주를 이루고 있다. 교수법보다는 시험 결과를 중시하는 성과 중심의 교육이 지속되는 것이다.

온라인 교육 플랫폼인 LMS(Learning Management System)가 도입되고, 플립러닝(Flipped Learning) 같은 혁신적 교수법이 개발되었음에도 활용도는 저조하다. 플립러닝은 '거꾸로 학습' 또는 '반전 학습'이라고도 불리며, 학생들이 집에서 먼저 학습하고 교실에서는 토론과 실습을 하는 방식이다.

그러나 시스템 의존도가 높고 학생들의 학습 역량 차이, 피드백 부족 등의 문제로 인해 기대했던 교육 효과를 거두지 못하고 있다.

2020년 코로나19 팬데믹으로 인한 3년간의 비대면 교육 경험은 교육 방식의 전환점이 되었다. 온라인과 오프라인을 결합한 블렌디드 러닝(Blended Learning), 가상현실을 활용한 게임화(Gamification) 교육, 개인 맞춤형 교육, 협업 기반 팀 티칭, 토론식 수업, 현장 학습 등 다양한 교수법이 시도되고 있다.

그러나 여전히 많은 교수자들은 새로운 교수법의 선택과 활용에 어려움을 겪고 있다. 교수법의 선택은 매우 중요하다. 그 이유는 학습 효과와 성과가 전달 방법에 크게 좌우되기 때문이다. 따라서 각 교수법의 특성과 효과를 이해하고, 학습 목표와 학생 특성에 맞는 적절한 방법을 선택하는 것이 필요하다.

03. 제4차 산업혁명의 도래

2016년 스위스 다보스에서 열린 세계경제포럼(WEF)에서는 인공지능, 로봇, 생명과학이 주도하는 제4차 산업혁명의 도래를 선포했다. 이로써 AI기술을 핵심동인으로 모든 것이 연결되고 지능화되는 시대가 본격적으로 시작되었다.

제4차 산업혁명은 기존 산업의 패러다임을 완전히 바꾸어 놓았다. 단 한 대의 차량도 보유하지 않은 교통 서비스 기업 우버(Uber), 호텔을 소유하지 않은 숙박 공유 플랫폼 에어비앤비(Airbnb), 자체 콘텐츠를 제작하지 않는 메타(Meta)의 페이스북(Facebook) 등이 대표적인 사례다. 이들 기업은 플랫폼 경제라는 새로운 비즈니스 모델을 통해 전통 산업을 재편하고 있다.

산업의 변화 속도도 과거의 산술급수적 성장에서 기하급수적 성장으로 전환되었다. 스마트폰은 휴대폰, 디지털카메라, 캠코더 시장을 통합했고, 자율주행차는 자동차 산업과 ICT 기술의 융합을 가속화하고 있다. 하드웨어 중심에서 소프트웨어 중심으로 기술 패러다임이 전환되고 있는 것이다.

제조업 분야에서도 혁명적인 변화가 일어나고 있다. 아디다스의 스피드팩토리는 단 10명의 근로자와 6대의 로봇으로 연간 50만 켤레의 신발을 생산하며, 기존 3주가 걸리던 제작 공정을 5시간으로 단축했다. 폭스콘(Foxconn)은 2016년 11만 명의 제조 인력 중 6만 명을 로봇으로 대체했고, 아마존의 물류 로봇 키바(Kiva)는 시간당 600개의 물품을 처리하여 기존보다 4배 빠른 속도를 실현했다.

컨스텔레이션 리서치(Constellation Research)의 보고서에 따르면, 2000년 이후 포춘500대 기업의 52%가 파산하거나 인수되거나 사라진 것으로 나타났다. 모든 산업이 디지털 기반으로 재편되면서 핀테크, 스마트 물류, 스마트 시티, 애그리테크(Agri-Tech), 푸드테크 등 새로운 융합 산업이 등장하고 있다.

이러한 급격한 변화 속에서 우리의 교육은 여전히 전통적인 강의실 수업에 머물러 있다. 현장의 변화 속도를 교육이 따라가지 못하는 상황이 지속되고 있다. '같은 방식의 반복으로는 다른 결과를 얻을 수 없다'는 말처럼, 변화를 원하면서도 과거의 방식을 고수하는 것은 모순이다. 대학 교육도 이제는 변화해야 한다. 변화하지 않으면 도태되는 시대가 되었기 때문이다.

04. 대학의 변화

1997년 경영학자 피터 드러커(Peter Ferdinand Drucker)는 '30년 뒤 대학 캠퍼스는 역사적 유물이 될 것이다'라고 예측했다. 2013년 미래학자 토마스 프레이(Thomas Frey)는'2030년까지 전 세계 대학의 절반가량이 문을 닫을 것이다'라고 전망했다.

앞으로 제도권 교육 체계와 대학 학위의 가치는 급격히 하락할 것으로 예측된다. 미래 교육은 문제해결 중심으로 전환되어야 한다. 변화하는 사회에서 생존하려면 기업 현장에서 요구하는 실제 문제들을 해결할 수 있는 실용적인 학문으로 거듭나야 한다. 이미 많은 기업들이 학위보다는 실무 능력과 문제해결 역량을 중시하는 채용 방식으로 전환하고 있다.

이러한 예측은 현실로 나타나고 있다. 우리나라에서도 학령인구 감소로 인해 지방대학부터 신입생 충원에 어려움을 겪고 있다. 문제는 단순히 인구 감소만이 아니다. 급등하는 교육비, 취업과 연계되지 않는 교육과정, 제4차 산업혁명 시대의 요구를 반영하지 못하는 커리큘럼 등이 복합적으로 작용하고 있다.

수도권과 지방대학 간의 격차는 더욱 심화되고 있다. 국립대학조차 정원을 채우지 못하는 상황이 발생하고, 지방대학에서 수도권 대학으로의 편입이 증가하고 있다. 교육부가 충원율을 대학 평가의 핵심 지표로 삼으면서 지방대학의 운영은 더욱 어려워졌다.

전공과 취업의 불일치 현상도 심각하다. 대학 교육이 산업 현장의 변화 속도를 따라가지 못하면서 졸업생들의 전공 활용도가 낮아지고 있다. 기업이 요구하는 문제해결 능력과 실무 역량을 갖춘 인재 양성이 시급한 과제로 대두되고 있다.

이제 대학은 생존을 위해 근본적인 변화를 이루어야 한다. 교육부도 대학 자율성 확대 정책을 통해 각 대학이 독자적인 생존 전략을 모색하도록 유도하고 있다. 변화하지 않으면 도태되는 시대, 대학 교육의 패러다임 전환이 불가피해졌다.

1. 배움은 꼭 돈을 내고 다녀야 하는가? 학위가 중요한가?

대학 교육의 핵심은 교수와 강의 내용의 질에 달려 있다. 지금까지 학생들은 대학의 명성만 보고 진학을 결정했지만, 이제는 대학을 거치지 않고도 양질의 교육을 받을 수 있는 기회가 열렸다. MIT, 하버드대학교, 스탠퍼드대학교의 강의를 온라인으로 수강할 수 있는 MOOC(Massive Open Online Course)가 대표적인 예다. MOOC는 2012년 처음 주목받기 시작했으며, 2018년에는 900개 이상의 대학에서 1만 1,400여 개의 강의를 제공했고, 등록 학습자는 1억 100만 명에 달했다. 스탠퍼드의 코세라(Coursera), MIT와 하버드의 에덱스(edX), 구글이 시작한 유다시티(Udacity), 유럽의 퓨처런(FutureLearn) 등이 대표적인 플랫폼이다. 이들 플랫폼은 대부분 무료 강의를 제공하여 비싼 등록금 없이도 세계 최고 수준의 교육을 받을 수 있는 기회를 제공한다.

이러한 변화는 근본적인 질문을 던진다. 첫째, 대학의 명성과 개인의 능력이 반드시 일치하는가? 둘째, 대학 교육이 기업 현장의 실무와 얼마나 부합하는가? 셋째, 학업 성적만으로 개인의 능력을 평가하는 것이 타당한가?

대학 학위는 하나의 교육 이력일 뿐, 현장에서 요구하는 실무 능력을 보장하지는 않는다. 이제 대학 교육의 주도권은 공급자에서 수요자로 이동했다. 학생들은 대학 진학의 목적과 특정 대학 선택의 이유를 재고해야 한다.

만약 이력서에 대학명을 기재하지 않고 학제와 전공만 표시한다면, 대학 선택 기준이 달라질까? 학생과 대학 모두 4년간의 교육을 통해 무엇을 얻고자 하는지 진지하게 성찰해야 할 시점이다.

2. 대학은 꼭 캠퍼스가 필요할까?

대학 교육은 반드시 캠퍼스에서 이루어져야 한다는 고정관념을 깨뜨린 대학이 있다. 바로 미네르바대학(Minerva University)이다. 아이비리그 출신 창업자들이 설립한 이 대학은 왜 교육 혁신이 필요한지를 보여주는 대표적인 사례다.

2011년 벤처 기업가 벤 넬슨(Ben Nelson)이 설립한 미네르바대학은 2014년 첫 입학생 28명으로 개교했다. 이 대학은 ALF(Active Learning Forum)라는 플랫폼을 통해 100% 온라인으로 수업을 진행한다. 학생들은 책, 뉴스, 유튜브, MOOC 등 다양한 자료를 활용하여 지식을 습득하고, 토론과 심층학습을 통해 더 깊이 있게 탐구한다. 모든 강의는 20명 이내의 소규모로 진행되며, 수업 내용은 데이터로 저장되어 학생 평가와 상담 자료로 활용된다. 미네르바대학의 독특한 특징은 전 세계를 캠퍼스로 삼는다는 점이다. 모든 학생들은 기숙사 생활을 하며, 학년별로 다른 도시에서 생활한다. 1학년은 미국 샌프란시스코, 2학년은 한국 서울과 인도 하이데라바드, 3학년은 독일 베를린과 아르헨티나 부에노스아이레스, 4학년은 영국 런던과 대만 타이베이에서 생활하며 학습한다. 2020년 기준 합격률은 0.8%로, 100명 중 1명만이 입학할 수 있을 정도로 선발 기준이 까다롭다.

LAB(Location Based Assignment)와 시빅 프로젝트(Civic Project) 등과 같은 지역 기반 과제를 통해 학생들은 단순한 지식 습득을 넘어 실제 사회 문제를 해결하는 경험을 쌓는다. 이를 통해 응용력과 융합적 사고력을 기른다. 졸업 후에

사진출처: 미네르바 대학 홈페이지

는 캘리포니아 소재 KGI(Keck Graduate Institute)에서 학위를 수여받는다.

한국에도 유사한 모델이 등장했다. 2023년 9월에 개교한 태재대학교는 한샘 창업주가 사재 3,000억 원을 출연해 설립한 교육기관이다. 미네르바대학교의 한국형 모델을 표방하며 토론 중심의 온라인 교육과 현장 중심의 문제해결 교육을 시도하고 있다.

국내 주요 대학들도 시대 환경 변화에 맞춰 글로벌 경쟁력 강화를 위해 대부분 연구 중심으로 전환을 시도하고 있으며, 교수의 연구 성과와 미래 연구자 양성에 초점을 맞추어 연구 환경 개선과 실험실 구축에 많은 예산을 투자하고 있다. 반면 많은 지방대학들은 교육 중심도 연구 중심도 아닌 모호한 정체성으로 어려움을 겪고 있는 상황이다.

선진국에서는 대학 지원자들이 대학의 브랜드보다 전공 분야의 우수한 교수진을 보고 지원한다. 최근 국내 병원들이 '명의'를 내세워 홍보하는 것도 같은 맥락이다. 대학들도 교수 개인의 전문성과 연구 분야를 중심으로 홍보하는 시대가 되어야 한다. 결국 대학의 경쟁력은 높은 연구 능력과 우수한 교육 전달 능력에서 나온다.

3. 대학은 4년제, 2~3년제이어야 하나?

대학의 학위 과정은 일반적으로 2~3년제 또는 4년제로 운영된다. 하지만 이러한 전통적인 학제가 현재의 교육 수요를 충족시키는 데 한계가 있다는 지적이 제기되고 있다.

미국 스탠포드 대학교 교수이자 구글 자율주행차 개발자인 세바스찬 스런(Sebastian Thrun)이 창립한 온라인 공개강좌 MOOC의 플랫폼인 유다시티(Udacity)는 대학과 기업 간의 기술 격차를 해소하기 위해 새로운 교육 모델을 제시했다. AT&T와 협력하여 개발한 나노디그리(Nano-degree) 프로그램은 3~6개월

유다시티 교육 인증서

사진출처: 유다시티 한국파트너 홈페이지

이내의 단기 과정으로, 실무에 필요한 기술을 집중적으로 교육하는 온라인 학위 인증 프로그램이다.

교육 과정은 웹 개발, 모바일 웹 설계, 데이터 과학, 머신러닝 등 IT 분야를 중심으로 구성되어 있다. 특히 구글, 페이스북, 액센추어, 버라이즌, AT&T, 골드만삭스 등과 같은 글로벌 기업들이 자문에 참여하여 실무 중심의 커리큘럼을 설계하고, 수료생들에게 채용 기회를 제공한다.

유다시티 프로그램의 특징은 맞춤형 학습이 가능하다는 점이다. 주당 약 10시간의 학습으로 수료가 가능하며, 초급-중급-고급의 단계별 교육 프로그램과 전문적으로 구축된 학습 자료, 합리적인 학습 분량으로 구성되어 있다. 이러한 교육 방식은 급변하는 산업 현장의 요구를 신속하게 반영할 수 있는 장점이 있다.

캐나다 워털루대학교(University of Waterloo)는 또 다른 혁신적인 교육 모델을 제시한다. 이 대학은 5년제 코업 프로그램(Co-op program)을 운영하여 학생들이 1년간 기업에서 인턴으로 실무 경험을 쌓을 수 있도록 한다. 학생들은 1-4월에는 기업에서 인턴십을 수행하고, 5-8월에는 학교로 돌아와 학업에 전념한 후, 9월 새 학기에 다시 구직 활동을 한다. 대부분의 학생들이 인턴십을 수행했던 기업에서 채용 제안을 받게 된다.

이러한 해외 사례들은 우리나라 대학들에게 시사하는 바가 크다. 대학이 문을 개방하여 지역사회와 기업이 필요로 하는 수요 맞춤형 교육 프로그램을 제공한다면, 산학 협력과 지역 문제 해결에 크게 기여할 수 있을 것이다. 특히 인공지능 시대를 맞아 빠르게 변화하는 기술 환경에 대응할 수 있는 유연한 교육 체계의 도입이 시급하다.

4. 대학은 학년별 교육과정이 필수적인가?

전통적으로 대학 교육은 1학년부터 4학년까지 순차적으로 진행되는 학년제를 따른다. 그러나 학생 개개인의 인지 능력, 학습 속도, 지식 수준이 다르다는 점에 주목한 새로운 교육 모델이 등장하고 있다.

2008년 MIT 출신 살만 칸(Salman Khan)이 설립한 칸랩스쿨(Khan Lab School)은 혁신적인 교육 방식을 제시한다. 이 학교는 학년이 아닌 학생의 관심사와 학습 능력에 따라 프로젝트 중심의 수업을 진행한다. 온라인에서는 개인 맞춤형 학습 콘텐츠를 제공하고, 오프라인에서는 협업, 창의력, 인성 등의 역량 개발에 집중한다.

살만 칸의 교육 철학은 '배움의 속도는 누구나 다르다'는 신념에 기반한다. 칸랩스쿨은 학생들이 스스로 강점과 약점을 파악하고, 자율적인 학습을 통해 학업 능력과 사회적 역량을 키워나가는 것을 목표로 한다. 이는 개인의 특성을 존중하면서도 협력과 소통을 중시하는 교육 방향이다.

우리는 종종 나이에 비해 뛰어난 능력을 보이는 학생들을 목격한다. 그러나 현재의 교육 체계는 이러한 학생들의 능력에 맞는 교육과정을 제공하지 못하는 한계가 있다. 학년제라는 획일적인 틀에 모든 학생을 맞추려 하기 때문이다.

미래 교육은 학습자 개인의 인지 수준과 학습 속도에 따른 유연한 교육과정을 필요로 한다. 명확한 교육 목표는 유지하되, 그 목표에 도달하는 경로는 개인별 상담을 통해 맞춤형으로 설계되어야 한다. 모든 학위 과정이 2~3년 또는 4년 안에 완료되어야 한다는 고정관념에서 벗어나, 개인의 성장 속도에 맞춘 탄력적인 학제 운영이 필요한 시점이다.

5. 대학의 교육에 졸업생 재교육 제도가 없다.

대학을 졸업한 지 오래된 직장인이나 사업자들은 신기술과 기술 변화에 적응하는 데 어려움을 겪고 있다. 특히 디지털을 활용한 고객 관리와 영업 분야에서는 더욱 그러하다. 급속도로 발전하는 산업 현장에서는 과거에 습득한 지식만으로는 경쟁력을 유지하기 어려운 것이 현실이다.

이러한 상황에서 대학의 재교육 프로그램에 대한 필요성이 대두되고 있다. 일부 대학에서는 졸업생의 취업 성공을 지원하기 위해 '취업 성공 졸업생 리콜제'를 운영하거나, 기업의 요구에 맞춘 신기술 강좌를 단기간에 제공하는 사례가 있다. 그러나 이러한 프로그램이 정기적으로 운영되거나 제도적으로 정착된 경우는 아직 드물다.

기업 현장의 요구사항은 전공 분야뿐만 아니라 교양 교육에서도 반영되어야 한다. 빠르게 변화하는 산업 환경에 대응하기 위해서는 전반적인 교육 체계의 개선이 필요하다.

대학은 이제 졸업생들의 지속적인 역량 개발을 위한 '교육 애프터서비스' 전략을 수립해야 한다. 졸업 후에도 변화하는 기업 환경과 기술 발전에 맞춰 재교육 기회를 제공함으로써, 졸업생들이 지속적으로 경쟁력을 유지할 수 있도록 지원하는 체계가 필요하다.

6. 첨단분야 기업의 사내 석·박사 학위 수여 확대

2025년 산업통산자원부는 「첨단산업 인재혁신특별법」에 근거하여, 항공우주, 인공지능(AI), 바이오 등 첨단산업 분야 기업의 사내교육 체계를 획기적으로 확대했다. 기존에 학사 학위까지만 수여할 수 있었던 기업 사내대학이 이제 석사 및 박사 학위까지 수여할 수 있게 되었으며, 그 대상도 재직자뿐만 아니라 협력사 직원과 채용 후보자까지 포함하도록 확대되었다.

획기적인 이 제도에 따라 기업은 자체적으로 인재개발기관을 설립하여 기업 부설 교육기관으로 지정받을 수 있으며, 산업계와 공동으로 첨단산업별 '아카데미'를 설립할 수 있는 근거가 마련되었다. 특히 주목할 만한 점은 '전문양성인 제도'의 신설로, 산업 현장에서 풍부한 경험과 전문 지식을 갖춘 인력을 교수요원으로 활용할 수 있게 되었다는 것이다.

또한 이 제도는 첨단분야의 인력수급 불균형을 조기에 감지하고 대응하기 위한 체계적 접근을 포함하고 있다. 정부는 인재혁신센터를 설치하여 업종별 인력 수요와 공급을 정확히 파악하기 위한 통계조사와 분석을 수행하며, 교육부의 인적자원개발센터와 연계하여 정보 기반을 고도화할 계획이다. 특히 첨단산업 분야에서 인력 부족이 심각해질 경우, 해당 업종을 '위기 업종'으로 지정하고 긴급 지원할 수 있는 제도적 근거가 마련되었다는데 의의가 있다.

이러한 변화는 전통적으로 대학의 고유 기능이었던 학위 중심의 전문 교육을 기업 영역으로 확장한 획기적인 제도로, 앞으로 동종 산업 내 기업들이 협력하여 산업 맞춤형 교육체계를 구축하고 현장 중심의 학위 취득 경로를 다양화할 것으로 전망된다. 이는 학문적 지식과 실무적 역량을 겸비한 첨단산업 인재 양성에 새로운 전기를 마련할 것으로 기대된다.

III. 어떻게 하면 잘 가르칠 수 있을까?

01. 신 디지털 세대 출현

학습자의 특성은 시대의 변화에 따라 계속 진화해 왔다. 1946년부터 1964년까지 출생한 베이비 부머 세대는 국가 경제성장에 기여하기 위해 야근과 특근을 마다하지 않았던 세대다. 이들은 인간관계를 중시하고 끊임없는 자기희생을 통해 성공을 추구했다.

1965년부터 1979년까지의 X세대는 인터넷이 등장한 시기를 살았으며, 일과 삶의 균형을 중시하고 온라인과 오프라인을 모두 경험한 첫 세대이기도 하다.

1980년부터 1995년까지 출생한 Y세대는 자기확신이 강하고 즉흥적이며, 정보와 경험의 공유를 즐긴다. 디지털 환경에 친숙하고 멀티태스킹에 능하며, 의미있는 일을 추구하는 경향이 강하다.

1996년부터 2012년까지 출생한 Z세대는 진정한 디지털 네이티브 세대로 독립적이고 합리적인 의사결정을 선호한다. SNS를 일상적으로 활용하며 짧고 임팩트 있는 콘텐츠에 익숙하다.

2013년부터 2024년까지 출생한 알파세대는 AI와 스마트 기기에 둘러싸여 성장한 세대다. 음성 인식과 터치스크린을 자연스럽게 사용하며, 개인 맞춤형 콘텐츠를 선호한다. 시각적 학습에 익숙하고 짧은 주의집중 시간을 보이는 특성이 있다. 앞으로는 베타세대, 감마세대 등 새로운 세대가 등장할 예정이다.

이러한 세대별 특성은 대학 교육에 중요한 시사점을 제공한다. 교수자들은 학습자의 세대별 특성과 디지털 기술 발전에 따른 학습 선호도의 변화를 이해해야 한다. 특히 세대 변화에 따른 학습자들의 선호 경향을 고려하여, 교육 목표에 맞는 새로운 교수법을 개발하고 강의 계획을 재설계해야 할 필요가 있다.

02. 학습목표에 따른 분류

교수자는 강의를 시작하면서 수업의 학습 목표와 기대 효과를 어떻게 설정하고 있는가? 강의를 통해 어떤 학습 효과를 달성할 것인지에 대한 구체적인 계획이 필요하다.

벤저민 블룸(Benjamin Bloom) 학습 목표에 따른 분류

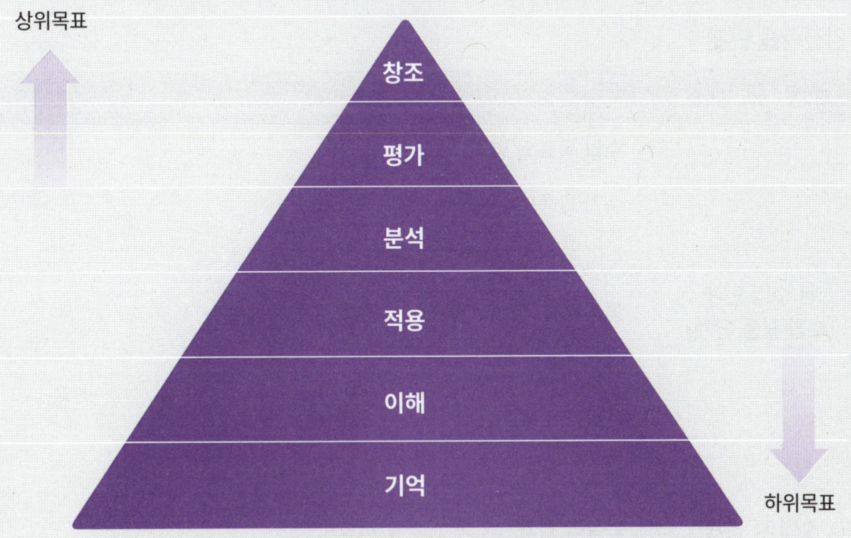

자료출처:어떻게 기술이 최고의 인재를 만드는가. 2019

1968년 미국의 교육심리학자 벤자민 블룸(Benjamin Bloom)이 제시한 완전학습 모형(Mastery Learning)은 효과적인 교수 전략의 방향을 제시한다. 이 모델의 핵심은 적절한 교육 환경과 충분한 시간이 주어지면 모든 학생이 학습 목표의 90% 이상을 달성할 수 있다는 것이다.

블룸은 학습 목표를 상위 목표와 하위 목표로 분류하였으며, 상위 목표를 달성하기 위해서는 반드시 하위 목표부터 순차적으로 달성해야 한다고 강조한다. 여기서 교수자의 임무는 각 학생이 최적의 조건에서 주어진 과제를 완결할 수 있도록 돕는 방법을 찾아내는 것이다.

완전학습의 핵심 이론은 모든 학습자가 적절한 시간과 자원이 제공되면 학습 목표를 달성할 수 있다는 믿음에 기반한다. 이는 학생들의 개인차를 인정하면서도 모든 학생의 성공 가능성을 전제로 한다.

완전학습을 위한 수업은 크게 '본 수업 단계'와 '수업 후 단계'로 구성된다. 단순한 강의 전달에 그치지 않고, 강의-평가-피드백의 순환 과정을 통해 학습이 이루어져야 한다. 이러한 체계적인 접근이 블룸이 주장하는 완전학습의 핵심이다.

완전학습 단계

단 계	내용
본 수업 단계 (수업 활동 단계)	수업 목표의 명시
	수업 활동(본 수업 활동)
	수업 보조 활동(연습, 실습, 실험, 시범)
	형성적 평가에 의한 체계적인 피드백
	보충학습과정
	심화학습과정
	제 2차 학습기회
수업 후 단계	총괄적 평가

03. 플립러닝(Flipped Learning), 블랜디드 러닝(Blended Learning)

우리는 어린 시절부터 공부를 잘하려면 예습과 복습을 철저히 해야 한다는 말을 들어왔다. 이러한 전통적인 학습 방법의 현대적 발전 형태가 바로 플립러닝(Flipped Learning)이다.

플립러닝은 학습자들이 수업 전에 온라인 강의 영상을 통해 스스로 학습하고, 실제 수업 시간에는 동료들과 함께 문제를 풀거나 심화 학습 활동을 수행하는 교수법이다(Simon Bates, Ross Galloway). 전통적인 수업 방식을 '뒤집어' 놓았다는 의미에서 플립러닝이라 불린다.

플립러닝은 블렌디드 러닝(Blended Learning)의 한 형태로 볼 수 있다. 두 교수법 모두 온라인과 오프라인 학습을 융합한다는 공통점이 있지만, 플립러닝은 특히 온라인 선행학습을 강조한다는 차이점이 있다.

학습효과 피라미드

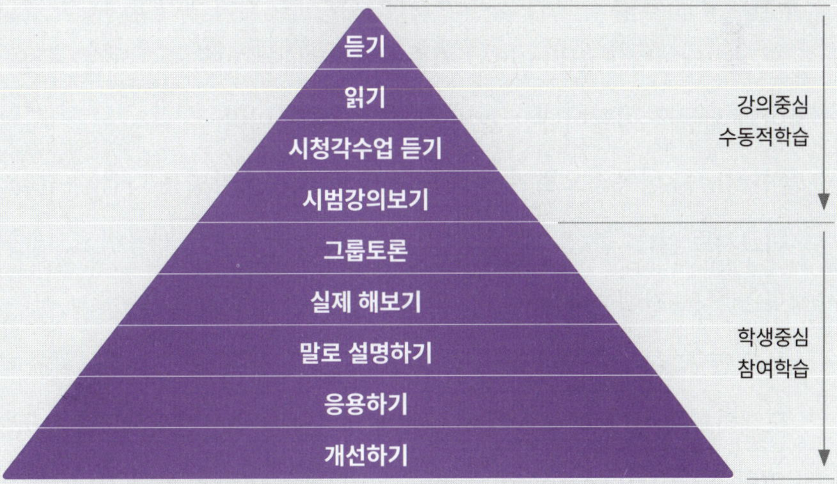

자료출처: National Traning Laboratory, 필자 수정

플립러닝의 주요 특징은 다음과 같다:

첫째, 학습의 개인화가 가능하다. 학습자는 자신의 수준과 속도에 맞춰 학습 내용을 조절할 수 있으며, 본 수업 전에 충분한 준비를 할 수 있다.

둘째, 학습에 대한 스트레스가 완화된다. 사전 학습을 통해 수업 내용을 미리 파악함으로써 심리적 부담을 줄이고 준비된 상태로 수업에 참여할 수 있다.

셋째, 학습 참여도와 협업이 증대된다. 본 수업에서는 단순한 지식 전달보다는 적용, 분석, 토론 등 고차원적 학습 활동에 집중할 수 있어 적극적인 참여가 가능하다.

1.플립러닝 효과증대 방법

플립러닝을 효과적으로 운영하기 위해서는 세 가지 전제 조건이 필요하다. 첫째, 학습자들이 반드시 사전 온라인 학습을 수행해야 한다. 둘째, 학습한 내용을 스스로 요약하도록 해야 한다. 셋째, 학습 내용과 관련된 질문을 준비하도록 해야 한다. 필자의 경우, 학생들에게 미리 강의 교안을 제공하고 수업 시간에 질문 2개씩을 준비해 오도록 과제를 부여하고 있다.

플립러닝과 같은 효과적인 교수법이 있음에도 현장에서 잘 활용되지 않는 이유는 퍼실리테이팅(Facilitating) 기술의 부족 때문이다. 즉, 학습자들의 적극적인 참여와 활동을 이끌어내는 방법을 모르기 때문이다.

플립러닝을 성공적으로 수행하기 위한 구체적인 방법은 다음과 같다:

- **워크시트 실습**: 학습 주제와 관련된 과제나 리포트를 제공하고, 이를 바탕으로 토론을 진행한다.
- **사례 연구**: 실제 사례나 상황을 제시하고, 학생들이 문제를 분석하여 해결책을 모색하도록 한다. 휴식 시간을 활용해 개인의 생각을 정리하도록 유도한다.
- **역할 학습(P2P Learning)**: 학생들끼리 서로 역할을 바꿔가며 배운 내용을 설명하게 한다. 직접 설명하거나 발표한 내용은 오래 기억에 남는다. 필자

역시 30년 전 대학원에서 발표한 '플라시보 효과의 기적'이라는 주제를 아직도 생생히 기억하고 있다.

- **집단 실습:** 학습자들이 번갈아가며 팀 활동을 주도하여 사전 학습 내용을 바탕으로 심화 토론과 문제 해결을 진행한다.
- **발표와 토론:** 주어진 문제에 대해 짧은 시간 내에 발표하도록 하고, 공동의 주제로 그룹 토론을 통해 의사결정을 경험하게 한다.

2. 블렌디드 러닝

블렌디드 러닝(Blended Learning)은 온라인과 오프라인 학습을 융합하여 시너지를 창출하는 교수법이다. 예를 들어, 3시간 수업에서 1시간 30분은 온라인으로, 나머지 1시간 30분은 오프라인으로 진행하는 방식이다.

블렌디드 러닝의 주요 특징은 다음과 같다:

첫째, 학습의 유연성이 증가한다. 시간과 장소의 제약을 줄여 학습자가 자신의 일정에 맞춰 학습할 수 있다.

둘째, 다양한 학습 자원을 활용할 수 있다. 온라인의 멀티미디어 자료와 오프라인의 대면 상호작용을 모두 활용하여 학습 효과를 극대화한다.

셋째, 개별화된 학습 경로를 제공한다. 학습자의 수준과 진도에 맞춰 온라인 콘텐츠를 조정하면서도 오프라인에서 직접적인 피드백을 받을 수 있다.

반면 플립러닝은 온라인과 오프라인의 단순한 결합을 넘어선다. 온라인에서는 모든 강의가 진행되고, 오프라인 교실에서는 토론, 문제 해결, 프로젝트 활동 등 심화 학습에 집중한다.

두 교수법 모두 학습자 중심의 교육을 지향하며, 궁극적으로 학습 성취역량을 높이는 것을 목표로 한다. 그러나 블렌디드 러닝이 온-오프라인 학습의 균형 있는 배분에 중점을 둔다면, 플립러닝은 학습 활동의 순서와 내용을 완전히 재구성한다는 점에서 차이가 있다.

IV.

대학의 4차 산업혁명 관련 학과개편 트랜드

01. 대학혁신 지원방안의 7개 혁신 제도

교육부는 융합교육 활성화를 위해 2019년에 '학사구조 개편'을 단행했으며, 2023년에 추가 개선안을 발표했다. 핵심 내용은 대학 내 학과별, 전공별 경계를 완화하고 다양한 학문 간 융합학과의 설치·운영을 촉진하는 것이다.

이를 위해 교육부는 「대학설립·운영 규정」과 「고등교육법 시행령」을 개정했다. 주요 개정 내용은 다음과 같다.

첫째, 둘 이상의 계열 간 융합학과의 경우, 총 정원의 일정 비율 범위 내에서 교사·교원 확보 요건에 대한 예외를 인정한다.

둘째, 둘 이상의 학과나 학부가 제공하는 전공을 이수할 수 있는 융합학과(학부) 설치의 법적 근거를 마련했다.

셋째, 대학이 각자의 여건과 특성에 맞는 다양한 융합형 학사 조직을 설치할 수 있도록 제도적 유연성을 부여했다.

또한 교육부는 대학들이 융합형 학사제도를 유연하게 활용할 수 있도록 지원 체계를 구축하고 있다. 학사제도 개선 사항을 체계적으로 분석하여 운영 매뉴얼을 제작·배포하고, 대학별 맞춤형 학사제도 운영 컨설팅을 제공하고 있다.

최근 도입된 유연한 학사제도의 주요 특징은 다음과 같다.

- **다학기제:** 계절학기를 정식 학기로 인정하여 연간 5학기 이상 운영이 가능하다. 이를 통해 학생들의 조기 졸업이나 학업 일정 조정이 용이해진다.
- **유연학기제:** 학년별로 차별화된 학기 운영이 가능하다. 예를 들어, 1학년은 진로 탐색에 집중하고, 4학년은 취업 준비에 전념할 수 있도록 학기를 구성한다.
- **집중이수제:** 1학점당 15시간 이상의 수업 시수를 준수하는 범위 내에서 집중 강의와 집중 이수를 허용한다. 단기간에 특정 과목에 대한 집중적 학습이 가능해 진다.
- **융합전공제:** 학과(전공)가 타 학과(전공)와 협력하여 편제 정원 없이 새로운 융합전공을 개설할 수 있다. 급변하는 산업 수요에 신속 대응이 가능해 진다.
- **전공선택제:** 학생이 원 소속 학과 전공 외에 연계전공, 설계전공, 융합전공 등 다양한 전공 형태 중에서 자유롭게 선택하여 이수할 수 있다. 학생의 진로 설계에 따른 맞춤형 교육이 가능하다.
- **프랜차이즈제도:** 국내 대학이 외국 대학과 협력하여 국내 대학의 교육과정을 외국 대학에서 운영하는 제도이다. 교육과정의 4분의 1 이상은 국내 대학 전임교원이 담당해야 하며, 교육부장관의 교육과정 인증이 필요하다. 외국 대학에서 해당 과정을 전부 이수한 학생에게는 국내 대학 학위를 수여한다.

이러한 제도들은 학생의 다양한 학습 수요를 충족시키고, 급변하는 사회 요구에 대응할 수 있는 유연한 교육 체계를 구축하는 데 기여하고 있다.

국내 대학들은 이제 근본적인 변화가 필요하다. 급변하는 환경에 적극적으로 적응하지 못하면 생존 자체가 어려운 시대가 되었다. 이러한 변화는 대학 내부의 자발적인 혁신 의지에서 시작되어야 한다. 다른 대학을 무작정 따라하기보다는 각 대학의 고유한 특성을 발굴하고 발전시켜야 하며, 이를 실행할 수 있는 전문

인력과 조직 체계를 갖추고 대학 구성원 모두가 변화와 혁신을 강력하게 추진해야 한다.

제4차 산업혁명 시대 교육의 핵심은 지식의 소유가 아닌 공유에 있다. 기업에서 여러 전문가가 협력하여 지식을 공유하고 제품을 개발하듯이, 교육 분야에서도 융합이 필수적이다. 서로 다른 전문 분야가 만나 새로운 지식 영역을 창출할 때, 비로소 '지식의 노마드'(nomad)가 탄생할 수 있다.

대학은 이제 학문적 전문성을 바탕으로 전통적인 경계를 뛰어넘는 깊이 있는 융합교육을 통해 미래 사회가 요구하는 창의적 인재를 양성해야 한다. 이것이 바로 21세기 대학이 추구해야 할 교육 혁신의 방향이다.

대학혁신제도

구분	내용
다학기제	대학 자율로 5학기 이상 운영 가능(계절수업 정식학기 인정)
유연학기제	학년별 다른 학기 운영(4주, 8주, 15주 등 다양한 모듈형 섹션 가능). 예) 1학년은 학업과 진로를 숙고하여 '오리엔테이션학기', 4학년은 조기취업을 감안한 '취업·실습 학기제' 등
집중이수제	1학점당 15시간을 준수하면 집중 강의와 집중 이수 허용. 학점 취득을 위한 출석기준은 학칙으로 마련
융합전공제	학과(전공)와 학과(전공)가 편제정원 없이 새롭게 개설하는 전공. 학과 통폐합 없이 소프트웨어적인 방법으로 새로운 전공 개설 가능. A대학 경제학과와 IT학과가 협력하여 '디지털경제학 융합전공'을 개설하고, 경제학과 학생이 이를 이수
전공선택제	학칙에 정해진 기준에 따라 원 소속 학과 전공과 함께 다양한 전공 형태를 자유롭게 선택
프랜차이즈제도	국내 대학이 외국 대학과 협력하여 국내 대학의 교육과정을 외국 대학에서 운영

자료출처:교육부 자료

02. 국내 대학들의 교육 과정

국내 대학들도 미래 산업 수요에 선제적으로 대응할 수 있는 융복합형 전문인력 양성을 위해 환경 변화를 반영한 유연한 교과 과정을 개설하여 운영하고 있다.

1. 경북대학교

학·석사 5년 과정 융합학과 국내 첫 신설

교육부는 경북대학교에 국내 최초로 도입되는 융합학과가 조기에 정착하고 다른 대학으로 확산될 수 있도록 관련 법령을 정비하고 제도적 기반을 마련했다. 경북대학교는 '의생명융합공학', '로봇공학', '우주공학', '스마트모빌리티공학', '혁신신약' 등 5개 분야의 융합학과를 신설하고 첨단기술융합대학 자율학부 과정으로 신입생을 모집하고 있다. 또한 통합 연계과정을 도입하여 기존 6년이 소요되던 학·석사 과정을 5년(학사 3.5년 + 석사 1.5년)으로 단축하여 운영한다.

이는 제4차 산업혁명 시대의 인력 수요에 탄력적으로 대응하고, 대구시와 경상북도가 추진하는 8대 신성장 산업에 필요한 맞춤형 인재를 양성하기 위한 전략적 선택이다.

이러한 융합학과 제도는 급변하는 산업 환경에 신속하게 대응할 수 있는 유연한 학사 구조를 제공함으로써, 대학이 국가와 지역사회 발전에 기여하는 혁신적 역할을 수행할 수 있을 것으로 기대된다.

2. 가천대학교

국내 대학 최초로 학부에 '인공지능학과' 개설

가천대학교는 2020년 국내 최초로 인공지능학과를 개설하여 신입생을 선발하고 있다. IT융합대학 내에 신설된 이 학과는 인공지능과 소프트웨어 산업을 선도할 창의적 전문인재 양성을 목표로 한다.

교육과정은 미래 산업 분야에서 필요로 하는 핵심 전문인력 양성을 위해 'AI-소프트웨어 각 분야별 핵심 이론', 'AI-소프트웨어 개발관련 핵심 기술', '기술경영 핵심 지식', '실용적 실무 지식' 등으로 구성되어 있다.

교육의 질을 보장하기 위해 컴퓨터 비전, 자연어 처리, 기계학습 등 각 분야의 전문성을 갖춘 우수한 교수진이 강의를 담당한다. 또한 현장 실무 능력 강화를 위해 주요 기업들과 산학협력 연구 프로그램을 공동으로 수행하고, 산업체 인턴십 프로그램도 운영하고 있다.

학과 설립 과정에서 네이버, IBM, LG전자, 엠로 등 업계 관계자들을 초청하여 인공지능학과 준비 포럼을 개최했다. 커리큘럼은 이 포럼에서 나온 산업계의 의견과 요구사항을 적극 반영하고 있다. 이러한 산학협력 체계는 실무 중심의 교육과정 운영에 중요한 기반이 될 수 있다.

3. 건국대학교

융복합 모듈형 교육과정 도입

건국대학교는 전통적인 학과 단위를 넘어 학생들의 역량과 전문 분야에 맞춘 특성화 교과로 '미래형 융복합 모듈형' 교육과정을 도입했다.

급격한 미래 사회 변화 및 산업 수요 변화에 대응하기 위해 첨단 산업 기술 및 최근 사회 이슈 등을 학습할 수 있는 모듈형 교육과정을 운영하고 있다. 교육과정은 '인공지능 모듈', 'ESG 모듈', '데이터사이언스 모듈', '스마트 IoT와 인공지능(지능형 사물인터넷) 모듈' 등으로 구성되어 있다.

건국대학교의 융복합 모듈형 교육은 다양한 학과의 교과목을 활용하여 4차 산업혁명 관련 기술 및 필요 역량을 배양할 수 있도록 심화교양, 전공선택, 비교과 등을 온라인 교육과정으로 수강하여 이수할 수 있다.

또한 학생들이 원 전공 이외에 추가로 2개 이상의 학과 또는 전공 등이 연계하여 개설하거나 융합하여 편성한 교육과정을 이수할 수 있는 연계전공 및 융합전공 프로그램도 운영하고 있다.

4. 남서울대학교

가상증강현실학과 개설 및 첨단 실습실 구축

남서울대학교는 국내 대학 중 최초로 '제4차산업혁신추진단'을 발족하여 제4차 산업혁명 관련 분야를 체계적으로 총괄해 왔다. 2014년에는 가상증강현실학과 대학원 과정을 개설하고, 2015년에는 학부 연계전공 과정을 신설하는 선제적 대응을 보였다.

이러한 교육 과정을 뒷받침하기 위해 첨단 실습실과 쇼룸(Show Room)을 구축하고, 지속적으로 최신 장비를 도입하는 등 인프라 확충에 투자해 왔다. 이러한 노력의 결과로 정보통신산업진흥원이 주관하는 '고용계약형 SW석사과정 지원사업'에 선정되는 성과를 거두었다.

또한 가상증강현실 연계전공 학부는 '수요대응형 이공계 여성 인재 육성사업'에도 선정되어 특화된 인재 양성 프로그램을 운영하고 있다. I-Cube와 같은 첨단 실습 환경을 제공할 뿐만 아니라, 방학 기간을 활용하여 싱가포르, 캐나다 등에서의 글로벌 인턴십 프로그램을 통해 학생들에게 해외 연수 기회를 제공하고 있다.

5. 한양대학교

데이터사이언스 학부 신설

'제4차 산업혁명 혁신 선도대학'으로 선정된 한양대학교는 인텔리전스 컴퓨팅학부(현 데이터사이언스 학부)를 신설하고 2020년부터 신입생을 선발하기 시작했다. 이 학부는 확장되는 빅데이터 시장에 대응할 데이터 과학 전문 인력 양성을 목표로 설립되었다.

특히 데이터사이언스 학부는 2020년부터 학생부종합전형을 통해 문·이과 구분 없이 통합적으로 인재를 모집하는 특징이 있다. 이는 데이터 분석 역량이 모든 학문 분야에서 요구되고 있는 현실을 반영한 결정이다.

교육과정은 데이터, 인공지능(AI), 뇌과학, 심리학 등 다양한 학문이 융합된 커리큘럼으로 구성되어 있다. 특히 연구 역량을 갖춘 전문가를 양성하기 위해 학·석·박사 연계과정(학사 3.5년 + 석사 1.5년 + 박사 2년 = 총 7년)도 구축하고 있다. 이는 기존의 학위 과정보다 효율적으로 고급 인력을 양성하기 위한 혁신적인 시도라고 볼 수 있다.

6. 한국외국어대학교

캠퍼스 , 전공, 학부 경계를 넘어 글로벌 융복합 교육

한국외국어대학교의 글로벌 융복합 교육은 다양한 융합전공과 학술 활동을 통해 실현되고 있다. 주요 융합전공으로는 '디지털인문한국학전공', 'AI융합전공', '바이오데이터사이언스전공', '상담UX심리전공', 'Business & AI 전공', '융복합소프트웨어전공', '학습자설계융합전공' 등이 있으며, HIMUN(한국외대 모의 유엔총회)을 비롯한 여러 학술 단체 활동을 통해서도 융복합 역량을 강화하고 있다.

특히 캠퍼스 통합을 통해 학생들은 전공과 연계전공을 자유롭게 선택할 수 있게 되었다. 이로써 캠퍼스, 전공, 학부 간 경계를 넘나드는 진정한 의미의 융복합 교육이 가능해졌으며, 학생들은 글로벌 시대가 요구하는 다학제적 역량을 효과적으로 습득할 수 있게 되었다.

7. 한국기술교육대학교

4차산업혁명 시대의 '융·복합' 스페셜 트랙 개발

한국기술교육대학교는 2018년부터 제4차 산업혁명 시대에 대응하기 위해 교육과정을 대대적으로 개편했다. 이 과정에서 각 전공에 제4차 산업혁명 요소기술을 교육할 수 있도록 총 72개의 교과목을 신설 및 개편했다.

또한 융복합 교육을 강화하기 위해 핵심 요소기술 기반의 '스페셜 트랙'을 개발했으며, 그 중 'AI빅데이터', '메타버스(AR/VR)', '스마트팩토리' 트랙을 운영하고 있다. 각 스페셜 트랙은 8-9개의 교과목으로 구성되어 있다.

학생들이 트랙 내 교과목 12학점 이상을 이수할 경우, 졸업 시 부전공 수준의 마이크로 디그리(Micro Degree) 인증을 받게 된다. 이는 특정 분야의 전문성을 인증하는 새로운 형태의 학위 시스템이다.

한국기술교육대학교는 학생들의 스페셜 트랙 이수를 지원하기 위해 '미래융합학부'를 설치했다. 이 과정을 통해 트랙 내 교과목은 최대 10학점까지 전공선택으로 인정받을 수 있어, 학생들의 융합 역량 강화와 함께 학업 부담을 줄이는 효과도 얻을 수 있다.

8. 인천대학교

바이오-의공학과 지능형 로봇공학 융합

인천대학교 바이오-로봇 시스템 공학과는 기계공학, 전자전기공학, 의공학으로 이루어진 다학제간 융합전공을 교육하는 학과로, 의공학 및 지능형로봇 분야에 특성화된 전공심화트랙을 운영하고 있다.

바이오-로봇 시스템 공학과는 '지능혁 로봇전공트랙'과 '바이오융합전공트랙'으로 구성되어 있다. 지능형 로봇전공은 기계공학, 생체역학, 전자전기공학, 인공지능 등을 중심으로 휴먼-로봇 인터페이스, 로봇 제어, 의료용 로봇 분야에 초점을 맞추고 있다. 바이오융합전공은 생명공학, 생체역학, 인체해부생리학, 의료용전자공학, 프로그래밍 등을 중심으로 맞춤형 의료기술, 바이오인포메틱스, 바이오헬스케어 소프트웨어, 의료기기 분야에 대한 연구를 진행한다. 학생들은 융합전공을 통해 이론적 지식뿐만 아니라 실무적 문제 해결 능력을 갖춘 창의적 인재로 성장하게 된다.

9. 숭실대학교

기초과학에 공학적 기술 적용

숭실대학교 유기신소재·파이버공학과(현 신소재공학과)는 대학 사회에서 주목받는 혁신적인 융합학과이다. 탄소를 포함하는 유기소재는 석유화학, 천연화합물, 합성유기소재, 전자재료(반도체, 디스플레이), 생체의약재료(바이오신소재), 기능성 섬유재료, 고분자 신소재, 에너지 신소재 등 다양한 분야에 적용된다.

이 학과에서는 나노섬유, 스마트 섬유, 방탄섬유, 고기능성 섬유, 광섬유, 의류 및 산업용 섬유 등 신소재 섬유를 연구한다. 더 나아가 비행기나 화성탐사선에 사용되는 우주항공용 소재, 인공장기와 같은 의료용 소재, 반도체, 디스플레이, 센서와 같은 정보통신용 소재 분야 등에 대해서도 폭넓게 학습한다.

또한 이러한 소재들을 가공하여 제품화하는 공정 기술과 색소, 염료, 시각 효과 등 컬러 산업 분야에 대한 연구와 교육도 함께 진행한다. 이처럼 기초과학과 응용기술을 아우르는 융합교육을 통해 미래 산업을 이끌어갈 전문 인재를 양성하고 있다.

10. 순천향대학교

기업 프로젝트를 통해 산업별 맞춤형 인재 육성하는 '엔터프라이즈스쿨'

순천향대학교는 제4차 산업혁명 시대에 적합한 미래 수요형 인재 양성을 위해 융합특성화 전공인 엔터프라이즈스쿨을 개설했다. 이는 융합교육을 확대하고 기업과의 협력 프로젝트를 통해 산업별 맞춤형 인재를 육성하기 위한 혁신적인 교육 모델이다.

혁신 교육을 기반으로 미래사회를 선도할 창의융합인재를 양성하는 엔터프라이즈스쿨은 2개의 학부('융합창업학부', '학생기업학부')와 1개의 학과('컨버전스디자인학과')로 구성되어 있다.

- 융합창업학부는 5개 전공 운영을 통한 실전창업 체험 교육을 실시하고 있으며, 창의설계실습교육 및 실전창업교육 과정이 구축되어 있다.
- 학생기업학부는 5개 전공 운영을 통한 기업 실무 프로젝트 교육으로, 기업실무/핵심역량전공, 프로젝트실무(캡스톤디자인/인턴십) 등으로 구성되어 있다.
- 컨버전스디자인학과는 디자인 중심의 공학과 경영의 융합으로 해외 대학 연계교육, 산학프로젝트 중심 교육, 디자인실무진 튜터링 등의 프로그램을 제공하고 있다.

엔터프라이즈스쿨의 가장 큰 특징은 각 분야별 실무전문가의 멘토링, AI를 이용한 창업교육 시스템, 블록체인 기반의 신뢰성 있는 교육평가시스템, 그리고 학생들의 다양한 창업 활동 및 기업실무 프로젝트 지원을 위한 스타트업플라자 등 학생 주도적인 학습을 위한 혁신적인 교육환경을 기반으로 한다는 점이다.

대학들은 급변하는 환경에 적응하기 위해 유연학제, 학과·학부 간 연계, 통합과정 등을 운영하거나 준비 중이며, 미래 유망 분야인 디지털 컨버전스 관련 학과들을 활발히 개발하고 있다. 학부와 석사, 박사과정을 연계하여 전체 교육 기간을 단축하고, 산업 현장의 요구사항을 철저히 분석하여 교육과정을 재설계하는 추세이다.

그러나 학생들이 단순히 여러 학문 분야의 과목을 경계 없이 수강하는 것만으로는 진정한 융합교육의 목표를 달성할 수 없다. 체계적이지 못한 융합과정은 오히려 학생들에게 학문적 혼란을 초래할 우려가 있다.

효과적인 융합교육을 위해서는 철저한 교과목 분석이 선행되어야 한다. 융합의 원리와 현상을 다루는 기초 융합 교양과목을 설계하여 기존 교과와 융합교육 사이의 연결고리도 구축하는 기반 교육도 필요하다. 융합은 단순히 여러 학과가 교육을 분담하는 것이 아니라, 다양한 학문 분야가 유기적으로 통합되어 새로운 지식체계를 창출하는 과정이다.

향후 대학의 융합과정은 다양한 실험적 시도가 이루어질 것이며, 이를 뒷받침할 지속적인 교육과정 개발과 연구가 필요하다. 각 대학과 학과의 고유한 특성과 강점을 반영한 융합교육이 이루어질 때 비로소 성공적인 교육 혁신이 가능할 것이다.

V. 급변하는 환경 이해하기

대학 교육 현장에서 나타나는 변화의 특징 중 하나는 기업과 사회에서 요구하는 '창의력'을 어떻게 가르칠 것인가에 있다. 이러한 창의력 교육의 대표적인 사례로 전국 대학에서 운영하는 '캡스톤디자인' 과목을 들 수 있다. 캡스톤디자인은 미래 사회에 필요한 제품과 서비스를 계획하고 설계하는 프로젝트 중심의 교육과정으로, 그 첫 단계는 아이디어 창출에서 시작된다.

제품이나 서비스의 아이디어를 창출하기 위해서는 먼저 사회적 이슈와 환경을 면밀히 분석할 필요가 있다. 정부가 발표하는 사회경제 현황 분석이나 예산 계획, 주요 산업 투자 방향에서 유용한 아이디어를 얻을 수 있다.

카이스트 미래전략대학원은 사회적 이슈 영역을 7대 변수(사회, 기술, 환경, 인구, 정치, 경제, 자원)로 분류하여 분석한다. 이러한 7대 영역을 체계적으로 살펴보면 우리 주변에서 발생하는 문제들을 포괄적으로 이해할 수 있으며, 이는 캡스톤디자인 주제 선정에 큰 도움이 된다.

캡스톤디자인의 첫 번째 단계는 문제 발견이다. 개인, 가족, 지역사회, 국가가 직면한 다양한 문제들을 체계적으로 정리하고 이에 대한 해결책을 모색하는 과정이 필요하다. 이러한 과정이 성공적으로 이루어지면 캡스톤디자인의 첫 관문을 통과하게 된다.

또한 변화하는 사회적 변수들을 면밀히 관찰하고, 각 분야에서 어떤 혁신적 아이디어를 발굴할 수 있을지 고민해야 한다. 이러한 아이디어가 미래에 어떻게 발전하고 구현될 수 있을지에 대한 전략적 사고도 함께 요구된다.

사회적 이슈 7대 영역

7대 변수	세부구성요소
사회 (Society)	문화, 역사,교육, 건강, 복지, 언론/미디어, 통신/교통 인프라,SNS,사회안전, 사회보장, 정보/사생활보호, 게임/오락/관광, 패션/스타일, 정의/평등/신뢰/부패, 사회갈등, 개방성/폐쇄성 등
기술 (Technology)	과학/수학, 공학(전자/기계/화학/생명/재료), 연구개발, 혁신, 지식재산, 창업/벤처, 기술경영, 도시, 정보통신/사이버, 의료/바이오, 국방기술, 교통기술(자동차, 항공기, 선박, 기차, 도로), 사회문화, 문화기술 등
환경 (Environment)	기후변화/co^2발생, 환경오염(대지, 토양, 수질, 지하수, 해양), 환경보전, 지형/지질, 육지/해양생태계, 생물종 다양성, 공장/토지/해양이용 등
인구 (Population)	인구수, 인구분포(나이, 지역), 노동력, 고용, 실업, 소비, 생산력, 출산, 고령화, 음식, 기아/비만, 주택, 동물(애완/기타) 등
정치 (Politics)	정치체제, 정당, 지배구조, 정치리더십, 법/행정/제도, 시민참여/이해집단, 전략/정책, 국제관계/주변외교(미중일), 남북관계, 영토분쟁, 역사문제, 국방/국가정보/사이버 안보 등
경제 (Economy)	산업구조, 농업/제조업(첨단/일반)/서비스업(전문/단순), 제조/유통/물류, 무역(수출입),금융(화폐, 환율, 증시), 재정, 예산/기획, 보험, 세금, 성장률, GDP/GNP, 빈부차, 생활비 등
자원 (Resource)	지하자원(광물, 석유, 가스, 석탄, 셰일가스), 에너지(화석, 원자력, 대체/재생), 전기(발전,스마트그리드), 수자원해양자원(대륙붕, 메탄하이드레이트), 에너지 안보 등

자료: 카이스트 미래전략대학원

관찰과
아이디어 창출

3 PART

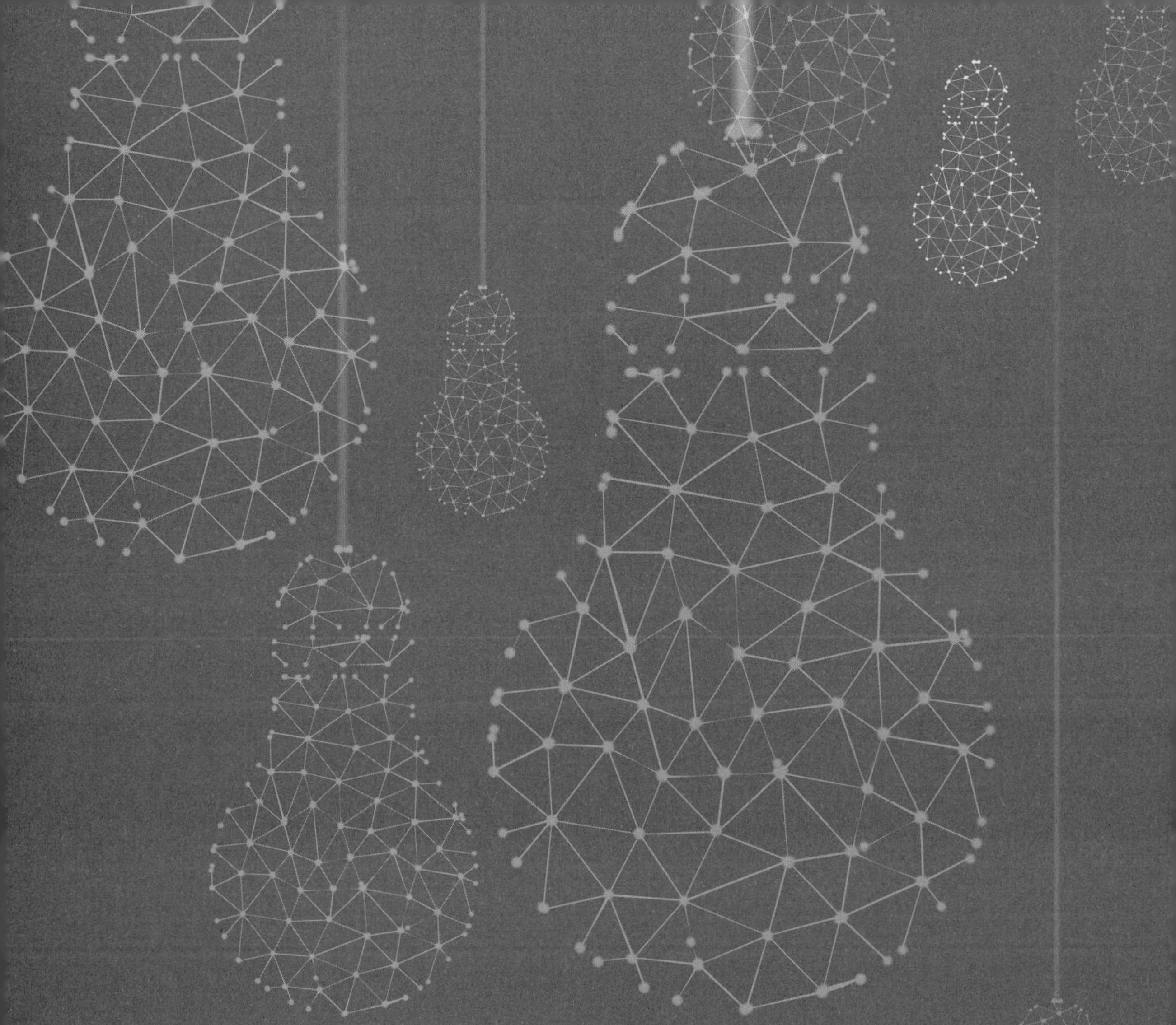

VI. 관찰력 키우기 62

01. 일반적인 사물에 새로운 의문을 가져라. 62
02. 세밀한 관찰로 남들이 놓치는 것을 발견하고 남들이 떠올리지 못한 생각을 하자. 63
03. 실수나 실패를 제품의 다른 시장이나 사용기능 변화를 살펴보자. 68
04. 시각·후각·청각·촉각·미각의 오감을 적용해 보라. 69
05. 제품이나 서비스 개발은 불편을 해소하는 방향에서 시작하라. 70
06. 응용력을 통한 새로운 것의 탄생 71
07. '왜 그럴까?'를 지속적으로 생각하며 사물을 깊게 관찰하라. 72

VII. 아이디어 창출 74

01. 아이디어 창출 사례 74
02. 사회변화와 새로운 직업 81

VI.

관찰력 키우기

우리는 아침에 일어나는 순간부터 다시 잠들 때까지 끊임없는 생각 속에서 살아간다. 이러한 생각의 깊이는 관찰력을 통한 사고의 연결에서 비롯되며, 깊이 있는 관찰을 통해 창의적인 아이디어를 발견할 수 있다.

01. 일반적인 사물에 새로운 의문을 가져라.

선풍기의 사례를 살펴보자. 날개 없는 선풍기가 등장했을 때, 사람들은 두 가지 관점에서 놀라움을 표현했다. 첫째, 어린이들이 선풍기에 손을 넣어도 다치지 않는 안전 문제가 해결되었다는 점이다. 둘째, 간결한 작동 원리와 누구나 이해할 수 있는 구조적 기능에 대한 감탄이었다.

이 혁신적인 선풍기는 모터를 수평으로 배치하여 위쪽으로 공기를 보내고, 상단에는 특수 설계된 원형 테두리를 장착했다. 이 원형 구조물에는 정교한 홈이 파여 있어, 모터가 회전하면서 공기를 한쪽 방향으로 밀어내는 방식으로 작동한다. 이로써 기존 선풍기 날개에 의한 안전사고의 위험이 완전히 해소되었다.

또 다른 혁신 사례는 먼지봉투가 필요 없는 무선 청소기이다. 이 제품은 개념적으로는 단순해 보이지만, 많은 가전제품 제조사들이 시도하지 못했던 혁신적 발명이다. 다이슨이 최초로 출시한 먼지봉투 없는 청소기는 시장에서 큰 성공을 거두었다.

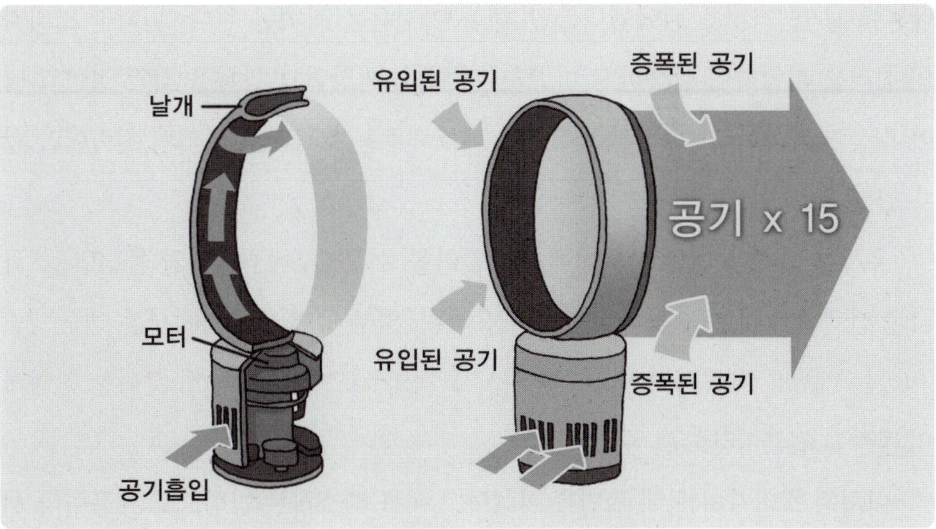

자료출처: 날개 없는 선풍기의 원리 (네이버 지식백과)

사실 기존 청소기 제조사들은 본체 판매 후 먼지봉투와 같은 소모품을 지속적으로 판매하는 것을 주요 마케팅 전략으로 삼아왔다. 이는 제품 수명주기 관리와 시장조사 측면에서도 유용했다. 그러나 다이슨은 철저히 고객, 즉 소비자 관점에서 접근하여 이러한 비즈니스 모델을 근본적으로 변화시켰고, 경쟁사들에게 새로운 과제를 안겨주었다.

다이슨은 고객 편의를 최우선으로 고려한 제품 혁신을 통해 시장에서 가장 먼저 실질적인 문제를 해결했다. 이처럼 제품 개선이나 새로운 서비스 개발은 고객이 현재 직면한 문제를 해결하는 데서 출발할 때 성공 가능성이 높아진다.

02. 세밀한 관찰로 남들이 놓치는 것을 발견하고 남들이 떠올리지 못한 생각을 하자.

식당에서 점심 메뉴를 선택할 때, 우리는 종종 짜장면과 짬뽕 사이에서 고민한 경험이 있을 것이다. 한 가지를 선택하여 식사를 하다가도, 옆 테이블에서 다른 메뉴를 보면 '저것을 선택했더라면' 하는 아쉬움을 느끼곤 한다. 이러한 소비자의 심리를 파악하여 탄생한 것이 '짬짜면'이다. 짜장면과 짬뽕을 각각 절반씩 담아내는 이 메뉴는 고객의 선택 고민을 해소해주는 효과적인 마케팅 전략이라 할 수 있다.

유사한 사례는 냉면 전문점에서도 찾아볼 수 있다. 비빔냉면과 물냉면 중 하나를 선택해야 하는 고객의 고민에 대응하여, 일부 냉면 전문점에서는 '반반냉면'이라는 메뉴를 제공하고 있다. 이 역시 고객의 니즈를 세심하게 고려한 경영자의 전략적 접근이라고 볼 수 있다.

이처럼 소비자의 선택 고민을 이해하고 이를 해소하는 방향으로 제품이나 서비스를 개발하는 것은 고객 만족도를 높이는 효과적인 방법이다. 단순한 메뉴 구성의 변화처럼 보이지만, 그 배경에는 소비자 심리에 대한 깊은 이해와 전략적 사고가 반영되어 있다.

우리는 일상에서 마주치는 수많은 사물과 정보를 대부분 기억하지 못한다. 현대인들은 아침에 일어나서 잠들 때까지 가정, 직장, 대중교통, 스마트폰 등 다양한 경로를 통해 수백 개의 광고와 메시지에 노출된다. 미국인들의 경우 하루 평균 5,000개의 광고에 노출된다는 연구 결과도 있다. 그렇다면 이처럼 방대한 정보 중에서 우리는 과연 얼마나 많은 것을 기억할 수 있을까?

독일의 심리학자 헤르만 에빙하우스(Hermann Ebbinghaus)는 인간의 뇌가 세 가지 기억 구조로 이루어져 있다고 주장한다. 감각기억, 단기기억, 장기기억이 그것이며, 이를 다중 기억 모형(Multi-storage model)이라고 한다. 이 이론의 핵심은 단순히 기억을 물리적으로 구분하는 것이 아니라, 각 기억 구조가 기능적으로 본질적인 차이를 가진다는 점이다.

특히 주목할 만한 것은 감각기억의 특성이다. 감각기억은 정보 용량이 매우 크지만, 지속 시간이 0.5초에서 4초 정도로 극히 짧다. 따라서 대부분의 사람들은 자신이 어떤 정보를 순간적으로 받아들였는지 의식적으로 인식하지 못한다.

결국 우리는 개인의 욕구 충족, 목표나 가치 실현과 직접적으로 관련된 정보만을 선택적으로 기억하게 된다. 이러한 선택적 기억 메커니즘은 정보 과잉의 시대에 뇌가 효율적으로 작동하기 위한 필수적인 방어 기제라고 볼 수 있다.

문은 반드시 직사각형 형태여야 하는가? 엘리베이터는 개인용과 다수용으로 구분하여 운영할 수는 없을까? 우리가 일상에서 접하는 다양한 사물을 관찰하면서 '왜 이러한 형태와 기능을 갖추고 있는가?'라는 의문을 품고 대안적 변화를 모색하는 것, 이것이 바로 창의적 사고의 시작이다.

창의적 사고는 단지 기술 분야에 국한되지 않는다. 예술가들, 특히 미술 작가들은 기존의 관념에 도전하고 새로운 시각으로 세상을 바라봄으로써 창의적 영감을 얻는다. 이들은 일상적 대상을 비일상적 맥락에서 재해석하거나, 기존 형태와 기능의 경계를 허물어 혁신적인 작품을 창조해낸다.

창의적 사고의 핵심은 고정관념을 탈피하고 기존의 패러다임에 의문을 제기하는 데 있다. '왜 이렇게 되어 있는가?'라는 질문을 넘어 '어떻게 다르게 할 수 있을까?'라는 발상의 전환이 필요하다. 이러한 사고방식은 디자인, 공학, 경영, 예술 등 모든 분야에서 혁신을 이끄는 원동력이 된다.

영국의 앤드류 스콧(Andrew Scott)은 독특한 입체적 표현 방식으로 주목받는 현대 미술 작가이다. 그는 편집 일러스트레이션과 스트리트 아트에서 영감을 받아 독창적인 작품 세계를 구축했다. 스콧의 작품에서 가장 두드러진 특징은 캐릭터가 액자와 상호작용하거나 실제 물리적 요소를 활용하여 시각적 착시를 불러일으키는 기법이다.

스콧은 '제4의 벽을 깨는 방식'(breaking the fourth wall)으로 혁신적인 예술 표현을 선보인다. 이 개념은 원래 극장 예술에서 유래한 것으로, 배우가 관객이나 카메라를 직접 인식하고 반응함으로써 허구와 현실 사이의 경계를 허무는 기법이다. 스콧은 이러한 개념을 시각 예술 영역으로 확장하여, 그림 속 인물이 그들을 둘러싼 액자와 물리적으로 상호작용하는 독특한 작품 세계를 창조했다.

그의 작품 중에는 새총을 쏘는 아이의 모습을 그린 후, 실제로 액자에 못을 박아 돌이 맞은 흔적을 표현한 작품이 있다. 또 다른 작품에서는 액자의 한쪽 부분을 의도적으로 훼손하여 그림 속 인물이 무너지는 벽을 지탱하는 듯한 착시를 만들어낸다. 타이어 그네를 타는 아이를 묘사한 작품에서는 그림에서 튀어나온 실제 줄을 사용해 입체감을 극대화하기도 했다.

이처럼 스콧은 평면적 그림의 한계를 뛰어넘어 실제 공간과 상호작용하는 창의적인 작품을 통해, 관람자에게 새로운 시각적 경험과 인식의 전환을 제공한다. 그의 혁신적인 예술 접근법은 기존 예술의 경계를 허물고, 일상적 사물에 대한 우리의 인식에 도전하는 창의적 사고의 전형을 보여준다.

또 다른 독특한 예술적 시각을 가진 작가를 살펴보자.

마우리츠 코르넬리스 에셔(Maurits Cornelis Escher)는 네덜란드 출신의 저명한 판화가이자 드로잉 작가이다. 그의 작품은 정교한 기하학적 표현과 물리적 법칙을 재해석한 독창적 시각으로 널리 알려져 있다. 흥미롭게도 에셔는 학창 시절 수학과 과학 과목에서 두각을 나타내지 못했으나, 그의 아버지로부터 물려받은 과학적 관찰력과 분석적 사고방식이 그의 예술 세계 형성에 중요한 영향을 미쳤다고 전해진다.

자료출처: 문화공간 175, Sky and Water, 1938

에셔의 작품에서 가장 두드러진 특징은 테셀레이션(tessellation) 기법의 사용이다. 테셀레이션이란 동일한 도형을 반복적으로 배열하여 틈이나 겹침 없이 평면 또는 공간을 완전하게 채우는 기하학적 구성 방식을 말한다. 그는 이슬람 건축의 모자이크 패턴에서 영감을 받아, 이 원리를 한층 발전시켜 복잡한 수학적 변환과 반복 패턴을 통해 독창적인 예술 형태를 창조해냈다.

에셔의 작품은 오늘날 컴퓨터 그래픽 디자인 프로그램으로 제작된 것처럼 보일 정도로 정교하고 세밀한 선으로 구성되어 있다. 그러나 그가 활동하던 시기에는 이러한 디지털 도구가 존재하지 않았으며, 순전히 수작업을 통해 이루어진 그의 정밀한 기술은 더욱 놀라움을 자아낸다. 에셔는 예술과 수학, 과학의 경계를 허물고 이들 분야를 창의적으로 융합하여 시각적 착시와 공간적 역설을 탐구한 선구자적 예술가로 평가받고 있다.

빈센트 발(Vincent Bal)은 일상적 사물의 그림자와 드로잉을 창의적으로 결합하여 독특한 예술 세계를 구축한 현대 작가이다. 벨기에 출신의 영화감독이자 일러스트레이터인 그는 우연한 계기로 이 독창적인 작품 활동을 시작했다. 시나리오 작업 중 테이블 위 찻잔이 만들어낸 그림자에서 코끼리의 형상을 발견한 것이 그의 예술적 영감의 출발점이었다.

자료출처: 한겨레, Shadowology by Vincent Bal, Concerto for piano peeler

그림자의 무한한 가능성과 매력에 매료된 발은 자신만의 예술 영역을 '그림자학'(Shadowology)이라 명명하고, 스스로를 '셰도우로지스트'(Shadowologist)라 칭한다. 그는 일상에서 쉽게 접할 수 있는 다양한 사물의 그림자를 활용하며, 여기에 간결한 드로잉을 더해 유머와 상상력이 넘치는 작품을 창조한다.

발의 대표적인 작품은 '피아노 필러'(Piano Peeler)이다. 이 작품은 단순한 과일 껍질벗기는 도구의 그림자를 활용하여 피아노를 연주하는 모습을 표현함으로써, 일상적 사물에 숨겨진 예상치 못한 이미지의 발견과 창의적 변형의 묘미를 보여준다.

발의 작품은 단순함 속에 담긴 창의적 발상의 힘을 보여주는 좋은 사례이다. 그는 특별한 장비나 복잡한 기술 없이도, 일상에서 마주하는 사물들의 새로운 측면을 발견하고 이를 예술적으로 재해석함으로써, 관람자에게 신선한 시각적 경험과 일상에 대한 새로운 인식을 제공한다.

03. 실수나 실패했던 제품으로부터 새로운 사용 기능성이나 시장 적용성을 살펴보자.

우리는 흔히 모든 일을 성공과 실패라는 이분법적 관점에서 평가하곤 한다. 그러나 보다 깊이 살펴보면, 실패는 종종 성공으로 가는 과정의 일부임을 알 수 있다. 때로는 실패를 거듭함으로써 오히려 성공 확률이 높아지기도 한다. 이러한 맥락에서 실패나 우연한 발견이 새로운 시장이나 기능으로 전환된 사례들을 살펴보자.

대표적인 사례로 포스트잇(Post-it)의 개발 과정을 들 수 있다. 3M의 연구원 스펜서 실버(Spencer Silver)는 강력한 접착제를 개발하려 했으나, 오히려 쉽게 떨어지는 약한 접착제를 만들게 되었다. 일반적인 관점에서 이는 분명한 실패였다.

그러나 같은 회사의 동료인 아트 프라이(Art Fry)는 이 '실패한' 접착제의 새로운 가능성을 발견했다. 그는 교회 성가대원으로서 성경책에 책갈피를 표시할 때, 실버의 접착제를 활용하면 종이를 쉽게 붙였다 떼어낼 수 있고 책에 흔적도 남지 않는다는 사실을 알게 되었다. 이렇게 개발 목적과 용도를 전환함으로써, 실패했던 제품이 혁신적인 성공 사례로 탈바꿈한 것이다.

이러한 현상을 설명하는 단어가 바로 '세렌디피티'(Serendipity)이다. '뜻밖의 행운'이라는 의미의 이 단어는 18세기 영국 작가 호레이스 월폴(Horace Walpole)의 동화 「세렌딥의 세 왕자」에서 유래했다. 일반적인 행운(Luck)이나 우연(Chance)과 달리, 세렌디피티는 예상치 못했던 상황에서 긍정적인 결과로 이어진 경우를 의미한다.

1961년, 기상학자 에드워드 로렌츠(Edward Lorenz)는 우연한 계기로 중요한 발견을 하게 된다. 그는 기상 데이터 분석 과정에서 시간을 절약하기 위해 컴퓨터에서 출력된 결과 값을 복사해 프로그램에 입력했다. 이 과정에서 컴퓨터는 6자리 소수점까지 계산했으나, 출력 결과는 3자리 소수점까지만 표시되었다. 로렌츠는 원래의 산출 값(0.506127) 대신 반올림하여 출력된 값(0.506)을 사용했고, 두 값의 차이는 매우 작았음에도 불구하고, 분석 결과는 놀라울 정도로 크게 달라졌다.

이 우연한 발견은 후에 '카오스 이론'으로 발전하여, 초기 조건의 미세한 차이가 시간이 지남에 따라 예측 불가능한 큰 변화로 이어질 수 있다는 '나비 효과'의 개념을 정립하게 되었다. 이는 경제, 금융 시장 등 복잡한 시스템의 미래 예측과 관련된 복잡계 이론과 연구 방법론의 발전에 기여하는 중요한 통찰로 이어졌다.

알렉산더 플레밍(Alexander Fleming)의 페니실린 발견도 유사한 사례이다. 플레밍은 실험 과정에서 세균 배양 접시의 뚜껑을 제대로 덮지 않는 '실수'를 저질렀다. 그 결과, 열린 틈으로 푸른곰팡이 포자가 침투하여 배양 중이던 세균을 죽이는 현상을 관찰하게 되었다. 이 우연한 발견은 페니실린이라는 혁명적인 항생제의 탄생으로 이어져, 수많은 생명을 구하는 의학적 혁신을 가져왔다.

04. 시각·후각·청각·촉각·미각의 오감을 적용해 보라.

겨울철 저녁, 집으로 향하는 길에 만두 가게를 지나칠 때면 큰 솥 위로 피어오르는 연기를 볼 수 있다. 그 순간 갑작스러운 배고픔과 함께 만두를 먹고 싶은 욕구가 생겨난다. 솥뚜껑을 열었을 때 모락모락 피어오르는 김 속에서 나타날 하얀 만두를 상상하는 것만으로도 식욕이 자극된다. 여기에 솥에서 간간이 들려오는 '치익' 하는 김이 빠지는 소리는 우리의 식욕을 더욱 자극한다. 마찬가지로 고기집 앞을 지날 때 환풍구를 통해 퍼져 나오는 고기 굽는 냄새는 우리의 배고픔을 한층 더 강화하여 참기 어려운 식욕을 불러일으킨다.

이러한 시각, 청각, 후각, 촉각, 미각과 같은 오감을 활용한 접근법은 제품 개발이나 서비스 창출에 있어 중요한 영감의 원천이 될 수 있다. 고객의 감각적 경험을 고려한 창의적 아이디어는 제품의 가치를 크게 향상시킬 수 있으므로, 제품 개발 과정에서 오감을 자극하는 요소들에 대한 심도 있는 분석과 적용이 필요하다.

05. 제품이나 서비스 개발은 불편을 해소하는 방향에서 시작하라.

모든 사람은 정도의 차이는 있으나 각자의 삶에서 불편함을 경험한다. 대부분의 사람들은 이러한 불편함을 그대로 감수하거나, 문제 해결을 위해 타인이 개발한 제품이나 서비스를 구매하며 그 대가로 비용을 지불한다. 자본주의 사회는 본질적으로 자본과 제품·서비스의 교환을 통해 상호 간의 문제를 해결하는 메커니즘으로 작동한다.

다수의 사람이 공감하는 불편함을 해결할 수 있는 제품이나 서비스를 개발한다면, 이는 사업적 가치를 지닌다고 평가할 수 있다. 이때 문제 해결이 반드시 거창한 주제일 필요는 없으며, 일상 속 소소한 불편함에서도 혁신적 아이디어가 도출될 수 있다.

예를 들어, 주방에서 설거지를 할 때 발생하는 허리 통증은 많은 가정에서 흔히 발생하는 문제이다. 이는 기존 개수대가 인체공학적 설계를 고려하지 않아 사용자가 몸을 앞으로 숙여야 하는 구조적 문제에서 기인한다. 이러한 불편함을 해소하기 위해 곡면 형태의 개수대나 높이 조절이 가능한 개수대를 설계한다면, 사용자의 불편함을 크게 경감시킬 수 있을 것이다.

또 다른 사례로, 터널 내 차량 충돌로 인한 화재 시 소방차의 접근성 문제가 있다. 이러한 상황에서는 대형 화재로 이어져 심각한 인명 피해를 초래할 위험이 있다. 터널 상부에 레일 시스템을 설치하고, 대용량 소화 분말을 담은 장치를 배치하여 화재 발생 시 자동으로 발화 지점으로 이동, 작동하는 시스템을 구축할 수 있다. 연기로 인해 시야 확보가 어려운 상황에서도 열감지 센서와 정밀한 위치 조정 기능을 통해 효과적인 화재 진압이 가능할 것이다.

이처럼 일상에서 마주하는 불편함과 문제점에 대한 면밀한 관찰과 분석은 혁신적인 제품과 서비스 개발의 출발점이 될 수 있다. 사용자의 필요와 경험에 기반한 문제 해결 접근법은 기술 혁신의 핵심 요소이다.

06. 응용력을 통해 새롭게 탄생시켜 보자.

남태평양 부족들 중에는 성인식의 일환으로 높은 나무에 올라가 칡넝쿨을 다리에 묶고 뛰어내리는 의식을 행하는 문화가 있다. 이 의식은 용기와 대담함을 통해 성인으로서의 지위를 부여하는 상징적 행사이다. 현대 사회에서는 이러한 전통 의식에서 영감을 얻어 번지점프라는 레저 스포츠를 발전시켰다. 이는 전통 문화의 요소가 현대적 맥락에서 재해석되어 새로운 가치를 창출한 사례이다.

또 다른 흥미로운 예로 스페인의 산티아고 순례길(Camino de Santiago)이 있다. 이 순례길은 크게 5개의 주요 코스로 나뉘며, 그 중 가장 많은 순례자들이 선택하는 경로는 총 800km 길이의 프랑스 길(Camino Francés)이다. 순례자들은 여정 동안 순례 증명서(Credencial del Peregrino)에 각 경유지마다 도장을 받으며, 최종 목적지인 산티아고 데 콤포스텔라(Santiago de Compostela) 대성당에 도달하는 것을 목표로 한다.

이러한 순례 문화에서 영감을 받아 국내에서 발전된 사례가 있다. 소설가이자 언론인인 서명숙은 산티아고 순례길 경험을 바탕으로 2007년 비영리 사단법인 '제주올레'를 설립하고 제주도에 트레킹 코스를 개발했다. 각 코스마다 고유한 자연경관과 문화적 특성을 반영한 제주올레는 지역 관광 활성화와 환경 보존을 동시에 추구하는 성공적인 모델로 자리 잡았다. 그 영향력은 국내에 그치지 않고, 2011년에는 일본 규슈 관광 추진기구와 업무 협약을 체결하여 '규슈올레'라는 이름으로 브랜드를 수출하는 성과를 이루었다.

이러한 사례들은 전통적 문화 요소와 의식이 현대적 맥락에서 어떻게 창의적으로 재해석되고 적용될 수 있는지를 보여준다. 기존의 문화적 가치와 실천에 대한 깊은 이해를 바탕으로 한 혁신은 사회적, 경제적 가치를 동시에 창출할 수 있는 중요한 원천이 될 수 있다.

7. '왜 그럴까?' 를 지속적으로 생각하며 사물을 깊게 관찰하라.

호기심을 가지고 사물을 바라보면 남들과 다른 시각으로 세상을 인식할 수 있다. 다양한 사고 접근법과 아이디어 창출 방법론에 대해서는 이 책의 후반부에서 더 자세히 다룰 예정이다.

몇 년 전, 필자는 프랑스 파리를 방문할 기회가 있었다. 여정 중 여유 시간이 생겨 루브르 박물관(Louvre Museum)을 찾게 되었다. 박물관 입구는 유리로 만든 피라미드 형태의 웅장하고 투명한 건축물이 인상적이었다. '파리의 심장'이라 불리는 루브르 박물관은 지상의 외관과 달리 지하 전시 공간이 매우 방대하다. 제한된 시간 속에서 박물관을 둘러보던 중, 레오나르도 다 빈치의 불후의 명작 '모나리자'를 감상할 수 있었는데, 예상했던 것보다 작품의 크기가 작다는 인상을 받았다.

귀국 후, 한 친구를 만났을 때 루브르 박물관 방문과 모나리자 관람 경험을 이야기했다. 그런데 친구가 뜻밖의 질문을 던졌다. "모나리자의 머리카락이 직모야, 아니면 곱슬머리야?" 순간 필자는 대답할 수 없었다. 중고등학교 시절부터 '모나리자는 눈썹이 없다'는 특징에 관한 지식이 너무 강하게 각인되어 있어, 실제 작품을 감상할 때도 오직 그 사실만 확인하는 데 집중했던 것이다. 그림의 다른 중요한 요소들, 특히 모나리자의 머리카락 질감과 같은 세부적인 특징은 전혀 관찰하지 못했다. 참고로 모나리자의 머리카락은 곱슬머리이다.

이 경험은 우리의 관찰 방식이 얼마나 선입견과 고정관념에 영향을 받는지 보여준다. 모든 사물에 대한 세심하고 열린 관찰은 창의적 아이디어의 원천이자 출발점이다. 관찰에 상상력이 더해질 때, 비로소 혁신적이고 독창적인 발상이 가능해진다. 고정관념의 틀을 벗어나 새로운 시각으로 세상을 바라볼 때, 우리는 더 풍부하고 의미 있는 아이디어를 발견할 수 있을 것이다.

VII.

아이디어 창출

01. 아이디어 창출 사례

아이디어는 우연한 발견, 유추적 사고, 역발상 등 다양한 방식으로 창출된다. 이러한 방식으로 탄생한 아이디어들을 살펴보면 다음과 같다.

- **3M 포스트잇** : 실패한 종이 접착제를 찬송가 책갈피로 사용처를 변경하여 탄생
- **코카콜라**: 두통 및 배탈 완화제로 개발된 카페인과 탄산의 결합으로 탄생
- **철조망**: 장미 넝쿨이 있는 곳으로는 양들이 넘어가지 않는다는 관찰에서 탄생
- **자가 세정 유리**: 연꽃잎의 미세한 돌기 표면 구조를 태양광 기판에 활용하여 자가 청소기능 구현
- **X-ray**: 음극선 실험 중 손뼈가 선명하게 투과되는 현상을 우연히 발견
- **벨크로**: 일명 찍찍이. 사냥 중 우엉 열매가 옷에 달라붙는 현상에서 착상
- **라면**: 2차 대전 후 극심한 식량기근 극복을 위해 미군 구호품 밀가루로 국수와 스프가 결합된 제품 개발

여러분이 좋은 아이디어라고 생각하는 것들을 한번 떠올려보자. 그리고 아래의 내용들을 읽어보면서 생각해보면, 더 좋은 아이디어와 사업 아이템을 찾을 수 있을 것이다. 앨버트 아인슈타인(Albert Einstein)은 '아이디어를 처음 보았을

때 터무니없어 보이지 않는다면 그 아이디어는 더 이상 기대할 것이 없다.'라고 했다. 처음으로 아이디어를 내놓을 때는 다른 사람에게 말하기 부끄럽기도 하고, 어디까지 깊이 생각해야 할지 모르겠는 경우도 있다. 그러나 모든 시작은 어려운 법이다. 아이디어는 하나의 단순한 생각에서 시작되고, 그 생각을 용기를 가지고 다른 사람들과 나누는 과정을 통해 발전되고 구체화된다.

그럼 이제 아이디어를 만들어내는 몇 가지 방법들을 살펴보자.

1. 서로 관계없어 보이는 것들의 결합을 통한 발명

서로 관계없어 보이는 것들도 창의적으로 결합하면 기능이 향상된 발명이 가능하다. 이러한 결합에는 여러 가지 방법이 있다. 사물과 사물을 합치는 것, 사물에 새로운 방법을 적용하는 것, 또는 서로 다른 방법들을 연계하는 것 등이다. 결국 무엇을 어떻게 더하면 더 좋은 효과를 나타낼 수 있는지를 고민해 보는 것이 중요하다.

어떤 재료에 새로운 성분을 추가해서 발명할 수도 있고, 시간을 더 투입하면 품질이 향상되는 발명품도 있다. 또는 기존 공정에 새로운 과정을 추가하면 더 나은 결과를 얻을 수 있는 발명도 있다. 이처럼 제품을 더 강하게 만들거나, 사회적 가치를 높이거나, 새로운 요소를 첨가하는 등 다양한 측면에서 '무엇을 더할 것인가'를 생각해볼 필요가 있다.

아이디어와 아이디어를 결합하면 더 나은 결과를 얻을 수 있을까? 서로 다른 원리를 결합한다면 어떨까? 여러 가지 물건의 기능을 조합할 수 있을까? 만약 조합할 수 있다면 더 편리해질까? 이처럼 다양한 측면에서 결합의 가능성을 탐색해 볼 수 있다.

여러 가지 용도를 겹합한 발명은 어떨까? 또한 서로 다른 목적과 이론을 융합하거나, 기존 제품의 활용 방식을 바꾸는 것도 생각해볼 만하다. 때로는 사용 목적을 완전히 바꾸는 것만으로도 혁신적인 발명이 될 수 있다.

셀로판지가 처음 개발되어 시장에 출시되었을 때는 인기가 전혀 없었다. 이 셀로판지를 팔던 세일즈맨은 결국 사업에 실패하여 채권자인 빵집 주인에게 재고를 넘겨주게 되었다. 그런데 빵집 주인이 우연히 셀로판지로 포장해서 진열해보니, 빵이 잘 팔리기 시작했다. 투명한 셀로판지에 싸인 빵이 신비로운 느낌을 주면서 시각적 매력을 높였고, 동시에 위생적이라는 심리적인 효과도 가져다주었기 때문이다.

2. 자연계에서의 관찰을 통한 발명

자연계에는 수많은 아이디어가 숨어 있다. 자연을 관찰하고 그 원리를 활용하는 것은 발명의 중요한 방법 중 하나다.

기존의 좋은 아이디어를 응용하여 발명하는 방법에는 여러 가지가 있다. 우수한 모양이나 방법, 포장, 형태를 참고하는 것부터 시작할 수 있다. 또한 좋은 아이디어들을 서로 결합하거나, 기존 아이디어에서 불필요한 부분을 제거하는 방법도 있다. 때로는 좋은 아이디어의 일부분을 다른 것으로 바꾸거나, 새로운 요소를 추가하기도 한다. 아예 용도를 완전히 바꾸거나 모양을 변형하는 것도 훌륭한 발명 방법이다.

대표적인 예로 스파이크 신발을 들 수 있다. 고양이나 호랑이가 에너지 낭비 없이 빠르게 달리면서도 급하게 멈출 수 있는 모습을 관찰한 결과, 동물들의 발톱 구조에서 힌트를 얻어 스파이크 신발이 탄생했다. 자연의 지혜를 인간의 기술로 옮겨온 훌륭한 사례라고 할 수 있다.

3. 입장의 전환을 통한 발명

자신의 입장이 아닌 상대방이나 상대 물건의 입장에서 생각해보는 방법이다. 이를 통해 새로운 관점에서 문제를 발견하고 해결책을 찾을 수 있다.

입장 전환법으로 다양한 발명이 가능하다. 경제성을 극대화한 발명, 성능을 최대로 향상시킨 발명, 효과를 극대화한 발명이 있을 수 있다. 또한 용도를 다양화한 발명, 편리하고 위생적인 발명, 안전성을 높인 발명도 가능하다. 고장이나 불량을 줄이는 발명, 휴대성을 높인 발명, 즐거움을 주는 발명, 미적 감각과 호기심을 충족시키는 발명도 있다. 최근에는 환경오염을 줄이거나 건강에 도움을 주는 발명들도 많이 등장하고 있다.

구체적인 사례를 살펴보자. 일본의 한 엄마는 자신의 아기가 평평한 베개 때문에 뒤통수가 납작해지는 것을 보고, 아기의 입장에서 생각해 도넛 모양의 베개를 발명했다. 아기의 머리 모양을 보호하면서도 편안하게 잘 수 있도록 한 것이다.

노인용 전화기도 입장 전환법의 좋은 예다. 노인의 특징인 시력, 청력, 근력 저하를 고려하여 다양한 전화기들이 개발되었다. 숫자 버튼이 큰 전화기, 숫자와 배경의 색상 대비가 뚜렷한 전화기, 가벼운 재질로 만든 전화기 등이 그것이다. 또한 음성 명령 기능이 있는 전화기, 야광 처리된 전화기, 보청기 기능이 있는 헤드폰 전화기, 음성 인식 전화기 등도 노인의 입장에서 개발된 발명품들이다.

4. 색상을 활용한 발명

색상을 새롭게 적용하거나 아예 색을 없애는 발상을 통해서도 혁신적인 아이디어를 만들어낼 수 있다.

색상 변화를 활용한 발명들을 살펴보면 다양한 사례가 있다. 빨간 짜장면은 기존의 검은 짜장면과 차별화를 시도한 예다. 질레트의 면도날은 사용 정도에 따라 색이 변하여 교체 시기를 알려준다. 화성산업의 카멜레온 페인트는 온도나 조명에 따라 색이 변하는 특수한 기능을 가지고 있다.

실용적인 측면에서는 온도 변화로 우유의 신선도를 알려주는 우유병이나, 혈압이 상승할 때 색이 변하는 모자 등이 개발되었다. 또한 부패 정도에 따라 색이 변하는 알루미늄 포장재를 사용하여 육류의 신선도를 확인할 수 있게 하거나, 김치가 익어가는 정도를 색으로 표시해주는 김치 저장고도 있다.

반대로 색을 없애는 발상도 흥미롭다. 가톨릭관동대학교의 원성권 교수는 커피의 본래 맛과 향은 그대로 유지하면서 커피를 무색투명하게 만드는 기술로 특허를 받았다. 이와 반대로 투명한 커피에 다양한 색을 입혀 시각적 즐거움을 더하는 것도 가능하다.

이처럼 색상을 활용한 발상은 기능성과 미적 요소를 동시에 만족시킬 수 있는 효과적인 발명 방법이다.

5. 환경 트랜드에 맞는 제품개발 아이디어

필자는 10년 전 IT 회사를 운영하면서 직원들과 새로운 제품개발을 논의하게 되었다. 당시 이명박 정부의 '저탄소 녹색성장' 정책이 추진되고 있었는데, 이에 발맞춰 사무실에서 전기를 절약할 수 있는 방안을 모색하던 중 흥미로운 사실을 발견했다. 사무실에서 전력 소비량이 가장 많은 기기는 컴퓨터였고, 더 놀라운 것은 대부분의 직장인들이 회의나 휴식을 위해 자리를 비울 때 컴퓨터를 켜둔 채로 이동한다는 점이었다. 이는 소수의 특별한 경우가 아니라 많은 사람들이 보이는 일반적인 행동 유형이었다.

문제가 발견되었으니 이를 개선할 방법을 찾아야 했다. 해결책으로 컴퓨터에 연결된 마우스를 활용하는 방법을 구상했다. 마우스에 절전 버튼을 추가하여 사용자가 직접 버튼을 누르거나, 미리 설정한 시간이 지나면 자동으로 컴퓨터가 절전모드로 전환되도록 설계했다. 제품을 구상하면서 단순히 기능만 제공하는 것이 아니라 전기절약이라는 행동 변화를 유도하기 위해 마우스 버튼을 누르면 작은 비프음이 나도록 하여 청각적 피드백을 통해 사용자가 절전 행동을 인식하고 습관화할 수 있도록 했다.

그렇다면 전기절약의 성과는 어떻게 측정할 수 있을까? 이를 위해 사용 효과를 확인할 수 있는 전용 소프트웨어를 개발하게 되었다. 개인 PC에 이 소프트웨어를 설치하면 월별, 일별 전력 절약 시간이 통계로 나타나고 그래프로 시각화되

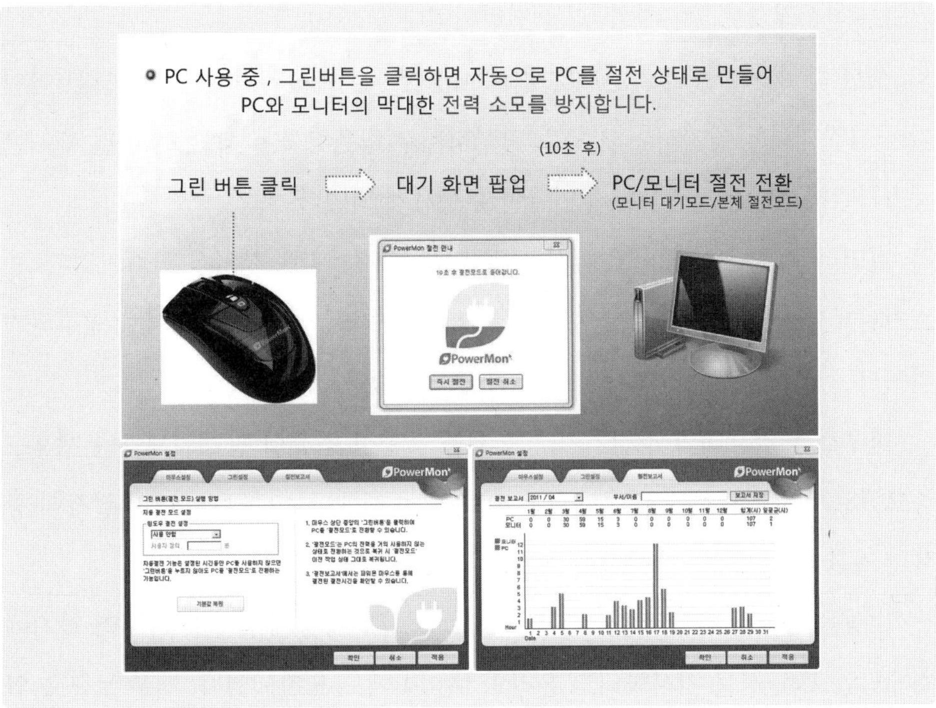

어 표시된다. 또한 절약된 전력량을 금액으로 환산하여 보여주고, 환경 보호 효과를 나무심기 효과와 비교하여 얼마나 도움이 되었는지를 알 수 있도록 했다. 만약 서버 버전을 개발한다면 회사 전체의 전력 절약 현황을 종합적으로 관리할 수도 있을 것이다.

사업화와 차별화를 위해 특허를 출원하여 1년 후 특허 등록을 완료했고, 제품에 대한 녹색인증도 받았다. 녹색인증은 '저탄소 녹색성장 기본법'에 의거하여 기술의 기술성, 녹색성, 시장성을 종합적으로 평가한 후 지식경제부 장관이 인증하는 제도였다. 특히 녹색성 부문에서는 일정 비율 이상의 절감 효과가 객관적으로 검증되어야만 녹색인증이 부여되었다. 절전 소프트웨어는 저작권협회에 프로그램을 등록하여 소프트웨어 저작권 보호를 받았다.

제품 생산은 중국에 공장을 둔 한국업체에 위탁했고, 하드웨어 개선을 위해서는 별도의 외주업체와 파트너 계약을 체결하였다. 이는 제한된 자원을 가진 중소기업이 현실적으로 활용할 수 있는 전략이었다.

생산 준비가 완료되고 신제품 출시 시점에 에너지관리공단에서 공모한 아이디어 경진대회에 참가하여 최우수 지식경제부 장관상을 수상했고, 며칠 후에는 중소기업청장상인 그린상까지 연달아 수상하게 되었다.

그러나 큰 상을 받았다고 해서 사업이 잘 될 것이라는 생각은 착각이었다. 중소기업에서 상을 받는 것은 홍보 효과는 뛰어나지만, 실제 제품 판매로 연결하기 위해서는 별도의 체계적인 마케팅 전략이 필요했다.

마우스는 컴퓨터의 주변기기라는 제품 특성상 컴퓨터 판매업체와의 제휴도 중요했고, 특수 기능을 선호하는 매니아층도 존재했다. 따라서 에너지 절감이 중요한 기관이나 단체를 대상으로 영업을 진행하였다.

수상을 계기로 홍보와 마케팅에 집중했다. TV 방송에 출연하고 여러 잡지에 소개되었으며, 신문 기사화되고 온라인 미디어에도 노출되었다. 제품 보급을 위해 지사들을 모집하고 컴퓨터 회사와의 제휴도 확대했다. 결과적으로 생산한 재고를 모두 소진하며 프로젝트를 성공적으로 마무리할 수 있었다.

이 프로젝트는 회사의 주력 사업은 아니었지만 짧지만 강렬한 경험이었다. 무엇보다 중소기업이 아이디어 발굴부터 제품 개발, 브랜드 구축, 마케팅, 판매까지 전 과정을 직접 수행한다는 것이 얼마나 어려운 일인지 깨달았다.

하지만 이 경험을 통해 몇 가지 중요한 시사점을 얻을 수 있었다. 첫째, 일상에서 관찰할 수 있는 작은 불편함도 혁신의 출발점이 될 수 있다는 점이다. 둘째, 단순한 기능 제공을 넘어 사용자 경험과 행동 변화까지 고려한 설계가 필요하다는 것이다. 셋째, 제품의 효과를 정량적으로 측정하고 시각화하는 시스템은 사용자 만족도와 지속적인 사용에 핵심적이라는 점이다. 넷째, 특허, 인증, 저작권 등을 통한 지적재산권 보호와 차별화가 중요하다는 것이다. 다섯째, 제한된 자원을 가진 스타트업은 외주와 파트너십을 적극 활용해야 한다는 점이다. 마지막으로 아무리 좋은 제품이라도 적절한 마케팅 전략 없이는 시장에서 성공하기 어렵다는 교훈을 얻었다.

지식경제부 장관상

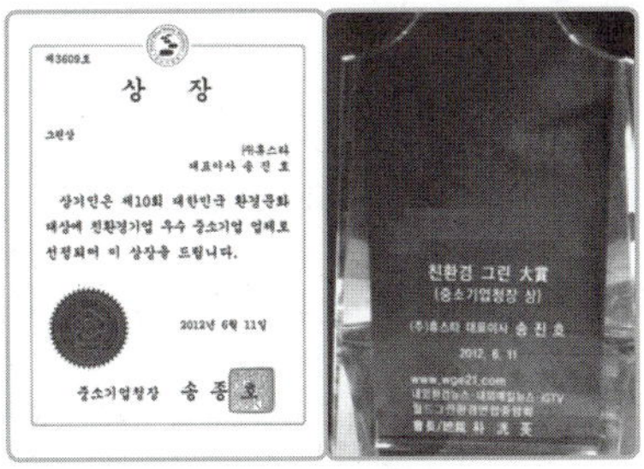

중소기업청장상

-2012년 6월 에너지관리공단 "절전 명품"최우수 지식경제부장관대상 수상
-2012년 6월 제 10회 대한민국 환경대상 중소기업청장상 수상

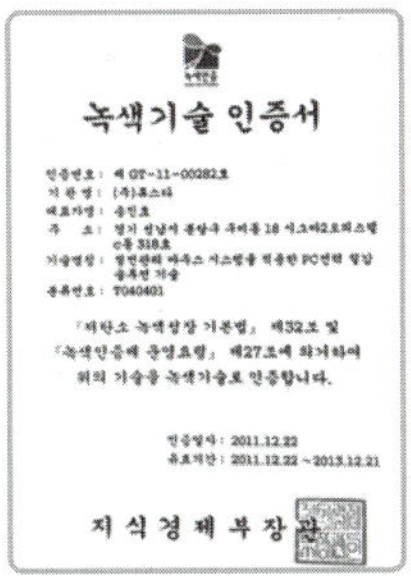

녹색인증

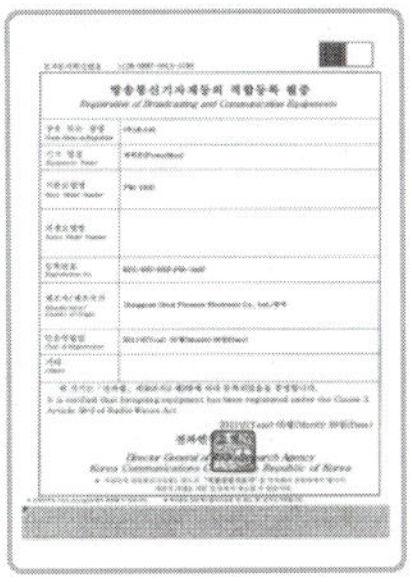

KC인증

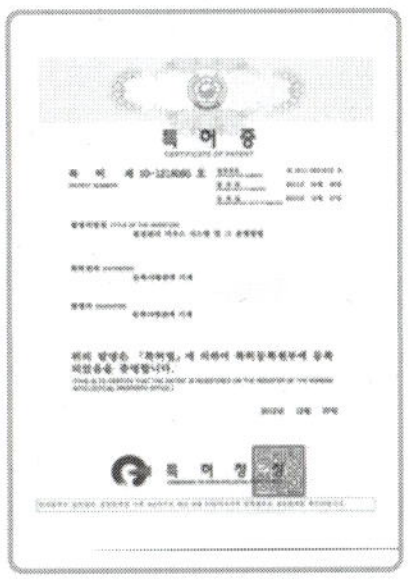

국내특허등록/국제 특허출원

- 녹색인증은 '저탄소 녹색성장 기본법'에 의거하여 기술의 기술성, 녹색성, 시장성을 평가하여 지식경제부 장관이 인증하는 제도이다.
  특히 녹색성 부분에서 일정 비율 이상의 절감효과가 검증되어야만 녹색인증이 부여된다.
- 한국저작권 위원회 프로그램 등록

02. 사회변화와 새로운 직업

기술의 발전과 사회적 성숙도에 따라 직업 분야에도 큰 변화가 일어나고 있다. 특히 한국도 선진국으로 발전하면서 평균 수명이 늘어나 고령화 인구가 급증하고 있으며, 동시에 일자리는 기계화와 자동화로 대체되고 있고, 젊은 청소년층 인구는 지속적으로 감소하는 현상이 가파르게 나타나고 있다.

이러한 사회 변화에 따라 대학 교육의 패러다임도 크게 바뀔 것으로 전망된다. 앞으로 대학에서는 전통적인 전공 중심의 교육보다는 급변화는 환경에 대응을 목표로 하는 실무 지식과 기술 습득 과정들이 더욱 늘어날 것이다. 또한 기존의 2년, 4년이라는 고정된 학제를 넘어서 개인의 역량과 필요에 따라 기술과 지식의 습득 기간을 유연하게 조정할 수 있는 교육 시스템으로 변화할 것이다.

특히 대학이라는 전통적인 경로 외에도 온라인 교육, 직업 훈련 기관, 기업 내 교육 프로그램 등 다양한 경로를 통해 지식과 기술을 습득할 수 있는 기회가 확대될 것이다. 이는 사회적 변화 추세에 맞춰 대학 본래의 모습이 점진적으로 변화할 것임을 의미하며, 그에 따른 새로운 교육 트렌드에 발맞춰 기존에 없던 새로운 직업들이 지속적으로 등장할 것으로 예상된다.

이러한 직업 변화의 구체적인 흐름을 파악하기 위해 한국고용정보원에서 2024년도에 발표한 「2021-2023 한국직업전망」 보고서를 살펴볼 필요가 있다. 이 보고서는 향후 10년 후 나타날 직업 환경의 주요 변화를 제시하고 있으며, 그 내용은 다음과 같다.

1. 디지털 전환 가속화

4차 산업혁명 기술 확산으로 모든 산업 분야에서 디지털화가 진행되며, AI·빅데이터·IoT 등 신기술 관련 직업군이 급성장하고 있다.

2. 탄소중립 정책 확산

2050 탄소중립 목표에 따라 신재생에너지, 환경 기술, 친환경 산업 분야의 전문인력 수요가 폭발적으로 증가하고 있다.

3. 저출산·고령화 심화

인구구조 변화로 고령자 돌봄, 실버산업, 출산·육아 지원 서비스 관련 직종이 확대되고, 전통 제조업 인력 부족이 가속화되고 있다.

4. 개인 맞춤형 서비스 확대

1인 가구 증가와 개인화 트렌드에 따라 반려동물 관련 직종, 개인 건강 관리, 맞춤형 컨설팅 서비스 분야가 성장하고 있다.

5. 창조경제 및 콘텐츠 산업 부상

문화예술, 게임, 미디어 콘텐츠 분야에서 크리에이터, 디지털 아티스트, 콘텐츠 기획자 등 창의적 직업군이 급증하고 있다.

6. 안전·보안 분야 강화

개인정보보호, 사이버보안, 물리적 치안 등 개인과 기업의 안전에 대한 관심 증가로 보안 전문가 수요가 확산되고 있다.

7. 건강·미용 산업 성장

웰빙 문화 확산과 개인 건강에 대한 관심 증가로 헬스케어, 뷰티테크, 개인 맞춤형 의료 서비스 분야가 확대되고 있다.

8. 플랫폼 경제 및 긱 이코노미 확산

디지털 플랫폼 기반의 유연한 근무 형태가 증가하며, 프리랜서, 단기 프로젝트 기반 업무가 새로운 노동 형태로 자리잡고 있다.

9. 뉴칼라 직업군 등장

전통적인 블루칼라, 화이트칼라를 넘어선 IT 기술 전문가, 데이터 분석가, 인공지능 엔지니어 등 기술 융합형 인재가 주목받고 있다.

10. 지속가능성 및 ESG 경영 확산

환경·사회·지배구조를 고려한 기업 경영이 확산되면서 ESG 컨설턴트, 지속가능성 전문가, 사회적 가치 창출 관련 직종이 새롭게 부상하고 있다.

세계경제포럼(World Economic Forum)의 「2025년 미래 일자리 보고서」에 따르면, 2030년까지 글로벌 노동시장은 근본적인 변화를 겪을 것으로 예측된다. 가까운 미래에 약 1억 7천만 개의 새로운 일자리가 창출되고 9천2백만 개의 일자리가 소멸되어, 순 증가는 약 7천 8백만 개에 이를 것으로 전망된다. 이러한 변화를 주도하는 핵심 요인들은 무엇일까?

1. 노동시장 변화의 주요 동인

❶ **디지털 전환**: 디지털 기술의 확산, 인공지능(AI), 로봇공학, 에너지 기술의 발전이 일자리 구조에 근본적인 변화를 가져오고 있다.

❷ **녹색 전환**: 탄소 배출 감소와 기후변화 대응, 지속가능성을 위한 산업 재구성으로 친환경 직종의 증가가 예상된다.

❸ **인구구조 변화**: 고소득 국가의 인구 고령화와 저소득 국가의 생산가능인구 증가가 글로벌 인력 수급에 상당한 영향을 미칠 것으로 예측된다.

❹ **경제적 도전**: 인플레이션, 생활비 상승, 경제성장 둔화가 고용 패턴에 영향을 주고 있다.

❺ **지정학적 분열**: 무역 제한 조치와 국제적 긴장 관계가 글로벌 비즈니스 운영 방식을 변화시키고 있다.

2.일자리 구조의 변화

❶ 2025년-2030년 가장 빠르게 감소하는 직업

① 데이터 입력원(Data Entry Clerks)

② 은행원 및 관련 사무원(Bank Tellers and Related Clerks)

③ 물자 기록 및 재고관리 사무원(Material-Recording and Stock-keeping Clerks)

④ 방문 판매원 및 거리상인(Door-to-Door Sales Workers, News Vendors)

⑤ 행정 및 임원 비서(Administration Assistants and Executive Secretaries)

⑥ 법률비서(Legal Secretaries)

⑦ 인쇄 및 관련 작업자(Printing and Related Trades Workers)

⑧ 법률 사무원(Legal Officials)

⑨ 우편 서비스 사무원(Postal Service Clerks)

⑩ 텔레마케터(Telemarketers)

❷ 2025년-2030년 가장 빠르게 성장하는 직업

① 빅데이터 전문가(Big Data Specialists)

② 핀테크 엔지니어(Fintech Engineers)

③ AI 및 머신러닝 전문가(AI and Machine Learning Specialists)

④ 소프트웨어 개발 및 애플리케이션 개발자(Software and Applications Developers)

⑤ 보안관리 전문가(Security Management Specialists)

⑥ 데이터 웨어하우징 전문가(Data Warehousing Specialists)

⑦ 자율 및 전기자동차 전문가(Autonomous and Electric Vehicle Specialists)

⑧ UI/UX 디자이너(UI and UX Designers)

⑨ 트럭 및 배달 서비스 기사(Light Truck or Delivery Services Drivers)

⑩ 사물인터넷(IoT) 전문가(Internet of Things Specialists)

⑪ 데이터 분석가 및 과학자(Data Analysts and Scientists)

⑫ 환경 엔지니어(Environmental Engineers)

⑬ 정보보안 분석가(Information Security Analysts)

⑭ 소프트웨어 개발 및 IT 운영 전문가(DevOps Engineers)

⑮ 재생 가능 에너지 엔지니어(Renewable Energy Engineers)

미래 일자리 시장을 분석해 보면 여러 주요 특성이 나타난다. 성장하는 직업군의 대부분은 AI, 빅데이터, 소프트웨어 개발과 같은 첨단 기술 분야에 집중되어 있으며, 디지털 데이터 활용 능력이 핵심 역량으로 부상하고 있어 기술 중심성이 두드러진다. 두 번째는 지속가능성을 지향한다는 점이다. 환경 엔지니어, 재생 가능 에너지 엔지니어 등 녹색 전환을 지원하는 직업군의 수요가 크게 증가하고 있다. 세 번째는 디지털화가 가속화됨에 따라 사이버보안 전문가, 정보 보안 분석가 등 보완 관련 직종의 중요성이 높아지고 있으며, 전자상거래 확대로 인해 물류 혁신이 중요해지면서 배달 서비스와 물류 관련 직종이 지속적으로 성장하고 있다.

이러한 변화는 캡스톤디자인 교육에 중요한 시사점을 제공한다. 2030년 직업 환경에서는 새로운 기술에 대한 학습 능력, 문제해결 능력, 리더십, 창의성이 핵심 역량으로 부각 될 것이며, 캡스톤디자인은 이러한 실용적 역량을 개발하는 최적의 교육 방법이다. 기술과 산업 간 경계가 허물어지는 환경에서, 다양한 학문 분야를 아우르는 융합형 캡스톤 프로젝트를 통해 학생들의 통합적 사고 능력을 배양해야 한다. 또한 산업계와 교육계의 경계가 희미해지는 추세에 맞춰, 실제 산업 문제를 해결하는 프로젝트 중심의 캡스톤디자인은 더욱 중요해 질 것이다. 따라서 캡스톤디자인 과정에 AI, 빅데이터, IoT 등 첨단 기술을 적극 활용하도록 장려하여 학생들의 디지털 역량을 강화해야 한다. 또한 기술 발전에 따른 윤리적 책임이 중요해지는 만큼, 캡스톤디자인 프로젝트에 윤리적 고려 사항과 사회적 영향 평가를 포함시켜야 할 것이다.

미래 직업 환경의 변화는 교육 시스템의 근본적 변화를 요구한다. 감소하는 학령인구와 함께 대학의 역할이 변화하고 있으며, 캠퍼스는 지역 사회를 위한 평생학습의 중심지로 발전할 것이다. 캡스톤디자인은 이러한 전환을 지원하는 실용적 교육 모델이 될 수 있다. 기업의 85%가 재교육(Upskilling)을 우선시하는 환경에서, 캡스톤디자인은 학생들이 실무 중심의 역량을 개발하는 핵심 과정이 되어야 한다. 또한 직원복지 및 다양성, 공정성, 포용성(DEI: Diversity, Equity, Inclusion)이 인재 유치의 핵심 전략으로 부각됨에 따라, 캡스톤 프로젝트에서도 이러한 가치를 실천하는 경험을 제공해야 한다. 그리고 생성형 AI가 직무의 성격을 변화시키고 비전문가가 전문적인 업무를 수행할 수 있도록 지원하는 환경에서, 캡스톤디자인을 통해 이러한 인간-기계 협업 모델을 실습하고 학습할 수 있어야 한다.

캡스톤디자인 교육은 이처럼 빠르게 변화하는 직업 환경에 학생들이 효과적으로 대응할 수 있도록 준비시키는 중요한 교육 방법론이다. 실제 사회적·산업적 문제에 대한 해결 과정을 통해 학생들은 기술적 지식뿐만 아니라 적응력, 협업 능력, 창의적 문제해결 능력과 같은 미래 핵심 역량을 개발할 수 있다. 이러한 맥락에서 대학의 캡스톤디자인 프로그램은 학생들의 미래 경쟁력 강화를 위한 핵심 교육과정으로서 그 역할과 중요성이 더욱 커지고 있다.

캡스톤디자인 수업

4 PART

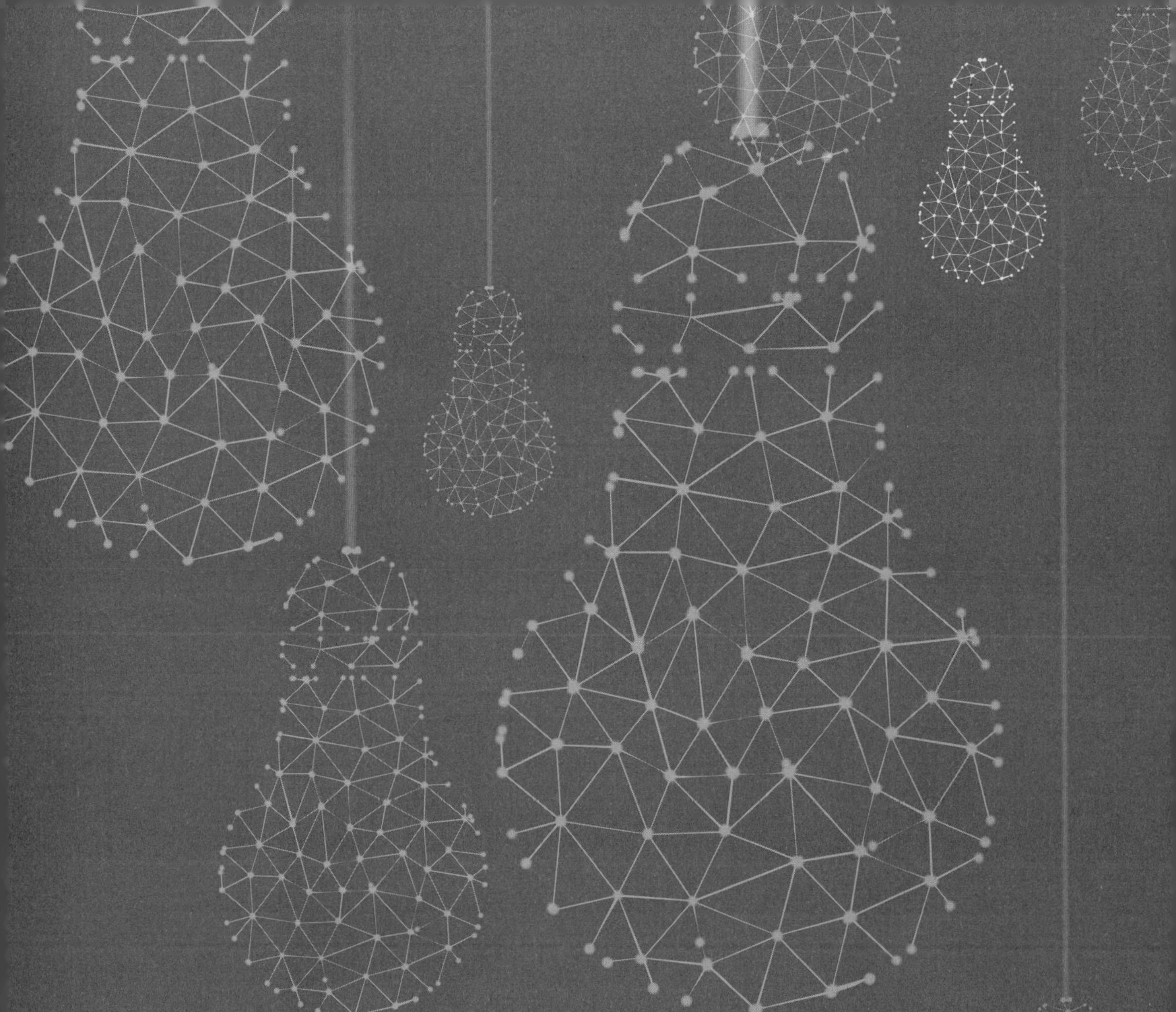

VIII. 캡스톤디자인 스케치 90

01. 캡스톤디자인 / 융합캡스톤디자인 90
02. 캡스톤디자인의 유형 94
03. 캡스톤디자인의 지원 연계성 95
04. 캡스톤디자인 과목 목적 및 팀원의 역할 96
05. 캡스톤디자인의 팀 운영의 핵심 97
06. 캡스톤디자인의 3가지 영역 99
07. 캡스톤디자인 수업을 통해 학생 개인이 얻게 되는 것들 99
08. 팀의 구성 및 자율운영팀 102
09. 캡스톤디자인 강의계획 예 104

IX. 캡스톤디자인 수업 들어가며 110

01. 학습 동기 부여 110
02. 천재는 한 분야에 미친 노력의 결과이다. 114

X. 캡스톤디자인 수업 사고기법 125

01. 캡스톤디자인의 사고 영역 125
02. 창의적 문제해결 절차 128
03. 아이디어 발굴을 위한 기법 130

XI. 아이디어 선정 및 평가 161

01. 아이템은 전략적 우위성 확보가 중요하다. 161
02. 신제품 개발 평가 : NPD 164
03. 사업 타당성 평가 166

VIII. 캡스톤디자인 스케치

01. 캡스톤디자인 / 융합캡스톤디자인

1. 캡스톤디자인

캡스톤디자인(Capstone Design)이란 대학생들이 학부 과정에서 배운 이론을 토대로 사회 현장의 실제 문제를 해결하기 위해 아이디어 창출부터 기획, 설계, 제작까지의 전 과정을 수행하는 교육과정이다. 이는 산업현장의 수요에 적합한 기술인력 양성을 위한 프로그램으로 '창의적 종합설계'라고도 불린다. 캡스톤디자인은 학생들이 그동안 학습한 전공 지식과 기술을 종합적으로 활용하여 실제적인 문제 해결 능력을 기르고, 졸업 후 산업 현장에 효과적으로 적응할 수 있는 실무 역량을 기를 수 있는 핵심 교육 프로그램이다.

2. 융합캡스톤디자인

융합의 사전적 의미는 녹아서 하나가 되는 것이다. 이는 독립적으로 존재하던 개체들(학문, 예술, 기술, 제품이나 서비스 등)이 화학적 결합을 통해 기존과는 다른 새로운 가치를 지닌 서비스나 개체로 창조되는 과정을 의미한다.

성균관대학교의 이정모 교수는 '학문 분야를 인문, 사회과학, 자연과학 등으로 분류한 기존의 분류법을 당연하다고 여긴다면 40년이나 시대에 뒤진 학문관을 가지고 있는 것'이라고 지적했다. 또한 '과학기술의 개념을 물리학, 생물학, 화학, 기계공학 등의 물질 중심의 세계관으로만 생각하고 있는 사람은 30년이나 과학기술 분야에서 뒤쳐진 사람'이라고 강조했다. 실제로 현재까지도 지속되고 있는 대학 입학 시 문과와 이과로 구분하는 관행은 구시대적 사고의 산물로 여겨진다. 이러한 이분법적 구분은 학문의 경계를 인위적으로 나누어 우리의 학문 세계를 제한된 공간에 가두어 두는 결과를 초래하고 있다.

따라서 아직도 자신만의 영역에 사고를 제한하는 사람이 있다면, 이는 지난 반세기 동안 과학적 사고의 틀(패러다임)이 다양하게 변화해 온 현실을 인식하지 못하기 때문일 것이다.

현대 과학은 자연을 하나의 통합된 전체로 바라보는 관점을 취한다. 즉, 자연은 여러 분야로 분할되어 있는 것이 아니라 각 분야들이 상호 연계되고 영향을 주고받는 유기적 체계로 이해되어야 한다는 것이다. 융합적 관점에서 과학기술 발전 과정의 특징을 살펴보면 20세기 중반까지의 핵심 관심사는 '의식주' 해결이었다. 인간에게 유용한 물질과 기계의 연구개발이 강조 된 물질, 기계 중심의 시대였다. 20세기 중반 이후는 '건강하게 살기'가 핵심 주제가 되면서 물질, 기계와 더불어 정보, 생명 등을 중심으로 한 과학기술이 발달했다. 21세기에 들어와서는 '오래 살면서 무엇을 할 것인가?'가 주요 화두로 떠오르면서 물질, 기계, 정보, 생명에 인문학과 지능형 기술 등이 서로 결합된 융합과학기술이 발전하고 있다. 이제 인간의 생물학적 진화는 사실상 정체 상태에 있다. 미생물에서 동물, 그리고 현대 인간으로 이어진 생물학적 진화는 멈추었고, 대신 인간이 만든 인공물과의 공진화(co-evolution)가 새로운 형태로 나타나고 있다.

오늘날 융합이 자연스럽게 대두된 배경에는 현실 문제의 복잡성이 심화되고 있다는 점이 있다. 우주개발, 환경보존 등과 같은 새로운 도전 과제들은 단일 학문 분야로는 해결하기 어려운 복잡한 성격을 지니고 있다. 또한 기업 환경의 변화도 중요한 요인이다. 경쟁이 심화되고 기존 기술의 한계가 드러나면서, 동시에 소비자들의 요구는 더욱 다양하고 복잡해지고 있다.

이러한 배경에서 출현한 융합기술들은 인간의 한계를 초월할 수 있는 새로운 기회를 제공한다. 또한 다양한 사회문제 해결을 통해 인간의 삶의 질을 향상시키고, 지속적인 경제적 가치 창출에도 기여한다. 앞으로 학문 간 융합교육과 연구는 융합형 인재 양성의 핵심이 될 것이며, 이를 통해 개발된 신기술들은 다양한 혁신 제품의 생산과 보급에도 중요한 역할을 할 것으로 기대된다.

융합캡스톤디자인은 미래 산업을 주제로 다양한 전공 배경의 학생들이 팀을 구성하여 스스로 아이디어를 도출하고, 교수와 전문위원들의 지도를 받아 프로토타입 개발부터 시제품 제작까지의 전 과정을 수행하는 교육과정이다. 이 교육과정의 목표는 산업 현장의 수요에 적합한 제품을 창의적으로 설계하고 문제를 해결할 수 있는 능력을 기르는 것이다. 더 나아가 다학제 간 융합적 사고를 갖춘 창조적 인재를 양성하는 것을 지향한다. 융합연구는 그 접근 방식에 따라 다양한 형태로 분류된다. 일반적으로 다학제 연구, 학제간 연구, 융합연구, 초학제 연구 등으로 구분할 수 있다.

다양한 융합연구

구분	내 용
다학제 연구 (Multidisciplinary Research)	여러 전공 분야가 공통 주제에 대해 각자의 전문 영역에서 독립적으로 연구한 후 결과를 종합하는 방식
학제간 연구 (Interdisciplinary Research)	서로 다른 전공 분야의 지식과 방법론이 상호작용하여 통합적 접근법을 형성하는 연구 방식
융합연구 (Convergence Research)	기존 학문 분야의 경계를 해체하고 여러 분야가 완전히 융합되어 새로운 학문 영역을 창출하는 연구 방식
초학제 연구 (Transdisciplinary Research)	학문적 경계를 초월하여 학계, 산업계, 시민사회가 함께 참여하는 현실 문제 해결 중심의 연구 방식

성공적인 융합캡스톤디자인의 운영을 위해서는 다음과 같은 단계적 절차가 필요하다.

1단계: 융합교육과정 목표 설정

융합교육과정의 교육 목표를 명확히 설정하고, 참여하는 각 교육과정 간의 융합 가능성을 검토해야 한다. 이 과정에서 융합의 목적과 기대 효과를 구체적으로 정의한다.

2단계: 융합 범위 및 수준 결정

교육과정 설계 시 융합의 범위와 수준을 결정한다. 융합교육의 범위와 수준이 명확히 정해지면 적합한 수업 모듈 설정과 교육과정 설계를 효과적으로 수행할 수 있다.

3단계: 융합 방식의 다각적 검토

융합 교과목 간의 수평적 연계와 수직적 통합을 동시에 고려한다. 수업 내용, 학습 성과, 주제 순서, 교수 방법론, 평가 방법 등을 종합적으로 계획한다.

4단계: 주제별 학습목표 설정

각 주제에 대한 구체적인 학습목표를 설정한다. 학습 성취와 평가에 관련된 목표 수준을 명확히 결정함으로써 수업 성과에 대한 지식, 기술, 태도 영역을 구체화한다.

5단계: 교과목 내용 연계 및 주제 선정

설정된 학습 성과에 따라 교과목 내용을 체계적으로 연결하고 주제를 선정한다. 교수자들은 서로 다른 학문 영역을 의미 있게 연결하는 방안을 모색한다.

6단계: 체계적 수업 운영 계획 수립

계획된 융합 수업을 체계적으로 운영하기 위해 전체 강의 시간표를 작성한다. 적합한 수업 시간, 주제 순서, 강의 방법을 종합적으로 결정하여 실행 가능한 운영 계획을 완성한다.

3. 캡스톤디자인과 융합캡스톤디자인의 비교

캡스톤디자인과 융합캡스톤디자인과의 비교 내용은 다음과 같다.

구분	캡스톤디자인	융합캡스톤디자인
팀 구성	특정 계열의 전공 중심	계열 구분 없는 다전공(인문+디자인+IT 등)
수용범위	특정 분야 및 기술 중심	범용적 접근(다양성과 융합 추구)
문제정의	단일 학문 관점의 문제해결	복합적 관점의 통합적 문제 해결
해결방식	전공 지식 기반의 접근	지식 융합을 통한 창의적 접근
성과특성	기술적 완성도 중심	혁신성과 실용성의 균형
학습효과	전공 심화 역량 강화	융합적 사고와 협업 능력 개발

일반적으로 캡스톤디자인이 특정 전공 분야 중심의 문제 해결에 중점을 둔다면, 융합캡스톤디자인은 학문 간 경계를 허물고 다양한 관점을 통합하여 보다 창의적이고 포괄적인 해결책을 모색하는 교육 방식이다.

융합캡스톤디자인은 현대 사회의 복잡한 문제들이 단일 학문으로는 해결하기 어려운 특성을 반영하여, 학생들에게 협업을 통한 통합적 사고 능력과 다학제적 문제 해결 역량을 기를 수 있는 기회를 제공한다. 이는 미래 사회가 요구하는 융합형 인재 양성이라는 교육 목표와 직접적으로 연결되는 핵심적인 교육 접근법이라 할 수 있다.

02. 캡스톤디자인의 유형

대학마다 캡스톤디자인은 다양한 방식으로 운영되고 있다. 각 대학은 학과 특성과 캡스톤디자인의 교육 목적에 따라 유형을 분류하며, 학생들의 창의적 아이디어 발굴을 위해 다양한 접근 방식을 채택하고 있다. 학생들의 적극적인 참여를 유도하고 우수한 아이디어를 도출하기 위해 대부분의 대학에서는 캡스톤디자인 유형을 세분화하고 있으며, 이러한 분류는 주로 교내 캡스톤디자인 경진대회를 통해 구체적으로 적용되고 있다.

캡스톤디자인 유형

유 형	내 용
현장실습 연계형	현장실습 기관의 실제 기술적 애로사항을 해결하기 위해 팀 단위로 수행하는 소규모 프로젝트
창업 연계형	사업 아이템을 발굴하여 실제 창업까지 연계하는 프로젝트
산학 연계형 (기업기술 해결형)	산업체의 기술적 난제 해결 및 산업체와의 공동 연구개발 프로젝트
전공 심화형	전공 과정에서 학습한 지식을 활용하여 관련 분야를 심화 탐구하는 프로젝트
지역발전 공익형	창의적 아이디어를 통해 지역사회 발전과 공익 증진에 기여하는 프로젝트
국내 정부지원사업형	정부 주관 연구개발 지원사업에 참여하는 프로젝트
자율 프로젝트형(일반형)	창의적 아이디어를 바탕으로 자율적으로 연구과제를 기획하고 수행하는 프로젝트
해외 연계형	해외 대학 또는 기업과 협력하여 현지 문제 해결을 목표로 하는 국제협력 프로젝트
해외 정부지원사업	ODA, 국제협력선도대학 등 정부의 해외 지원사업과 연계된 프로젝트

*학교마다 유형이 다를 수 있음

03. 캡스톤디자인의 지원 연계성

캡스톤디자인은 단순히 교과목 차원에서 완결되는 것이 아니라, 대학의 다양한 지원 방안과 연계된 지속적인 지원 프로그램을 통해 결과물의 완성도를 높일 수 있다.

1. 교육지원

캡스톤디자인과 연관된 다양한 교육 프로그램이 제공되어야 한다. 구제적으로는 프로젝트 팀장을 대상으로 운영되는 리더십 교육 과정, 아이디어 창출을 위한 멘토 지도, 지식재산 관련 전문가 특강 등이 필요하다.

2. 사업화 지원

캡스톤디자인 결과물의 사업화를 위한 체계적 지원이 요구된다. 특허 출원 지원,

전문가·교수·외부 컨설턴트의 멘토링, 경영 및 기술 관련 자문위원의 전문적 조언 등이 포함된다.

3. 성장지원

프로젝트의 지속적 발전을 위한 성장 단계별 지원이 필요하다. 심화 연구개발을 위한 추가 연구비 지원, 창업 희망 팀을 위한 창업 공간 제공, 교외 경진대회 참가 연계, 외부 창업자금 연결 등 창업과 제품화를 위한 종합적 지원이 포함된다.

04. 캡스톤디자인 과목의 목적 및 팀원의 역할

캡스톤디자인 과목은 전국에 있는 2·3년제 및 4년제 대학에서 전공과목을 중심으로 운영되고 있으며, 참여학과의 범위가 지속적으로 확대되고 있다. 학년 통합형 팀 리더스 과정을 통해 기업의 팀장제 조직문화를 경험할 수 있으며, 회의 진행, 문제 발견, 문제 해결 등 실제 기업 환경과 유사한 프로젝트 수행이 이루어진다. 이러한 실무형 프로젝트 운영을 통해 지속적으로 우수한 성과 창출이 가능해 진다. 캡스톤디자인의 목적과 팀의 역할 등을 살펴보면 다음과 같다.

1. 목적

목적	내용
융합적 관점의 이해	다양한 전공 지식과 기술에 대한 상호이해 능력
통합적 사고와 분석 능력	통합적 사고와 현상 분석을 통한 창의적 문제 해결 능력
미래예측 능력	이론과 기술의 다면적 이해를 통한 미래 방향성 예측 능력
협동 학습능력	공동 프로젝트 수행을 통한 협업 및 소통 능력
고차원적 성찰 능력	개인과 사회, 환경과 문화에 대한 비판적 사고 능력

2. 캡스톤디자인 팀 역할의 예

전 공	내 용
디자인학 전공	서비스 디자인 기획 및 사용자 인터페이스 개발
인문학 전공	사용자 경험 시나리오 작성 및 인문학적 통찰 제공
이공학 전공	시스템 및 서비스 설계, 프로그램 개발 및 기술적 구현
경영학 전공	비즈니스 모델 구축 및 지속가능성 전략 수립

05. 캡스톤디자인 팀 운영의 핵심

캡스톤디자인 팀은 기업 조직의 소규모 단위를 모방한 실무형 조직 운영 체계를 갖추고 있다. 일반적인 대학 수업에서의 팀 활동과 달리, 캡스톤디자인에서는 다양한 학년과 전공으로 구성된 팀원들이 기업의 동료와 같은 관계를 형성하며, 실제 기업 환경과 유사한 조직 운영 방식을 경험한다. 이러한 실무형 팀 운영을 위해서는 팀장의 리더십과 주도적 역할이 핵심 요소로 작용한다.

1. 창의적 아이디어 발굴을 위한 분위기 조성

팀원들이 서로의 의견에 대해 호기심을 갖고 적극적으로 반응할 때 창의적이고 우수한 아이디어가 도출될 수 있다. 팀장은 팀원들이 충분히 사고하고 고민하여 최대한 많은 아이디어들을 제시할 수 있도록 개방적이고 협력적인 분위기를 조성해야 한다.

2. 캡스톤디자인의 유형 파악과 목표 설정

캡스톤디자인 아이디어를 창출할 때 팀의 아이디어가 어떤 유형에 해당하는지 명확히 파악하고, 이에 맞는 구체적인 목표와 수행 내용을 설정한다.

3. 팀제 조직으로서 화합과 협력 도모

팀장은 리더의 역할과 동시에 팀원으로서의 역할도 수행해야 한다. 각 팀원이 맡은 개별 업무는 서로 연결되어 있어 한 사람의 성과가 전체 프로젝트에 큰 영향을 미친다. 특히 한 팀원의 업무가 완료되어야 다음 단계로 진행할 수 있거나, 처음부터 모든 팀원이 함께 협력해야 하는 업무도 있다. 이 과정에서 리더십과 팔로워십, 기술 습득, 소수 의견 수렴, 의사소통, 타협 등의 다양한 협업 역량을 배울 수 있는 소중한 기회를 얻게 된다.

4. 수요 기업과의 연계를 통한 실무형 프로젝트 추진

수요 기업의 발굴, 협력 회사와의 협업, 프로젝트 수행에 따른 성과 분배 등 외부 기업과의 연계 업무를 원활히 진행하기 위한 체계적인 계획이 필요하다.

5. 창업 마인드로 프로젝트 수행

캡스톤디자인을 통해서 아이디어를 실제 아이템으로 발전시키고 특허 출원·등록, 사업화까지 이어지는 경우가 있다. 처음부터 창업 마인드로 프로젝트에 임한다면 경험을 넘어서 실질적인 창업의 꿈을 실현할 수도 있다.

6.결과보다는 과정을 중시

캡스톤디자인은 학생들이 주체적으로 아이디어를 도출하고 일정 기간 내에 목표를 달성하는 프로젝트이다. 그러나 짧은 시간 내에 목표를 달성 한다는 것은 경험이 부족한 학생들에게는 어려운 과제이다. 따라서 결과보다는 프로젝트 진행 과정 자체가 더욱 중요한 의미를 갖는다.

학교에서 처음으로 스스로 목표와 계획을 세우고 추진한다는 것은 많은 어려움을 수반하지만, 자율적인 규칙을 정하고 준수하여 진행한다면 팀원간의 협력을 통해 이를 극복할 수 있다. 회의 시간 준수부터 의사결정 참여, 리더와 동료에 대한 격려, 팀워크 평가 등을 통해 성공과 실패를 경험하고 어려움을 극복해 나가는 과정이야말로 캡스톤디자인을 통해 얻을 수 있는 핵심 성과이다.

06. 캡스톤디자인의 3가지 구성 요소

1. 행동 영역

캡스톤디자인은 팀 중심의 운영 체계를 통해 회의를 진행하고 아이디어를 창출하며, 각 팀원의 담당 업무를 통해 제품이나 서비스를 개발하는 실행 중심의 행동 영역을 포함한다.

2. 학습 영역

전공에서 습득한 지식과 관련 기술을 활용하고, 외부 자원을 연계하여 이론적 지식을 실제 프로젝트에 적용함으로써 사회에서의 활용 가능성을 검증하는 학습 영역을 포함한다.

3. 관리 영역

조직을 구성하고 역할 분석을 통해 업무를 각 팀원에게 배분하며, 팀원 간의 갈등을 조정하여 지속적인 운영과 관리가 가능하도록 한다. 또한 목표 달성을 위해 필요한 자원을 효율적으로 활용하고 예산을 관리하여 프로젝트를 성공적으로 완수할 수 있도록 지원하는 관리 영역을 포함한다.

이 세 가지 구성 요소는 독립적인 영역이 아니라 상호 연계되어 유기적으로 운영될 때 최대의 성과를 창출할 수 있다.

07. 캡스톤디자인 수업을 통해 학생 개인이 얻게 되는 것들

1.철저한 자기 관리 능력

학교생활을 하다 보면 시간 관리나 계획적인 역할 수행에 어려움을 겪을 수 있다. 하지만 팀 활동을 통해 철저한 자기 관리의 필요성을 깨닫고, 책임감 있는 언행의 중요성을 인식하게 된다. 또한 개인의 잠재 능력을 개발하고 팀원들과의 감정 관리 및 협력 관계 형성 방법을 학습할 수 있다.

2.진로 탐색 및 선택

캡스톤디자인은 전공이나 교양과목과는 달리 개인의 능력 보다는 팀과의 협력을 통해 성과를 창출하는 협업 중심의 수업이다. 일부 학생들은 캡스톤디자인을 통해 자신이 몰랐던 흥미와 적성을 발견하여 창업을 진로로 선택하기도 한다. 특히 창업에 관심을 갖게 된 팀원이 1-2명 있을 때, 이들이 적극적으로 추진하면 전체 팀원들도 동참하게 되어 실제 창업으로 이어지는 우수한 결과를 달성할 수 있다. 학교에서는 캡스톤디자인에서 도출된 우수한 성과를 바탕으로 창업하는 학생들을 위해 창업지원 프로그램을 구축하여 연계 지원이 이루어지도록 한다.

3. 공동체 활동 경험

캡스톤디자인에서 가장 큰 성과는 공동체 경험이다. 사회에서 공동체 생활을 잘하는 사람들은 사회생활을 잘 한다고 평가받는다. 학생들은 지금까지 학교에서 보고서 작성을 위한 토론이나 팀별 활동을 경험했지만, 제품이나 서비스 개발을 위한 공동체 구성은 처음일 것이다. 이를 통해 다양한 인간관계에서 발생하는 장단점을 배우고 경험하는 것은 사회 진출 전 귀중한 기회가 될 수 있다.

4. 자립적 사고와 독립성 개발

대부분의 학생들이 고등학교 졸업 후 대학에 입학하여 경제적·생활적 측면에서 여전히 부모의 보호 아래 학교생활을 하고 있다. 캡스톤디자인 수업을 통해 혼자서 사고하고, 결정하며, 목표된 기간 안에 성과를 달성하고, 결과를 도출하는 과정에서 책임감 있는 성인으로서의 성장을 경험할 수 있다.

5. 자신감 향상

자신감은 매우 중요한 요소이다. 실패에 대한 두려움으로 시작하지 못하는 일들이 많기 때문이다. 학생들은 종종 수동적 태도를 보이곤 하는데, 이는 능동적인 생활과 경험이 부족하기 때문이다. 따라서 학생들이 스스로 결정하고 성과를 달성하는 경험은 매우 중요하다. 학생들이 스스로 무엇을 할수 있다는 자신감을 얻을 수 있는 수업이 캡스톤디자인이다. 이를 통해 용기를 얻고 새로운 도전으로 이어진다면 더욱 의미 있는 성과가 될 것이다. 특히 성공 경험은 자신감을 배가시켜 준다.

6. 비전 수립 능력

꿈과 목표를 갖는 것은 '비전을 가지고 있다'고 표현할 수 있다. 이는 적극적이고 긍정적인 행동으로 이어져 모든 일에 계획적인 비전을 실천할 수 있게 한다.

7. 열정과 몰입도 향상

캡스톤디자인 수업은 스스로 동기를 부여하고 가치를 창출할 수 있게 한다. 그리고 일관성 있는 자신감을 갖게 한다. 흥미를 가지고 자신이 맡은 역할에 집중적으로 몰입할 수 있으며, 자신도 몰랐던 열정을 발견할 수도 있다.

8. 원칙적 행동 습관

팀 중심의 활동을 통해 해야 할 일과 하지 말아야 할 일을 구분할 수 있고, 원칙을 준수하는 책임감있는 생활을 할 수 있다. 또한 다양한 의견과 관점을 가진 타인을 배려하고 존중하는 자세를 갖게 된다.

9. 나눔과 협업 정신

팀원들과의 협력과 상호 지원, 그리고 공동의 목표를 우선시하는 경험을 통해 섬김 정신을 깨달아 겸손해지고, 지식 공유를 통해 협업의 중요성을 인식하게 된다.

10. 갈등 관리 능력

프로젝트 과정에서 서로에 대한 이해 차이로 갈등이 발생할 때가 있다. 때로는 제3자로서 갈등을 원만히 해결해야 할 상황도 있다. 공동의 목표 달성을 위해서는 반드시 갈등을 해결해야 한다. 다양한 상황에서 갈등을 해결할 수 있는 방법을 스스로 찾아낼 수 있는 능력을 팀 활동을 통해서 기를 수 있다.

08. 팀의 구성 및 자율운영

1. 팀 구성의 기본 원칙

캡스톤디자인의 팀 구성은 3-7명이 적정하다. 팀원 수가 너무 많거나 적으면 불편한 점이 있지만, 의사결정의 효율성을 위해서는 홀수 구성이 바람직하다. 동일 학과 구성이라면 선배가 팀을 이끌 수 있지만, 프로젝트 아이디어를 구체화할 수 있는 전문 지식을 가진 구성원이 있다면 그를 팀장으로 선정하는 것이 좋다.

2. 팀원 간 이해 증진

학년이나 학과가 다른 융합팀의 경우 서로 잘 모를 수 있으므로, 자기소개를 통해 이름, 학과, 취미, 성격, 장단점, 캡스톤디자인에 임하는 포부 등을 공유하는 시간을 갖는 것이 중요하다. 특히 친분이 있는 사이라도 협업 과정에서 오해나 성격적 갈등이 발생할 수 있으므로 초기 단계에서의 상호 이해가 필요하다.

3. 팀 정체성 구축

팀장은 먼저 팀명을 함께 의논하여 정하고, 팀 구호 등을 설정하는 것도 팀 분위기 향상에 도움이 된다. 효과적인 회의 진행을 위해 서로 마주 볼 수 있는 ㄷ자형이나 ㅇ자형 좌석 배치를 권장한다.

4. 팀 내 역할 분담

팀장이 선정되면 다음과 같은 조력자들을 배정해야 한다.

❶ 기록자

회의 시마다 다음 사항들을 체계적으로 기록하고 공유해야 한다.

- 당일 논의 사항
- 주요 이슈 사항
- 다음 회의 시 결정할 사항
- 교수나 멘토에게 문의할 사항
- 외부 협력업체 진행 사항

학교에서 표준화된 회의록 양식을 제공하면 더욱 효과적이다.

❷ 발표 담당자

교내외 경진대회 참가 시 팀을 대표할 발표자와 발표 자료 작성자를 결정해야 한다. 발표자와 자료 작성자는 서로 다른 사람이 담당할 수도 있다.

5. 자율운영 팀의 특성

캡스톤디자인 팀은 자율운영(Self-Managed Work Teams)으로서 공동의 목표를 수행하는 3-7명 정도의 소규모 집단이다. 팀은 다음과 같은 업무를 자율적으로 수행한다.

- 협업을 통한 아이디어 창출
- 작업 일정 계획 수립
- 작업 속도 조절
- 운영상의 의사결정
- 문제 상황에 대한 대응
- 팀원들의 성과 평가

기업의 자율운영팀 성과

기업명	달성 성과
• P&G	- 30-50%의 생산비 절감
• Federal Express	- 화물분실 및 전표오기로 인한 서비스 부실율 13% 감소
• Shenandoah Life Insurance	- 사고 처리기간 27일에서 이틀로 단축
• Sherwin-Williams Richmond	- 45%의 비용절감
• AT&T Credit Corp.	- 일일 처리 건수 100%
• Westinghouse Airdrie	- 싸이클 타임을 17주에서 1주로 단축
• Xerox	- 생산성 250% 향상
• Volvo Kalmar	- 생산비 25% 절감
• Ford Hermosillo	- 첫해에 일본에 비해 낮은 불량률 기록
• Cummins Engine Jamestown	- 일본과 대등한 가격 경쟁력 확보

자료출처: Leading self-directed work teams, Kimball Fisher, McGraw-Hill, Inc.

팀의 목표는 집단 성과로 나타나며, 각자의 지식과 기술을 상호 보완하고 시너지 효과를 긍정적으로 공유하며, 결과에 대한 책임을 공동으로 진다. 캡스톤디자인의 자율운영 형태는 기업에서도 목표 달성에 가장 효과적인 조직 운영 방식으로 인정받고 있다.

09. 캡스톤디자인 강의 계획의 예

대학의 한 학기는 일반적으로 15주로 구성되며, 중간고사와 기말고사 주간을 제외하면 실제 수업은 13주로 진행된다. 캡스톤디자인 수업은 이론 학습과 실습 프로젝트를 병행하는 특성상 체계적인 주차별 계획이 필요하다.

1. 캡스톤디자인 강의계획 예시

캡스톤디자인 수업계획서(예)

주차	강의 주제	수업 내용	강의 형태
1	**캡스톤디자인 오리엔테이션**	1.캡스톤디자인 과정 및 목표 소개 2.캡스톤디자인의 정의와 특징 3.캡스톤디자인 프로젝트 우수 사례 소개	강의
2	**팀 구성 및 개인 역량 발표**	1. 개인 아이디어 및 엘리베이터 스피치 발표(학생당 2분) *엘리베이터 스피치(Elevator Speech): 짧은 시간 내 자신과 아이디어를 효과적으로 소개하는 발표 기법 2. 팀 구성 3. 팀 프로젝트 개요 설명	강의 및 팀 구성
3	**디자인 씽킹 방법론**	사용자 중심 디자인 방법론 학습 - 사용자 경험(UX) 설계 - 서비스 디자인 개념 - 시나리오 기반 디자인 - 지속 가능한 디자인	강의
4	**사용자 중심 디자인 프로세스**	- 사용자 요구사항 분석 방법 - 체화된 인지 이론 적용 - 디자인 프로세스 실습	강의 및 팀 활동
5	**최신 융합기술 동향**	- 창의 융합기술 트렌드 - IoT, 감성인식, 웨어러블 디바이스 등 - 디지털 기술 접근 방법	강의 및 팀 활동
6	**팀 프로젝트 제안서 제출**	프로젝트 계획서 작성 및 제출(팀명, 구성원, 역할 분담, 개발 내용, 일정, 예산 등)	강의 및 팀 활동
7	**팀 프로젝트 진행(1단계)**	팀별 프로젝트 수행 및 진행 상황 점검	팀 활동
8	**중간발표 및 진행평가**	중간 발표 및 피드백 - 프로젝트 수정 방향 논의	팀 발표 및 평가
9	**아이디어 개발**	만다라트(Mandal-Art)기법을 활용한 아이디어 확장 *만다라트: 중심 주제를 9개 영역으로 확장하여 아이디어를 발전시키는 사고 기법	팀 활동
10	**아이디어 개선 및 발전**	스캠퍼(SCAMPER)를 활용한 아이디어 수정 및 보완 *스캠퍼: 대체, 결합, 적용, 수정, 용도변경, 제거, 재배열의 7가지 관점으로 아이디어를 개선하는 창의 기법	팀 활동
11	**팀 프로젝트 진행(2단계)**	팀별 프로젝트 개발 및 구현	팀 활동

주차	강의 주제	수업 내용	강의 형태
12	**팀 프로젝트 진행(3단계)**	팀별 프로젝트 완성도 향상 및 테스트	팀 활동
13	**팀 프로젝트 마무리**	최종 결과물 완성 및 발표 준비	팀 활동
14	**사업계획서 작성**	비즈니스 모델 캔버스(9블록)를 활용한 사업계획서 작성	팀 활동
15	**최종 발표 및 평가**	**제출물** - A4 크기 프로젝트 포스터 - 프로토타입 또는 데모 작품 - UCC 및 발표 자료 - 최종 보고서 - 동료 평가서 **발표 및 평가** - 팀별 최종 결과 발표 - 질의응답(타 팀 참여자 질문, 발표팀 답변) - 동료평가(개인별 우수 2개팀 추천) - 최우수팀 선정	팀별 발표 및 종합 평가

2. 포스텍 창의 IT 융합공학과(CITE)의 창의융합 교육

❶ 포스텍 창의 융합공학과(CITE)의 창의융합 교육프로그램 구성

강의 구성	내 용
창의 IT설계 1,2,3,4	공학도로서 창의적, 자기주도적, 융합적 연구 역량과 근성훈련
PSG 자기주도성장 수업	자기주도적 성장을 통한 꿈의 진지한 탐구
인문기술융합개론	과학과 세계에 대한 인문학적 상상력과 통찰
인터렉션 디자인	상호 소통하는 인간
놀이와 게임설계	놀이하는 인간
생명감성 & 트랜스휴먼	기술과 진화하는 인간
인간중심 디자인	사용자로서의 인간
비즈니스 모델	함께 일하는 인간

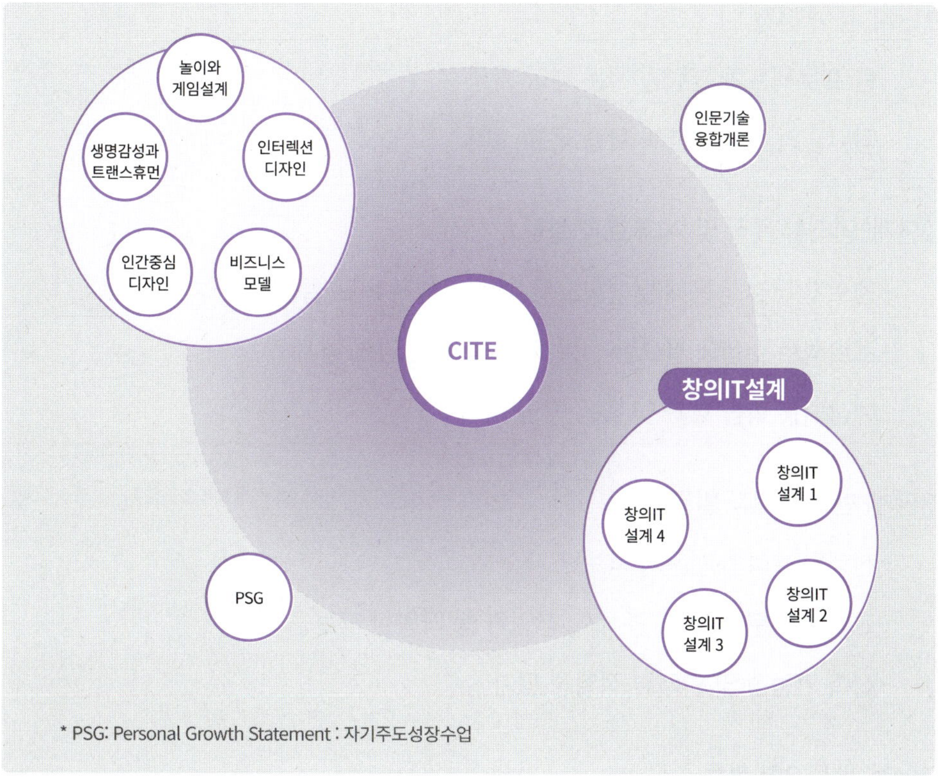

자료출처: 포스텍 IT 융합과정 제공

❷ 포스텍 캡스톤디자인 '버켓리스트'활동 사례

우선순위	작성일	버켓리스트 내용	달성기한	달성일	달성여부
1.다이어트	23.01.05	몸무게 2kg 감소	23.02.28	23.02.28	성공
2.영어	23.02.24	토익 800점	23.12.31	23.12.31	성공(820)
3.건강 Push-up	23.06.23	1일 1개 증가 100개 목표	23.10.30	-	실패 (지속성 실패)

❸ 포스텍 캡스톤디자인 '멘토 인터뷰' 사례

포스텍 캡스톤디자인에서는 멘토 인터뷰 프로그램이 높은 인기를 얻고 있으며, 초기에는 교내 구성원을 대상으로 하던 것이 점차 교외 전문가들로 확대되고 있다. 멘토 인터뷰 사례는 다음과 같다.

1단계: 분야 선정

- 팀 프로젝트와 관련된 전문 분야 확정
- 팀원들의 관심 영역과 학습 목표 고려

2단계: 인터뷰 목적 및 기대 효과 설정

- 멘토 인터뷰를 통해 달성하고자 하는 구체적 목표 설정
- 프로젝트 수행에 필요한 전문 지식 및 경험 영역 명시
- 예상되는 학습 효과 및 활용 방안 계획

3단계: 멘토 후보자 발굴

- 선정된 분야의 전문가 후보 조사
- 교내외 전문가, 업계 종사자, 창업가 등 다양한 후보군 검토
- 접촉 가능성 및 인터뷰 적합성 평가

4단계: 멘토 3인 최종 확정

- 우선순위를 고려하여 최종 멘토 3인 선정
- 멘토별 인터뷰 목적 및 질문 내용 차별화
- 인터뷰 일정 및 방법 조율

5단계: 멘토 인터뷰 실시

- 멘토별 20분 분량의 체계적 인터뷰 진행
- 우선순위에 따른 순차적 인터뷰 실시
- 인터뷰 내용 기록 및 정리

6단계: 멘토 인터뷰 성찰 보고서 (A4 2장 이상)

- 인터뷰를 통해 얻은 주요 인사이트
- 개인적 성장 및 학습 효과

- 팀 프로젝트에 적용할 수 있는 시사점

- 향후 멘토링 활용 계획 및 네트워킹 방안

인터뷰 수행결과

우선순위 대상	목적/ 기대효과	인터뷰 내용	달성기한	달성일	달성여부
총장	리더십	-교육가의 길 -학교발전 계획	23.01.01- 23.03.05	23.02.04	성공
방탄소년단	성공원인	세계화 의미	23.01.01- 23.03.02	-	실패 (연락안됨)
학교영양사	직업(영양사)	직업고충	23.01.01- 23.03.03	23.03.20	성공
중소기업 CEO	CEO의 고민	어려움 극복	23.03.03- 23.05.30	23.04.03	성공

IX.

캡스톤디자인 수업 들어가며

01. 학습 동기 부여

여러분에게 10년 후 혹은 20년 후의 생활 변화를 그려보라고 한다면 어떻게 그리겠습니까? 과거에 미래의 생활 변화를 놀라운 정확도로 예측한 화가의 사례를 통해 상상력과 기술 예측의 중요성을 살펴보고자 한다.

이정문 화백(1941년생)이 1965년에 예측한 2000년대의 모습은 놀라운 예지력을 보여준다. 미래를 정확히 예측하는 것은 기술력의 발전에 대한 깊은 이해 없이는 불가능하다. 생활 속 필요에 따른 기술의 발전 속도와 제품의 개발 가능성을 조사하여 상상력을 발휘하는 것은 어렵지만 매우 가치 있는 일이다.

이 화백이 예측한 2000년의 모습을 살펴보면, 태양열을 이용한 주택에서는 태양을 향한 기울기가 현재 설치 방식과 동일하게 표현되어 있다. 전파신문은 현재의 인터넷 서비스를 예상한 것으로 보이며, 공해가 없는 전기자동차와 움직이는 도로인 무빙워크도 그려져 있다. 소형 TV 전화기는 현재의 스마트폰과 매우 유사하고, 부엌에서 인터넷 정보를 활용하여 오늘의 메뉴를 선택하는 스마트 쿠킹 시스템도 예측되어 있다. 또한 집에서 모니터를 통한 원격진료 서비스와 로봇이 담당하는 청소 업무도 정확하게 예상되어 있다.

이정문 화백, 서기 2000년대 생활의 이모저모

이러한 예측들 중에서 아직 실현되지 않은 것은 로켓을 타고 달나라로 가는 수학여행뿐이다. 이는 정말 놀라운 예지력이라고 할 수 있다.

또한 2014년작 '2050년의 미래'에서는 더욱 혁신적인 변화의 모습을 예측하고 있다. 우주발전소에서 무선 송전을 통해 전력이 가정에 무선으로 공급되고, 집안의 모든 전자제품이 무선으로 충전되고 작동된다. 휴대폰 역시 무선 DC 전원을 활용하게 된다. 교통 분야에서는 육체적 순간이동이 생겨 화성으로 이동이 가능하며, 모든 물리적 이동도 가능해진다. 잠자면서 목적지에 도달하는 침대와 날아다니는 자동차도 등장한다. 생활 전반에서는 웨어러블 컴퓨터 시대가 열리고, 기계와 컴퓨터의 발달로 장애인이 없는 세상이 펼쳐진다. 인간의 뇌가 직접 컴퓨터에 연결되는 뇌파 헬맷이 인기를 끌고, 음식 메뉴 프로그램을 통한 만물제작기에서 음식이 생산된다. 환경 면에서는 곳곳에 미세먼지 포집이 가능한 장치활용으로 청정지구가 되고, 움직이는 건물을 통해 취향에 따라 사계절 경치 좋은 곳으로 이동하며 남향을 유지하는 주택도 가능해진다. 육지뿐만 아니라 해양에서도 집을 건설하고 생활하는 시대가 온다.

이제 여러분이 10년 후의 모습이나 우리 시대의 변화될 10대 기술 발전을 설계한다면 어떻게 예측하겠는가? 현재 생활에서 불편함을 느끼는 부분은 무엇인지, 어떤 기술이 이 문제를 해결할 수 있을지, 10년 후 가장 필요한 기술은 무엇일지, 그리고 사회적 변화가 기술 발전에 미칠 영향은 무엇인지 깊이 생각해보아야 한다.

시간을 들여 깊이 생각해보면 유용한 기술 정보와 아이디어를 얻을 수 있다. 상상은 현실이 되고, 모든 출발은 생각에서 시작된다.

이정문 화백의 사례는 캡스톤디자인 프로젝트에 중요한 시사점을 제공한다. 먼저 현재의 불편함을 파악하고 미래의 필요를 예측하는 문제 인식 능력이 필요하다. 다음으로 기술 발전 트렌드를 이해하고 적용 가능성을 탐색하는 기술적 접근이 중요하다. 또한 기존 틀을 벗어난 혁신적 아이디어를 도출하는 창의적 사고와 상상을 현실로 만들 수 있는 구체적 방안을 모색하는 실현 가능성 검토가 필수적이다.

여러분의 캡스톤디자인 프로젝트도 이러한 미래 지향적 사고에서 시작되어야 한다. 단순히 현재의 문제를 해결하는 것을 넘어서, 미래 사회가 필요로 하는 혁신적인 솔루션을 제시할 수 있도록 노력해야 한다.

사람들은 보는 관점에 따라서 동일한 사물을 다르게 인식하기도 한다. 다음은 모리츠 코르넬리스 에셔의 작품이다. 관찰하는 시각에 따라 천사가 보이기도 하고 악마가 보이기도 한다.

모리츠 코르넬리스 에셔 무한원형: 천국과 지옥

자료출처: 모리츠 코르넬리스 에셔의작품 세계

다음 그림에서는 오리가 보이는가? 혹은 토끼가 보이는가?

Filegende Blatter의 토끼와 오리(1892년)

환경을 바라보는 관점에 따라 내용과 느낌이 달라지기 때문에 아이디어에 따른 제품을 구상할 때 제품이 사용되는 환경을 고려할 필요가 있다. 특히 강의실 환경에서는 학습자가 선호하는 감각 유형에 따라 시각적, 청각적, 운동감각적 학습 성향으로 구분될 수 있다. 시각적(Visual) 학습자는 도표, 그림, 도식화된 정보를 선호하며, 청각적(Auditory) 학습자는 강의나 오디오를 통한 학습을 선호 한다. 절대음감을 가진 피아니스트들이 대표적인 청각 학습능력이 발달된 사례라 할 수 있다. 운동감각(Kinesthetic) 학습자는 신체 움직임이 포함된 시연(Demonstration)이나 체험적 활동을 통한 학습을 선호한다.

대부분의 효과적인 학습자들은 시각적, 청각적, 운동감각적 요소를 모두 활용하는 다중 감각 학습 능력을 보유하고 있다. 개인의 학습 성향에 따라 선호하는 학습 도구와 방법이 달라지므로, 이를 파악하여 맞춤형 학습 전략을 수립하는 것이 중요하다.

성인 학습자들을 대상으로 한 국제비교 연구에 따르면, 한국, 중국, 일본, 아랍 등 국가별로 시각적, 청각적 학습 스타일에서 문화 간(Cross-cultural) 차이가 존재한다는 것이 확인되었다. 이후 운동 감각적 유형을 포함한 확장 연구에서도 학습자의 개별적 선호도에 주목하는 것이 학습 효과 향상에 중요하다는 점이 재확인되었다.

따라서 캡스톤디자인 수업에서는 시각적, 청각적, 운동감각적 요소를 균형 있게 통합한 교수법을 적용하여 다양한 학습 성향의 학생들이 모두 효과적으로 참여할 수 있도록 설계하는 것이 바람직하다.

02. 천재는 한 분야에 미친 노력의 결과이다.

성공에는 공통된 특징이 있다. 우리가 알고 있는 저명한 인물들이 처음부터 뛰어난 능력을 보였을까? 결코 그렇지 않다.

알버트 아인슈타인(Albert Einstein)은 독일 태생의 물리학자로서 광양자설, 브라운 운동 이론, 특수 상대성이론을 연구하여 1905년 발표하였으며, 1916년 일반 상대성이론을 발표하여 현대 물리학의 기초를 확립했다. 하지만 그는 9세까지 언어 발달이 늦어 부모가 학업 수행을 걱정할 정도였다. 찰스다윈(Charls Robert Darwin)은 생물 진화론을 정립한 영국의 생물학자이다. 해군 측량선 비글호에 박물학자로 승선하여 남아메리카와 남태평양 탐사를 통해 관찰한 내용을 바탕으로 1859년 「종의 기원」을 발표했다. 그러나 학창시절 성적이 좋지 않아 아버지로부터 가문의 수치라는 말을 들었다. 기업인이며 공학기술자인 헨리 포드(Henry Ford)는 포드 자동차 회사의 설립자로서 대량생산 시스템인 '포드 시스템'을 최초로 확립하였다. 하지만 학업에 흥미가 없어서 고등학교를 간신히 졸업하였다. 지아코모 푸치니(Giacomo Puccini)는 <토스카>, <라보엠>, <나비부인> 등의 작품으로 근대 이탈리아 오페라에 큰 공헌을 한 작곡가이다. 그러나 학창시절 음악 교사는 그에게 음악적 재능이 전혀 없다고 평가했다. 파블로 피카소(Pablo Picasso)는 어땠을까? 그는 20세기를 대표하는 큐비즘의 거장이다. 하지만 학교 성적이 좋지 않아 10세에 학교를 그만두었고, 가정교사조차 포기할 정도로 학습 능력이 부족했다.

레오나르도 다 빈치(Leonardo da Vinci)는 르네상스를 대표하는 다재다능한 예술가이자 과학자였다. 화가, 조각가, 발명가, 건축가, 해부학자, 지리학자로서 다양한 분야에서 업적을 남겼지만, 그가 설계한 많은 기계들은 실제로 제작되지 못했거나 작동하지 않았을 것으로 추정된다. 폴 고갱(Paul Gauguin)은 탈인상주의를 대표하는 프랑스 화가로, 종합주의 색채론에 기반한 독창적 작품을 남겼다. 하지만 화가로 인정받기 전에는 실패한 증권 중개인이었다.

이처럼 우리가 알고 있는 저명한 인물들이 처음부터 인정을 받았던 것은 아니다. 그들은 자신만의 전문 분야를 발견하고 지속적인 노력과 인내를 통해 성공이라는 결과를 얻을 수 있었다.

대학교 4학년이 되면 대부분의 학생들은 세 가지 선택지 중 하나를 고민하게 된다. 첫째는 취업이다. 공기업, 대기업, 중소기업, 벤처기업, 또는 공무원 등 다양한 형태의 조직에서의 첫 사회생활을 꿈꾼다.

두 번째는 창업이다. 가업을 승계하거나 새로운 아이템을 가지고 사업을 시작할 수도 있다. 혹은 캡스톤디자인을 통해 발견한 아이디어를 사업화하는 경우도 포함된다.

세 번째는 진학이다. 대학원에 진학해서 전문 영역을 세부적으로 연구하거나 해외 유학을 통한 학문적 성장을 추구할 수도 있다.

이렇듯 짧게는 2-4년 길게는 7-8년의 대학 생활에서 가장 중요하게 고려해야 할 것이 있다. 바로 자신만의 전문 분야를 발견하는 것이다.

성공의 첫 번째 열쇠는 '미칠 무엇가를 찾는 것'이다. 일반적으로 '미치다'는 표현은 부정적 의미로 사용되지만, 특정 분야에 대한 깊은 관심과 몰입을 의미할 때는 긍정적으로 해석된다. 예를 들어, 음악에 깊이 몰입한 사람을 '음악에 미쳤다'고 표현하지만, 이는 그 분야의 전문성을 인정하는 의미이다. 우리가 취업, 창업, 진학을 고민하기 전에 자신이 평생 열정을 쏟아부을 수 있고, 미쳐볼 수 있는 분야를 찾는 것이 먼저 아닐까? 특정 분야에 깊이 몰입하면 그 분야의 전문가가 될 수 있으며, 이는 성공의 기반이 된다. 대학 생활은 자신이 미칠 수 있는 전문 분야를 발견하는 중요한 시기가 되어야 한다.

강의시간에 필자는 학생들에게 한번이라도 열정을 가지고 주어진 일을 해 보라고 주문한다. 그래야 내가 무엇을 잘 하고 어떤 능력이 뛰어난지를 알 수 있으며, 목표 달성 경험을 통해 새로운 도전에 대한 자신감을 얻을 수 있다. 대단히 중요한 일이다. 대학생이 되면서 독립적 생활과 성인으로서의 대우를 기대하게 된다. 자유가 주어지면 자율이 생겨난다. 하지만 자율에는 반드시 책임이 따른다. 모든 행동과 발언에 책임을 지는 성숙한 자세가 필요하다. 이러한 책임감 있는 자세의 출발점은 자신의 미래에 대한 주체적 결정에서 시작된다. 대학생은 이제 부모나 교사의 지시에 따라 움직이는 수동적 존재가 아니라, 스스로 인생의 방향을 설정하고 선택해야 하는 능동적 주체이다. 이때 가장 중요한 것은 외부의 기대나 사회적 압력에 휩쓸리지 않고, 진정으로 자신이 몰입할 수 있는 영역을 찾는 것이다. 자신만의 전문성을 바탕으로 한 진로 선택만이 지속가능한 성공과 만족을 가져다줄 수 있기 때문이다.

진정한 성공을 원한다면, 단순히 취업이나 창업, 진학을 고민하기보다는 자신이 열정을 가지고 미쳐볼 수 있는 전문 분야를 먼저 발견하는 것이 우선되어야 한다.

1. 성공하려면 미칠 수 있는 일을 찾아라.

다음은 한 인문계 고등학교 학생의 실제 생활기록부를 바탕으로 한 사례이다. 이 학생은 고등학교 재학 중 전교 최하위권의 성적을 기록했다. 강의하다가 "이 학생이 대학에 진학했을까요?" 라고 학생들에게 물어보면 고개를 가로로 젓는다. 일반적인 관점에서 보면 대학 진학이 어려워 보이는 상황이었다.

이 학생의 생활기록부를 살펴보면, 3년 동안 '컴퓨터 프로그래머'를 진로 희망으로 기재했다. 그러나 인문계 고등학교 교육과정에는 프로그래밍 관련 과목이 전혀 개설되어있지 않았다.

학교 성적은 좋지 않았지만, 이 학생은 자신의 관심 분야에 대한 명확한 목표 의식을 가지고 있었다.

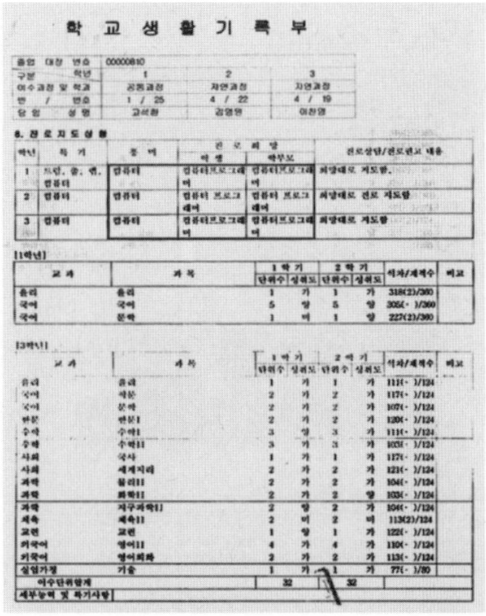
학 교 생 활 기 록 부

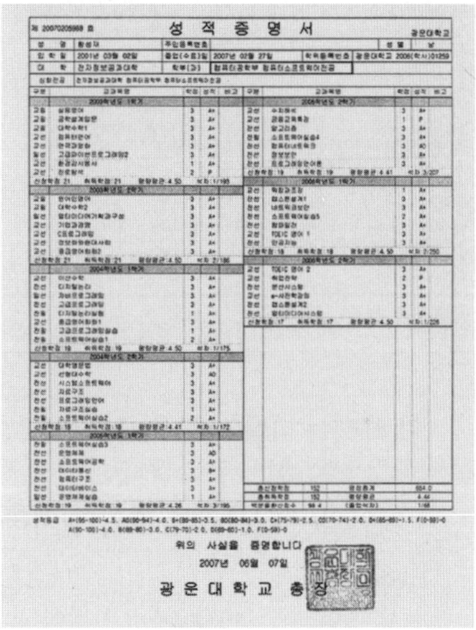
성 적 증 명 서

위의 사실을 증명합니다

2007년 06월 07일

광 운 대 학 교 총 장

이 학생에게 큰 전환점이 될 기회가 나타났다. 바로 정부 주관 프로그래밍 경진대회였다. 이 대회에서 좋은 성적으로 수상을 하게 되었고, 이를 바탕으로 특별전형을 통해 광운대학교 컴퓨터공학부에 진학할 수 있었다. 마침내 자신이 열망하던 전공 분야를 체계적으로 학습할 기회를 얻게 된 것이다. 대학 진학 후 이 학생의 변화는 극적이었다. 4.5만점 기준으로 졸업 평균 학점 4.44를 기록하며 거의 완벽에 가까운 학업 성과를 보였다. 이는 고등학교 시절의 성적과는 완전히 대조적인 결과였다. 자신의 적성과 일치하는 분야에서 학습할 때 나타나는 집중력과 학습 효과를 보여주는 대표적인 사례라 할 수 있다.

그러면 졸업 후에 이 학생은 어떻게 되었을까? 우수한 대학 성적을 바탕으로 이 학생은 진학을 선택했다. 카이스트 대학원에 국비 장학생으로 진학하여 석사과정을 거쳤으며, 재학 중 스마트폰 핑거포인트 소프트웨어 기술을 개발하여 기업에 기술 이전하는 성과를 올렸다. 이 내용이 언론에 보도되기도 했다.

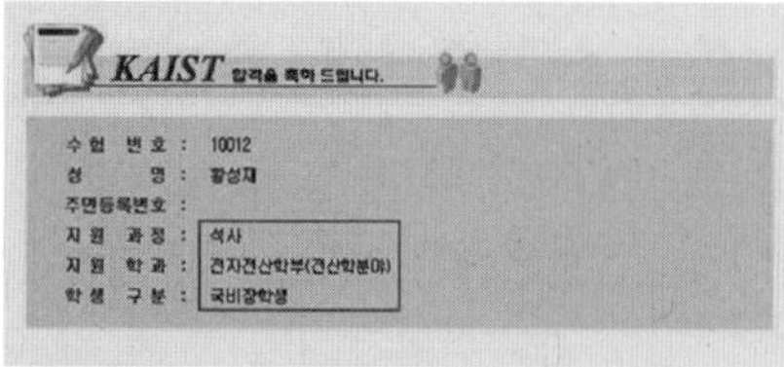

KAIST 합격을 축하 드립니다.

수험번호 : 10012
성명 : 황성재
주민등록번호 :
지원과정 : 석사
지원학과 : 전자전산학부(전산학분야)
학생구분 : 국비장학생

'가상손가락' 기술이전 5억 벌다

기사전송 2010-10-20 06:31

KAIST 학생 황성재씨 '한 손가락으로 멀티터치' 구현

KAIST 학생 황성재씨 '한 손가락으로 멀티터치' 구현
KAIST 학생이 작은 아이디어를 기술로 구현해 5억원을 받고 기술이전에 성공해 화제다.

KAIST(총장 서남표)는 문화기술대학원 박사과정 황성재 학생이 한 손가락만으로 모바일 단말기에서 핀치 줌인·아웃 등 멀티터치 기능을 할 수 있는 가상손가락 기술을 개발, 이동전화기 제조회사인 빅트론닉스와 특허양도비 5억원에 기술이전 계약을 체결했다고 19일 밝혔다.

이 기술은 모바일 단말기 이용시 손가락에 의한 화면가림 현상과, 장치를 한 손으로 잡은 상황에서 멀티터치 조작이 매우 불편하다는 아이디어에 착안해 개발했다. 개발된 기술을 이용하면 사용자가 두 손가락으로 명령을 수행하는 것과 동일한 효과를 얻을 수 있다. 즉 터치 지점의 대응점에 만들어지는 가상손가락을 이용, 실제 터치동작에 대응하는 움직임을 모사해 줌인·아웃과 다양한 명령을 처리한다. 별도의 명령 메뉴를 활성화하지 않아도 다양한 명령을 동시에 수행할 수도 있다.

이 기술은 지난해 12월초 특허청이 주최한 대한민국발명특허대전에서 은상을 수상한 아이디어가 씨앗이 됐다. TV리모컨, e북, 휴대폰, 태블릿PC, 내비게이션, 교육용 기기 등 각종 터치기반 기기에 미들웨어로 탑재돼 사용편의성을 높일 전망이다.

기술이전과 관련해 황성재씨는 "연구 과정에서 나온 작은 아이디어가 발전돼 실제 기술사업화된다고 생각하니 매우 영광스럽다. 앞으로도 많은 창의적 연구를 통해 학계와 산업에 보탬이 되는 연구자가 되겠다"고 소감을 밝혔다.

KAIST 산학협력단은 이 아이디어에 대한 시제품 제작, 마케팅 활동 등을 도와 사업화가 될 수 있게 지원했다.

장재석 산학협력단장은 "KAIST 산학협력단은 학생 아이디어를 구체화하기 위한 시제품 제작과 특허 출원 등을 지원하고 있으며, 이를 조직화해 학생 발명동아리 카인벤터(KAINVENTOR)도 운영 중"이라며 "이번 기술이전 성공이 모델이 돼 많은 학생의 아이디어가 산업계로 기술이전되기를 기대한다"고 말했다.

자료출처:디지털타임즈

이후 카이스트 문화기술대학원에서 박사학위를 취득했으며, 현재는 발명가, 창업자, 투자자로서 인간과 컴퓨터 상호작용 분야에서 수십 편의 논문과 수백 건의 특허를 보유하고 있다. 또한 기술기반 엑셀레이터인 퓨처플레이(Futureplay)의 설립 파트너로 참여했으며, ㈜플런티, ㈜엑스와이지 등 다양한 기술기반 회사를 공동 창업했다. 특히 플런티는 2015년 국내 스타트업 최초로 삼성전자에 인수되는 성과를 거두었다. 지금도 국내 최초의 로봇 바리스타 협력 카페인 라운지엑스를 기획, 운영하는 ㈜엑스와이지의 대표이사로 재직 중이며, 국내외 스타트업의 엔젤 투자자로도 활발히 활동하고 있다.

이 사례는 다음과 같은 중요한 교훈을 제공한다.

- 개인의 관심사와 능력이 일치하는 분야에서 학습할 때 놀라운 성과를 낼 수 있다.
- 경진대회 참여와 같은 적극적인 도전을 통해 새로운 기회를 창출할 수 있다.
- 한 분야에서의 깊이 있는 학습과 연구가 창업과 투자까지 연결되는 선순환 구조를 만들어낸다.
- 전통적인 학교 성적이 개인의 잠재력을 반영하지 못할 수 있음을 보여준다.

자신이 깊이 몰입할 수 있는 전문 분야를 발견하고 지속적으로 발전시켜 나갈 때, 그 분야의 진정한 전문가가 될 수 있다는 것을 이 사례가 명확히 보여준다.

미국은 창의력을 기반으로 한 혁신 기업들이 세계 경제를 주도하고 있다. 미국의 경제력을 견제하기 위해 결성된 EU(유럽연합:27개국)와 미국 간의 경제 격차는 지속적으로 확대되고 있다. 연구기관의 분석에 따르면, 미국 내 GDP 1위 주인 캘리포니아(3조 5,981억 달러)보다 GDP 규모가 큰 EU 회원국은 독일(4조 754억 달러)뿐이다. 이는 미국의 한 개 주가 대부분의 유럽 국가들보다 경제 규모가 크다는 것을 의미한다.

미국과 유럽 간 1인당 GDP 격차도 지속적으로 확대되고 있다. 2000년에는 미국 50개 주의 1인당 GDP 순위에서 독일 32위, 프랑스가 37위 였으나, 2021년에는 독일이 39위, 프랑스가 49위로 하락했다.(조선일보 2023년 8월 31일자 Weekly BIZ).

이러한 격차가 발생하는 핵심 요인은 '경제 활력 차이'에 있다. 미국이 전 세계를 선도하는 혁신 기업들이 다수 존재하는 반면, 유럽에는 이에 상응하는 글로벌 리더 기업들이 상대적으로 부족하다. 미국에는 마이크로소프트, 아마존, 애플, 메타(구 페이스북), 테슬라, 구글 등 혁신기업들이 많이 있다. 이들 혁신 기업들은 특정 분야에서 깊이 있는 전문성을 바탕으로 시장을 선도하고 있다. 이는 해당 분야에 완전히 몰입한 창의적 인재들이 핵심 역할을 하고 있음을 의미한다. 이들은 단순한 기술 개발을 넘어서 새로운 시장을 창조하고 산업 생태계를 변화시키는 혁신적 사고능력을 보유하고 있다. 또한 이들 기업의 창업자와 경영진들도 해당 분야에서 탁월한 전문성과 비전을 가지고 있으며, 자신들의 분야에 완전히 몰입하여 혁신을 이끌어내고 있다.

이러한 사례는 앞서 논의한 전문 분야에서의 깊이 있는 몰입이 개인뿐만 아니라 기업과 국가 경제에도 결정적인 영향을 미친다는 것을 보여준다. 혁신 기업들의 성공은 단순히 우연이 아니라, 특정 분야에 대한 깊은 이해와 지속적인 혁신 노력의 결과이다.

대학생들이 자신만의 전문 분야를 발견하고 깊이 있게 발전시켜 나가는 것이 중요한 이유도 여기에 있다. 개인의 전문성 개발이 궁극적으로는 사회 전체의 혁신 역량과 경쟁력 향상으로 이어질 수 있기 때문이다.

2. 창의력을 가진 리더가 혁신기업을 이끈다.

스티브 잡스(Steve Jobs)는 애플사의 공동 창업자로서 현대 기술 혁신의 아이콘으로 평가받는다. 그의 유명한 발언 중 하나인 "A lot of times, people don't know what they want until you show it to them(사람들은 원하는 것을 보여주기 전까지 무엇을 원하는지 모를 때가 많다)"은 창의적 혁신의 본질을 잘 보여준다.

잡스의 성공은 개인의 천재성만으로 설명될 수는 없다. 스마트폰 개발 과정에서 그는 우수한 개발자들이 최고의 성과를 낼 수 있도록 적절한 환경과 지원을 제공했으며, 핵심적인 순간에 올바른 의사결정을 내렸다. 즉 성공의 비결은 효과적인 리더십과 팀 워크의 결과였다.

'아이팟의 아버지'로 불리는 토니 퍼델(Tony Fadell)은 그의 회고록 「Build an Unorthodox Guide to Making things Worth Making」에서 스티브 잡스로부터 배운 가장 중요한 교훈으로 '스토리텔링'을 꼽았다.

퍼델에 따르면, 잡스는 제품 개발 과정에서 다음과 같은 접근 방식을 취했다.

- 제품이 왜 필요한지를 직원들, 가족, 다양한 사람들에게 묻고 피드백을 받아 지속적으로 스토리를 보완해 나갔다.
- 팀원들에게 책임감있는 환경을 구축하고 적절한 권한을 부여했다.
- 가장 인상적인 특징은 '답을 주는 대신 질문을 했다'는 점이다. 퍼델은 '진정한 멘토는 무엇을 해야 할지 말하는 대신 문제를 스스로 생각하게 한다'고 회고했다.

세계 최고의 부자는 누구인가? 2025년 현재, 일론 머스크(Elon Musk)가 세계 최고 부자로, 약 650조원의 자산을 보유하고 있다. 1971년 남아프리카공화국에서 태어난 미국 기업가인 머스크는 다양한 분야에서 혁신을 일으키고 있다. 현재 페이팔(PayPal)의 전신이 된 온라인 결제 서비스 회사 x.com을 1999년에 설립하였고, 2002년에는 민간 우주기업 스페이스X를 창업하여 NASA 대비 1/10 수준의 비용으로 재사용 가능한 로켓을 개발하였다. 2015년에는 샘 알트만과 함께 OpenAI를 공동 설립하여 인공지능이 인간에게 유용하게 개발되고 활용될 수 있도록 하는 비영리 연구를 추진하고 있다. 2016년에는 태양광 발전 회사인 솔라시티(SolarCity)를 인수하였으며, 더 보링 컴퍼니(The Boring Company, TBC)를 설립하여 지하터널 네트워크를 통한 3차원 교통 시스템으로 교통 체증을 해결하고자 했으며, 진공 튜브 안에서 캡슐 형태의 고속열차가 움직이는 하이퍼루프(Hyperloop) 콘셉트를 공개하기도 하였다. 머스크는 이제 화성으로 이주할 계획을 세우고 있는 세계 최대의 자산가이며 엔지니어이며 기업가이다. 그의 주요 발언을 분석해보면, 혁신적 사고와 리더십 철학을 이해할 수 있다.

- "정말 중요한 일이라면, 성공할 확률이 낮더라도 실행하라(When something is important enough, you do it even if the odds are not in your favor)."
  이는 중요성을 우선시하는 의사결정 원칙을 보여준다. 일반적으로 긴급성과 중요성 사이의 우선순위를 논할 때, 머스크는 중요성을 먼저 고려하여 실행할 것을 강조한다. 이러한 원칙은 그가 우주 사업이나 전기차 개발 등 위험도가 높지만 인류에게 중요한 프로젝트에 도전하는 이유를 설명해준다.
- "작동하기 위해 설명서가 필요한 제품은 고장난 것이다(Any product that needs a manual to work is broken)."
  이는 제품의 직관성과 사용자 경험의 중요성을 강조한 것이다. 사용자가 별도의 학습 없이도 쉽게 사용할 수 있는 제품이 진정 좋은 제품이라는 철학을 담고 있다. 이러한 접근 방식은 테슬라의 간소화된 인터페이스 설계에서도 확인할 수 있다.

- 학력과 문제해결 능력의 구분에 대한 머스크의 관점은 그의 능력주의적 인재 채용 철학을 잘 보여준다. 관련 발언으로는 "사람들이 교육과 지능을 혼돈하는 것이 싫다. 대학을 졸업하고도 여전히 무능할 수 있다(I hate when people confuse education with intelligence. You can have a bachelor's degree and still be an idiot.)."
이는 학벌보다는 실제 문제해결 능력을 중시하는 그의 인재관을 명확히 보여준다. 실제로 스페이스X와 테슬라에서는 학위보다는 실무 능력과 창의적 사고를 더 중요하게 평가한다고 알려져 있다.

- "사람들은 자신의 목표와 그 목표를 달성해야할 이유를 알고 있을 때 더 잘 일한다. 사람들이 아침에 출근하는 것을 기대하고 자신의 일을 즐겁게 하는 것이 중요하다(People work better when they know what the goal is and why. It is important that people look forward to coming to work in the morning and enjoy working)."
이는 명확한 비전 제시와 구성원의 내재적 동기 부여의 중요성을 강조한 것이다. 단순한 업무 지시가 아니라 일의 목적과 의미를 공유할 때 팀의 성과가 극대화된다는 리더십 철학을 보여준다.

현재 머스크는 화성 이주라는 인류 역사상 가장 도전적인 프로젝트를 추진하고 있다. 이처럼 불가능해 보이는 목표에 대한 도전 정신은 그의 발언에서 잘 드러난다. "나는 절대 포기하지 않는다(I never give up)." 이는 단순한 고집이 아니라, 인류의 미래를 위한 장기적 비전에 대한 확고한 신념에서 비롯된 것이다.

3. 성공의 또 다른 열쇠는 '절대 포기하지 않는다' 는 것이다.

일론 머스크는 스페이스X 초기 시절을 회상하며 "4번째 로켓 발사 시도를 하지 않았다면, 또는 그마저 실패했다면 회사는 파산했을 것이다"라고 말한 바 있다. 이는 실패가 성공으로 가는 필수적인 과정임을 보여주는 대표적인 사례이다.

영국의 수상이자 노벨문학상 수상자인 윈스턴 처칠(Winston Churchill)의 유명한 연설 사례가 있다. 한 대학 졸업식에서 기자들과 청중들이 그의 명연설을 기대하며 모였을 때, 처칠은 단상에 천천히 올라가 청중을 조용히 바라본 후 다음과 같이 말했다. "Never give up!" 청중이 다음 말을 기다리자, 그는 이어서 말했다. "Never never never never never give up!" 그리고 마지막으로 큰 소리로 외쳤다. "Never give up." 일곱 번의 '절대로 포기하지 말라'가 그의 짧은 축사의 전부였다. 청중의 우레와 같은 박수로 화답했다.

인생에서 좌절이나 실패는 불가피하다. 크고 작은 실패들이 수없이 반복되지만, 그때마다 주저앉는다면 성공에 도달할 수 없다. 불가능이란 절대적인 개념이 아니라, 개인이 목표를 포기할 때 생겨나는 상대적인 개념이다. 불가능과 어려움의 차이는 목표를 향한 지속적인 노력을 계속하느냐에 달려 있다. 어려움은 단지 목표 달성에 더 많은 시간이 필요하다는 의미일 뿐이다. 긍정적 사고와 부정적 사고는 겉보기에 미세한 차이를 보이지만, 그 결과는 완전히 상반된다. 포기하지 않는 긍정적 사고야말로 궁극적인 성공을 가져다주는 핵심 요소이다. 이는 실패를 겪을수록 성공에 더 가까워지고 있다는 것을 의미한다. 따라서 실패가 반복될 때 좌절하거나 포기하기보다는, 성공이 바로 앞에 있다는 믿음을 가지고 지속적으로 노력해야 한다.

4. 또 다른 나와 절대로 타협하지 않는다.

성공의 또 다른 핵심 요소는 깊이 있는 자기 통찰에 있다. 우리가 목표를 달성하지 못하는 근본적인 책임은 결국 자신에게 있다는 점을 인식해야 한다. 매일 세우는 다양한 결심들이 실행되지 못하는 이유는 순간적인 유혹에 쉽게 굴복하는 의지의 약함 때문이다. 예를 들어, 하루에 영어 단어를 10개씩 외우기로 결심했다고 가정해보자. 새해 첫날이든 언제든 상관없이, 오늘이 그 결심을 실천하는 첫 날이라고 하자. 책상에 앉아 단어를 외우려는 순간, 갑자기 친구로부터 급하게 만나자는 연락이 온다. 그렇다면 여러분은 어떻게 하겠는가? 혹시 단어 외우기를 내일로 미루고 친구를 만나러 나가지 않을까? 하지만 이 순간이 바로 성공과 실패를 가르는 결정적 분기점이다. 이러한 선택을 통해 우리는 이미 자신과의 약속을 깨뜨린 것이며, 이는 목표 달성의 실패로 이어진다.

목표 달성 과정에서 가장 큰 적은 외부의 방해 요소가 아니라 '또 다른 자신', 즉 순간적 욕구와 유혹에 굴복하려는 내적 충동이다. 스스로 설정한 목표를 위해 결심했다면, 절대로 이러한 내적 유혹과 타협해서는 안 된다. 말은 쉽지만 실천은 결코 쉽지 않다. 하지만 이런 결심을 끝까지 지킬 수 있는 의지력을 기른다면, 목표 달성은 충분히 가능하다. 먼저 앞에서 말한 자신이 깊이 몰입하여 미칠 수 있는 분야를 찾아야 한다. 그리고 그 분야에서 전문가 수준에 도달할 때가지 지속적으로 노력해야 한다. 둘째, 어떤 어려움이나 실패가 찾아와도 절대 포기하지 않는 정신력을 키워야 한다. 마지막으로, 자신과의 약속을 지키고, 순간적 유혹에 굴복하지 않는 강한 의지력을 발휘해야 한다.

이 세 가지는 필자가 젊은 여러분에게 꼭 전하고 싶은 성공을 위한 핵심 요소이다. 성공의 핵심은 자신과의 신뢰 관계를 구축하는 것이다. 작은 약속부터 차근차근 지켜나가면서 자기 신뢰를 쌓아가는 것이 장기적 성공의 토대가 된다. 이러한 자기 통찰과 일관된 실행력이야말로 진정한 성공을 이루는 가장 확실한 방법이다.

X.
캡스톤디자인 수업 사고기법

01.캡스톤디자인의 사고 영역

캡스톤디자인 수업을 통해 학생들은 다섯 가지 핵심 사고 영역을 경험할 수 있다. 이 중 첫 번째이자 가장 기본이 되는 것은 비판적 사고(Critical Thinking)이다. 비판적 사고는 아이디어의 합리성을 평가하여 핵심 기술을 습득하는 사고 과정이다. 이는 사물을 객관적으로 관찰하고 신뢰성을 확보하기 위해 검증된 자료 확보, 주장이나 내용에 대한 객관적 증거 검토, 설득력 있는 논리적 연결고리 구성, 그리고 데이터와 정보를 바탕으로 한 합리적 예측을 포함한다. 비판적 사고의 기초는 의사소통 능력의 4가지 영역인 읽기, 쓰기, 말하기, 그리고 듣기에 있다. 비판적 사고는 일시적 유행이 아닌 지속적으로 필요한 핵심 역량이다. 비판적 사고는 단순한 주장이 아닌 체계적이고 합리적인 근거를 제시할 수 있어야 하며, 사용하는 개념과 용어에 대한 정확하고 일관된 정의가 필요하다. 그리고 주장을 뒷받침하는 타당한 논리적 구조와 신뢰할 수 있는 근거를 제시하여야 한다. 캡스톤디자인에서 비판적 사고는 창의력의 원동력이 된다. 기존 아이디어를 비판적으로 검토하고 분석하는 과정에서 새로운 관점과 혁신적 해결책이 도출되기 때문이다.

비판적 사고의 중요성을 체계적으로 규명하기 위해 미국 철학학회에서는 다음 두 가지 핵심 질문에 대한 연구를 진행했다: '대학 수준의 비판적 사고란 무엇인가?' 그리고 '어떤 사람이 비판적 사고자인지 무엇을 보고 알 수 있는가?' 이 연구를 위해 미국과 캐나다의 학자 46명으로 구성된 전문가 토론단이 구성되었으며, 2년간의 심도 있는 논의를 통해 비판적 사고자가 갖추어야 할 핵심 역량을 체계적으로 도출했다.

대학 수준의 비판적 사고

자세	사례
진리 추구	결론을 받아들이기 어렵더라도 아이디어를 검증하고 결과를 확인한다.
포용	자신의 견해가 있어도 타인의 생각을 경청한다.
분석	제시된 내용의 흥미로운 점들을 파악하고 각각을 뒷받침하는 근거를 탐색한다.
계획, 조치	문제에 대한 입장을 정하면 구체적인 행동을 실행한다.
자신감	처음에는 혼란스러워도 반복 학습을 통해 이해할 수 있다고 믿는다.
호기심	새로운 것을 접할 때 그 배경과 맥락에 대해 탐구한다.
성숙	충분한 정보를 수집한 후에 신중하게 결론을 내린다.

자료출처: 세계 최고의 학습법, 2010

두 번째는 창의적 사고로서 독창적이고 차별화된 아이디어 생성에 필요한 사고 과정이다. 새로운 관점을 기존 사물이나 문제에 적용하는 사고를 의미한다. 여기서 차별성이란 단순히 '다른 것'을 의미하는 것이 아니라 "더 나은 것" 즉 기존 것보다 개선되고 발전된 것을 의미한다.

세 번째는 명료화이다. 이는 아이디어를 명확하게 정의하고 분석하는 사고 과정으로, 아이디어의 핵심 개념 정의와 비교, 대조, 분류, 정의 등의 체계적 분석 기법, 그리고 주장의 근거와 숨겨진 가정을 파악하는 논증 분석을 포함한다.

네 번째는 문제해결 사고로서 문제에 대한 최적의 해결책을 찾기 위한 사고

■ 스워츠와 파크스 사고영역 맵 기준(Swartz &Parks, 1994)

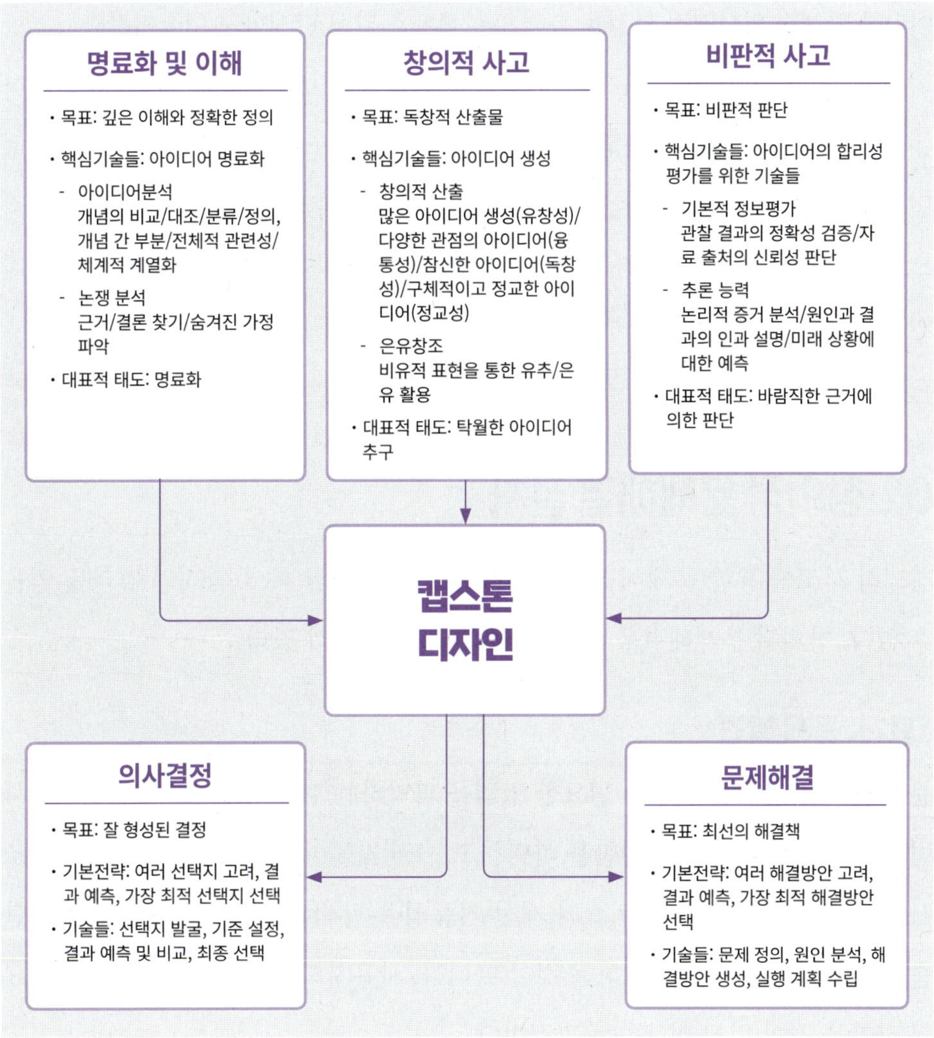

과정이다. 이는 다양한 해결 방안의 합리성을 평가하고, 가장 효과적인 기술과 접근법을 선별하는 기술을 포함한다.

다섯 번째는 의사결정 사고이다. 제품과 서비스의 개발과정에서 필요한 다양한 선택과 결정을 내리는 사고 과정으로, 가능한 모든 선택지를 체계적으로 평가하고, 각 선택지가 가져올 결과를 사전에 분석하는 등 조직적이고 체계적인 의사결정 과정을 통해 최종 결정을 내리는 단계를 포함한다. 모든 조직을 갖춘 기업과 기관들은 이러한 단계적 의사결정 과정을 통해 프로젝트를 완성 단계까지 이끌어간다.

캡스톤디자인에서 이 5가지 사고 영역을 통합적으로 활용할 때, 현재 존재하는 제품이나 서비스의 문제점을 파악하고 개선안을 도출할 수 있으며, 기존에 없던 혁신적인 아이디어를 창출하고 실현할 수 있다. 이러한 사고 과정들은 독립적으로 작동하는 것이 아니라 상호 보완적으로 연결되어 창의적이면서도 실용적인 결과물을 만들어내는 기반이 된다.

02. 창의적 문제해결 절차

창의적 사고를 통한 문제해결은 체계적인 절차를 따를 때 효과적인 결과를 얻을 수 있다. 창의적 문제해결을 위한 6단계 절차는 다음과 같다.

1단계: 문제 발견

문제 발견은 창의적 해결이 필요한 영역을 파악하는 단계이다. 이 단계에서는 사람들이 일상에서 겪는 불편함을 파악하고, 소비자들이 원하는 욕구와 바람을 조사하며, 기존 제품이나 서비스의 개선 가능성을 탐색해야 한다. 문제 발견은 단순히 표면적인 현상을 관찰하는 것이 아니라, 사용자의 숨겨진 니즈와 잠재적 요구 사항을 깊이 있게 이해하는 과정이다.

2단계: 사실 확인

사실 확인은 발견된 문제에 대한 객관적 정보를 수집하는 단계이다. 문제 발생의 근본 원인을 분석하고, 관련된 기존 제품이나 서비스의 현황을 조사해야 한다. 또한 시장 정보 및 기술 동향을 검토하고, 신뢰할 수 있는 실제 데이터를 수집하는 것이 중요하다. 이 과정에서 주관적 판단보다는 객관적 사실에 기반한 정보 수집이 핵심이다.

3단계: 문제 정의

문제 정의는 해결해야 할 문제의 범위와 목표를 명확히 하는 단계이다. 구체적인 문제 영역을 설정하고, 문제해결에 필요한 학습 내용을 파악해야 한다. 동시에 요구되는 기술과 역량을 분석하고, 현실적으로 해결 가능한 수준으로 문제 범위를 조정하는 것이 필요하다. 명확한 문제 정의는 이후 단계에서 방향성을 잃지 않고 효율적으로 진행할 수 있는 기반이 된다.

4단계: 아이디어 발굴

아이디어 발굴은 다양한 해결 방안을 창출하는 단계이다. 초기 단계에서는 질적 측면보다 양적 측면을 우선하여 최대한 많은 아이디어를 생성하는 것이 중요하다. 기존 틀에 얽매이지 않는 창의적 아이디어를 모색하되, 각 아이디어의 핵심 내용을 명확하게 문서화해야 한다. 이 단계에서는 비판적 사고보다는 확산적 사고를 통해 다양한 가능성을 탐색하는 것이 효과적이다.

5단계: 해결책 검토

해결책 검토는 창출된 아이디어들의 실현 가능성을 평가하는 단계이다. 명확한 평가 기준을 설정하고, 각 아이디어의 기술적 실현 가능성을 분석해야 한다. 또한 문제해결 효과성을 검증하고, 비용 대비 효율성을 평가하는 것이 중요하다. 이 과정에서는 4단계에서 확산적으로 생성된 아이디어들을 수렴적 사고를 통해 선별하고 정제하게 된다.

6단계: 실행 가능성 검토

실행 가능성 검토는 최종 선택된 아이디어의 실제 적용 가능성을 종합적으로 평가하는 단계이다. 현재 상황에서 미래 환경 변화를 고려한 타당성을 검토해야 한다. 기술적 제한사항, 제조 및 생산 관련 제약, 법적·규제적 요구사항, 시장 진입 장벽 등의 제약 요인을 분석하고, 이를 극복할 수 있는 구체적 방안을 마련해야 한다. 마지막으로 잠재적 위험 요소를 고려한 단계별 실행 계획을 수립하는 것이 필요하다.

많은 학생들이 캡스톤디자인 과정에서 4단계인 아이디어 발굴부터 시작하려는 경향을 보인다. 하지만 앞선 단계의 체계적 절차를 생략할 경우, 아이디어 결정 후 구체적 실행 단계에서 예상치 못한 문제들이 발생할 가능성이 높다. 성공적인 창의적 문제해결을 위해서는 각 단계를 순차적으로 거치면서 충분한 검토와 준비를 하는 것이 필수적이다. 이러한 체계적 접근을 통해 실현 가능하면서도 창의적인 해결책을 도출할 수 있다.

03. 아이디어 발굴을 위한 기법

아이디어를 발굴하는 방법은 매우 다양하며, 전공 분야나 산업 특성에 적합한 차별화된 방법을 선택하는 것이 중요하다. 여기 소개되는 방법들은 수년간의 강의 경험을 통해 검증된 것으로, 아이디어의 수렴이나 발산 과정을 효과적으로 지원하는 기법들이다. 캡스톤디자인 팀은 자신들의 프로젝트 특성에 맞는 방법을 선택하여 활용해야 하며, 여러 방법을 연계하여 사용하는 것도 가능하다. 예를 들어, 만다라트 기법을 통해 팀별 토론으로 초기 아이디어를 창출한 후, 도출된 아이디어를 스캠퍼(SCAMPER) 기법으로 개선하여 기존 아이디어보다 경쟁력 있는 대안을 만들어낼 수 있다. 마지막으로 9블록 비즈니스 모델을 기반으로 고객, 수익 구조, 협력 파트너 등 사업화 과정에서 발생할 수 있는 문제점과 전략을 종합적으로 검토할 수 있다.

캡스톤디자인 팀들이 수업에서 창출한 아이디어를 바탕으로 제품이나 서비스를 개발하고, 교내 경진대회를 통해 다양한 분야에서 수상을 하고 있다. 학생들의 동기부여를 더욱 증진시키기 위해서는 교내 총장상을 비롯하여 지역 기관장의 상 등 교외 인정 체계도 마련하는 것이 바람직하다. 더불어 기업들의 참여를 통해 실제 기업의 애로사항이나 제품개선 과제에 학생들이 참여하여 기업으로부터 직접 상을 받을 수 있는 기회를 제공하는 것도 고려해볼 만하다. 아울러 지도교수에 대한 인정 체계도 함께 마련하여 교육의 질을 높이는 것이 중요하다. 이러한 포괄적인 동기부여 체계를 통해 학생들이 캡스톤디자인 과정을 사회생활의 출발점으로 삼고 대학 생활에 긍정적인 변화를 가져올 수 있다면 더없이 의미 있는 일이 될 것이다.

학생들이 캡스톤디자인을 수행하면서 자주 범하는 오류들이 있어 주의가 필요하다. 첫째는 성급한 결론 도출이다. 충분한 근거와 검토 없이 성급하게 결론에 이르러서 오류를 범하는 경우가 빈번하다. 둘째는 팀 토론 과정에서 발생하는 갈등이다. 아이디어 발상 과정에서 상대방의 의견을 공격하거나, 팀장이 리더로서 균형을 잃고 자신의 의견으로만 토론을 이끌어가는 경향이 나타날 수 있다. 의사결정 과정에서도 중요한 문제가 발생할 수 있다. 철학자 월터 카우프만(Walter Kaufmann)이 '결단공포증(Decidophobia)'이라고 명명한 현상처럼, 결정을 회피하고 운에 맡기는 것도 하나의 결정이라는 점을 인식해야 한다. 팀에서 내린 결정을 존중하고, 업무의 우선순위를 정하며, 각자의 역할을 명확히 이해하는 것이 필요하다. 자신만의 가치 기준을 분명히 하여 결정된 바에 따라 행동하고, 그 결과에 대해 평가받는 자세가 중요하다.

캡스톤디자인에서 팀이 결정을 내리고 이를 실행하는 과정은 매우 중요하다. 실행 과정에서는 팀 내 갈등, 제품 개발상의 기술적 어려움, 아이디어 구현의 한계, 기술 부족, 일정 압박 등 다양한 문제가 발생할 수 있다. 이러한 상황에서는 주어진 환경과 자원을 효과적으로 활용해야 한다. 지도교수의 조언, 멘토의 자문, 관련 기업과의 협력, 철저한 자료 조사, 팀원 간의 격려와 인정 등이 문제 해결에 큰 도움이 된다.

캡스톤디자인은 단순한 하나의 수업이 아니라 학생들이 사회에 적응하는 데 필요한 종합적 경험을 제공하는 교육 과정이다. 이 과정을 통해 학생들은 실무 능력뿐만 아니라 협업, 의사소통, 문제해결, 리더십 등 사회생활에 필수적인 역량을 기를 수 있다. 따라서 캡스톤디자인은 깊이 있는 교육적 의미를 내포한 사회 적응 훈련 과정이라고 할 수 있다.

1. 브레인 스토밍Brainstoming과 브레인 라이팅Brainwriting

브레인 스토밍: 미국 광고회사 BBOD의 사장 알렉스 오스본(Alex F. Osborn) 개발

- **목적**: 특정 주제에 대한 확산적 사고를 유도하여 집단의 창의적 아이디어를 효과적으로 수집하는 기법. 기록자가 참여자들의 아이디어를 체계적으로 기록
- **기본 원칙**:
  - ❶ 판단보류 : 아이디어 제시 과정에서 다른 사람의 아이디어를 비판하지 않음. 비판적 평가는 참여자들의 창의적 사고를 위축시킬 수 있음
  - ❷ 자유토론: 아이디어가 허황되고 비현실적으로 여겨져도 모든 의견을 자유롭게 표현
  - ❸ 질보다 양: 일정 시간 동안 가능한 많은 아이디어를 산출하는 것이 우선. 좋은 아이디어 발굴은 충분한 양의 아이디어 수집에서 출발
  - ❹ 결함과 개선: 다른 사람의 아이디어와 자신의 아이디어를 결합해서 새로운 아이디어를 창출

브레인라이팅: 독일의 헤르만 홀리제르(Hermann holliger) 개발

- **목적**: 브레인스토밍과 유사하게 확산적 사고를 유도하되, 개인의 아이디어를 먼저 기록한 후 공유하는 방식. 6-3-5 기법이라고도 불리며, 이는 6명이 3개의 아이디어를 5분 동안 작성하여 순환시키는 방법을 의미

- **진행절차**:

❶ 구성원에게 브레인라이팅 용지를 배포하고 예비 용지를 중앙에 준비

❷ 브레인스토밍의 기본 원칙을 준수하면서 각자 자신의 용지에 아이디어를 기록

❸ 개인이 세 가지 아이디어를 완성하면 다른 구성원의 기록 용지에 새로운 아이디어를 추가

❹ 다른 구성원의 아이디어를 수정하거나 자신의 아이디어와 결합하여 새로운 아이디어를 산출

Ex) 브레인라이팅 작성 표

성명	아이디어 1	아이디어 2	아이디어 3
A			
B			
C			

2. 속성 나열법 Attribute Listing

미국 네브라스카 대학의 크로퍼드(Robert Crawford) 개발

- **목적**: 기존의 아이디어와는 다른 개념이나 원리를 새롭게 결합하거나 수정하여 혁신적인 아이디어를 산출하는 체계적인 분석 기법
- **진행절차**:

❶ 문제 명확화를 통해 해결하고자 하는 문제를 정확히 확인하고 정의(필요시 문제를 재정의)

❷ 주어진 문제나 대상의 모든 속성을 찾아내어 상세히 열거

❸ 각 속성들을 새롭게 결합하거나 수정하여 새로운 아이디어 생성

❹ 실행 가능성 검토를 통해 도출된 해결책의 현실적 가능성 판단

EX) 신제품 우산을 개발하기 위한 속성나열법의 예

진행순서	내 용
❶	신제품 우산 개발
❷	계속 손에 들고 다님/ 비가 올 때만 사용/ 방수 필요/ 햇빛 차단/ 비슷한 모양 / 패션 중요(칼라 등) / 호신용
❸	몸에 부착할 수는 없을까? 예를 들면 등에 차고 다님 / 실내에서 우산이 필요한 곳은 없을까? 아니면 헌 우산을 빗물받이로 사용한다? / 방수도 되고 자외선이 동시에 차단되는 것은 없을까? / 비를 피하면서 시야도 확보되고 하늘도 볼 수 있는 우산 / 호신용으로 쓸 수 있을까?
❹	가방이나 허리벨트에서 변신할 수 있는 우산 / 양산과 우산겸용 / 자외선 및 방수 겸용 우산 / 패션을 위한 다양한 칼라 / 네모나 꽃 모양 우산 / 단단한 우산대로 분리되면 호신용 막대기 사용

- **활용**: 새로운 제품, 서비스, 시스템 설계 시 각 특성을 분석하여 혁신적 대안을 개발하는 데 활용. 하드웨어 개발뿐만 아니라 서비스 개선, 업무 프로세스 재설계 등에도 적용 가능
- **관련 기법**: 결정 나열법(단점을 열거하여 개선 방안 모색), 희망 나열법(희망 사항을 열거하여 해결책을 찾는 방법)

3. 스캠퍼 SCAMPER

오스본(A.F. Osborn)의 체크리스트를 밥 에벌(Bob Eberle)이 재구성

- **목적**: 다양한 관점과 접근법을 통해 새롭고 독특한 아이디어나 대안을 체계적으로 생성하는 확산적 사고기법
- **7가지 기법 요소**:

❶ 대체(Subsitute): 사람, 사물, 재료, 순서, 역할, 시간, 장소 등을 다른 것으로 바꾸어 보는 방법. 유리잔을 종이컵으로, 금속 젓가락을 나무 젓가락으로 대

체해 보는 것 등이 대표적인 사례

❷ 결합(Combine): 서로 다른 요소나 기능을 결합하여 새로운 조합을 시도하는 방법. 유사한 기능끼리 또는 전혀 다른 성분끼리의 결합도 가능

❸ 적용(Adapt): 주어진 조건과 목적에 맞게 대상이나 문제를 적절히 적용해보는 방법

❹ 수정(Modify): 크기, 색깔, 이미지, 소리, 향기 등을 변경하는 방법. 데스크톱 컴퓨터를 노트북으로, 노트북을 스마트폰으로 축소한 것이 대표적 사례

❺ 용도변경(Put to other use): 기존과 다른 용도를 찾거나 같은 재료로 다른 제품을 만드는 방법

❻ 제거(Eliminate): 구성 요소를 제거하거나 압축, 분할하여 간소화하는 방법. 오픈카나 푸드트럭이 대표적 사례

❼ 재배열(Rearrange-reverse): 순서나 역할, 위치를 전혀 다르게 바꾸거나 180도 다른 관점으로 접근하는 방법. 하얀 국물 라면, 투명 커피, 양면 스캐너 등이 대표적 사례

- 맥도날드 창업자 레이먼드 크록(Raymond Albert Kroc)은 이 기법을 활용하여 혁신적 아이디어를 도출했다. 햄버거 판매와 부동산 사업을 결합한 '용도 변경', 서빙 직원을 없애고 셀프서비스로 전환한 '제거', 식사 전 선불 결제 시스템을 도입한 '재배열' 등이 대표적이다.
- **장점**:

❶ 개선점 발견이 용이

❷ 중요한 사항을 누락 없이 체계적으로 검토

❸ 반복 작업의 경우에 특히 효과적

- **단점**:

❶ 기존 체크리스트에 의존할 경우 새로운 관점을 놓칠 수 있음

❷ 아이디어가 제한적일 수 있음

• **스캠퍼 양식**

아이디어제품 기능정의 수정	❶ S	❷ C	❸ A
	Substitute 대체시키면?	**Combine 결합하면?**	**Adapt 조정, 응용하면?**
	*재료, 장소, 시간, 방법 등을 다른것으로 바꿔보기	*기능, 제품, 아이디어, 서비스 등을 결합해보기	*자연현상, 동물의 특성, 다른 분야의 원리 등을 모방해보기
	예:유리,도자기-종이컵	예: 스마트폰(전화 + 카메라 + mp3 + 인터넷), 복합기(복사기 + 팩스 + 프린터)	예:벨크로(찍찍이 - 우엉 열매), 철조망(장미가시), 헬리콥터(단풍나무 씨앗의 낙하모습)

❹ M	❺ P	❻ E	❼ R
Modify-Magnify -Minify 변경-확대-축소하면?	**Put to other use 새로운 용도는?**	**Eliminate 제거하면?**	**Rearrange-reverse 역발상, 재배열하면?**
*크기, 색깔, 모양, 속도, 강도, 개수 등을 변화시켜 보기	*기존 제품이나 재료를 전혀 다른 용도로 활용해보기	*복잡한 기능, 부품, 과정 등을 단순화해보기	*배치, 순서, 방향, 관점 등을 뒤바꿔보기
예: 휴대용 선풍기(크기 축소), 대형 TV(크기 확대), 무소음 키보드(소리 제거)	예: 포스트잇(약한 접착제의 새로운 활용), 푸드트럭	예: 오픈카, 물리적 자판을 제거한 터치스크린	예: 뒤집힌 마요네즈 용기, 양면 스캐너, 하얀 국물 라면

4. 형태 분석법 Morphological Analysis

프리츠 즈위키(Fritz zwicky) 개발

체크리스트법과 속성 나열법을 입체적으로 조합한 행렬기법(Matrix meth-od) 또는 기능성 격자기법(Grids of possibilities)

• **목적**: 다양한 측면에서 체계적으로 아이디어를 생성하며, 간과하기 쉬운 아이디어나 해결 불가능해 보이는 아이디어까지 발굴하는 데 유리한 기법

• **진행절차**:

❶ 문제 확인 및 정의: 해결하고자 하는 문제의 명확화

❷ 요인 선택: 주어진 문제의 여러 요인 중 가장 중요한 두 가지 선택

❸ 속성 열거와 도표작성: 선택된 두 요인을 도표의 가로축과 세로축으로 설정하고 각각의 속성 작성

❹ 아이디어 생성: 속성들을 체계적으로 다양하게 결합하여 새로운 아이디어 창출.

❺ 아이디어 평가: 생성된 아이디어의 실효성과 실현 가능성 평가

EX) 음료 소비 패턴에 맞는 물컵 개발을 위한 형태 분석법의 예

구분	뜨거운 음료	차가운 음료	탄산음료	건강음료
직장인	보온 머그컵	아이스 텀블러	탄산보존 컵	영양표시 컵
운동인	온열 회복컵	스포츠 쿨컵	전해질 보존컵	단백질 쉐이커
학생	휴대용 보온컵	책상형 냉각컵	소용량 탄산컵	스터디 타이머컵
여행자	접이식 보온컵	압축형 냉각컵	밀폐형 탄산컵	멀티비타민 컵

- **활용**: 일상적인 문제해결에 활용되며, 요인 분석과 도표 작성 훈련을 통해 객관적이고 분석적인 문제 파악 능력을 기를 수 있음. 또한 새로운 시각에서 문제를 바라보는 사고 경험 제공

5. 강제연결법 Forced connection method

영국의 찰스 화이팅(Charles S. whiting) 개발

- **목적**: 서로 관련이 없는 두 사물이나 아이디어를 강제로 연결시켜서 새로운 아이디어를 생성하는 기법. 더 이상 아이디어가 떠오르지 않을 때 활용하여 창의적 돌파구 마련
- 생성된 아이디어를 (+) 또는 (-)로 간단히 평가

EX) 새로운 냉장고 개발을 위한 강제연결법의 예

순서	대상	요소	연 결 짓 기
1	냉장고	우산	내부 공간을 접거나 펼칠 수 있어 용량을 자유자재로 조절하는 냉장고
2	냉장고	카멜레온	주변 환경에 따라 외관 색상과 패턴이 변화하여 인테리어와 조화되는 냉장고
3	냉장고	시계	특정 시점의 온도와 습도를 재현하여 음식을 최적 상태로 보관하는 냉장고

- **응용 기법**:

❶ 카탈로그 기법: 목록표를 작성하지 않고 카탈로그(Catalog)에서 무작위로 사물, 인물, 배경, 사건 등을 뽑아서 문제와 연결하는 방법

❷ 임의 강제연결법: 문제의 진술이 필요하지는 않으며, 상자 안에 담긴 단어가 적힌 쪽지를 무작위로 두 개 선택하여 강제로 연결시키는 방법

6. 육색 사고모 Six thinking hats

에드워드 드 보노(Edward de Bono) 개발

- **목적**: 수직적 사고와 수평적 사고를 모두 기를 수 있도록 고안된 기법. 여섯 가지 색깔의 모자를 사용하여 다양한 유형의 사고를 체계적으로 훈련시키는 방법
- **진행원칙**:

❶ 한번에 하나의 모자만 사용하여 해당 사고에 집중하도록 함

❷ 긍정적 사고를 먼저 진행한 후 비판적 평가 실시. 따라서 황색 모자를 먼저 사용한 후 흑색 모자를 사용하는 것이 바람직

❸ 동일한 모자를 여러 번 사용 가능

❹ 아이디어 생성 시에는 백색-녹색-황색-흑색-청색-적색 순서가 효과적이며, 아

이디어 평가시에는 적색-황색-흑색-녹색-청색-백색 순서가 적합

• **진행절차**:

❶ 토론할 주제를 명확히 선정

❷ 색깔별 모자의 의미에 대한 정보를 참여자들과 공유

❸ 각 색깔에 해당하는 사고방식으로 주제에 대한 생각을 정리하여 발표

*모자가 번거로울 경우 육각형 주사위로 대체 활용 가능

EX) 육색 사고모(혹은 주사위)의 모자별(숫자) 사고 형태와 역할

모자색	주사위	사고 형태	역 할
백색	1	중립적, 객관적 사고	검증된 중립적이고 객관적 사실 제시
적색	2	주관적, 정서적 사고	백색 사고와 반대로 분노, 두려움, 직관적 감정이나 정서 제시
황색	3	긍정적, 낙관적 사고	긍정적이고 낙관적인 측면 제시
흑색	4	비판적, 부정적 사고	부정적이고 비판적인 측면을 제시
녹색	5	창의적, 확산적 사고	창의적이고 확산적인 새로운 측면을 제시
청색	6	통제적, 관리적 사고	회의 사회자처럼 사고 과정을 정리하고 요약하여 결론 도출

• **활용효과**:

- 자기중심적인 사고방식을 극복하고 다양한 관점을 수용. 토의, 토론, 합동 기술 훈련, 프로젝트 등에 광범위하게 활용 가능
- 구체적 사고의 틀을 제공하고 다양한 사고 능력 향상
- 경직된 개인 및 집단적 사고 극복
- 집단 간 상호 이해를 확장하며 복잡한 문제를 집단결정으로 해결 가능

7. 시네틱스 Synetics

윌리엄 고든(William Gordon)개발 - 관련이 없는 것들 간의 요소들을 결합하는 것

- **목적**: 이미 알고 있는 지식을 유추를 통해 확장하여 창의적 문제 해결력을 기르는 기법. 문제 상황을 직접 해결하기보다는 유추를 통해 은유적인 해결책에서 시작하여 점진적으로 구체적인 방법으로 접근하는 방식
- **4가지 유추 유형**:

  ❶ 직접유추(Direct analogy): 전화기를 사람 귀의 구조를 유추하여 만드는 것과 같이 직접적인 구조나 기능을 모방하는 방법

  ❷ 의인적 유추(Personal analogy): 자신이 직접 사물이 되어 그 입장에서 상상하고 유추하는 방법

  ❸ 상징적 유추(Symbolic analogy): 어떤 대상의 추상적인 원리나 특성을 상징으로 유추하는 방법. 서로 모순되거나 반대되는 상징을 하나의 의미로 결합하여 새로운 의미 창출
  예)신데렐라를 통해 '신데렐라 콤플렉스'라는 새로운 개념을 만들어 낸 것이 대표적 사례

  ❹ 환상적 유추(Fantasy analogy): 환상적이고 비현실적인 면을 상상하도록 유추하는 방법
- **진행절차**:

  ❶ 회의를 통해 사회자를 정하고 아이디어의 주제 관련성, 문제해결 가능성, 실행 가능성을 기준으로 판단하여 선택

  ❷ 주관적 관점에서 문제 분석

  ❸ 핵심 요소를 추출하고 유추할 키워드 선택

❹ 선택된 유추의 검토 및 정교화

❺ 정교화된 유추와 주어진 문제의 관련성을 분석하여 해결책 모색

❻ 새로운 아이디어를 실제 상황에 적용하여 구체적 해결책 도출

8. 마인드 맵 Mind map

영국의 심리학자 토니 부잔(Tony buzan) 개발

- **목적**: 인간의 자연스러운 사고 방식을 그대로 시각화한 기법. 기억과 사고를 분류하여 큰 범주에서 작은 범주로 체계화하는 가장 직관적인 도구
- **구성요소**:

  ❶ 전체 사고의 핵심이 되는 중심 이미지나 주제 설정

  ❷ 중심 주제에서 파생되는 주요한 사고 영역 구성

  ❸ 주요 사고 영역에서 세분화되는 구체적이고 세부적인 생각 작성
- **활용**: 인간의 연상 작용과 사고 과정을 자연스럽게 반영하여 아이디어 조직화와 기억에 매우 효과적. 전체적인 구조를 한눈에 파악할 수 있어 복잡한 정보를 체계적으로 정리하는 데 탁월

EX) 마인드 맵을 활용한 강릉의 관광 맵

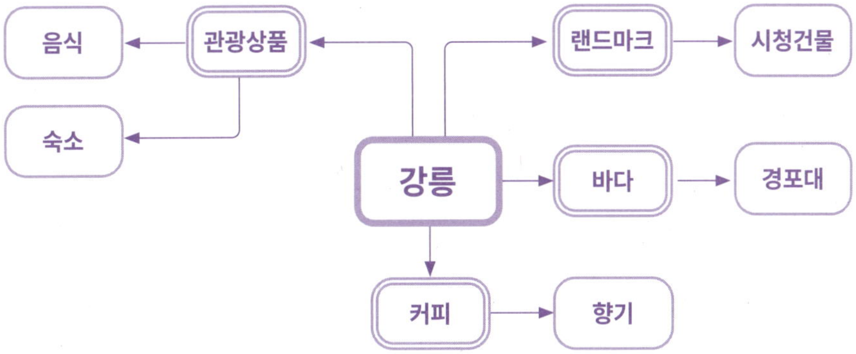

9. 하이 라이팅 Highlighting

윌리엄 고든(William Gordon) 개발

- **목적**: 생성된 다양한 아이디어 중에서 적절한 것들을 선정하여 서로 관련된 것으로 묶어 체계적인 문제해결 대안을 찾는 수렴적 사고 기법
- **운영 환경**: 주제의 추상화를 통해 아이디어가 광범위하게 나올 수 있도록 범위를 설정. 회의 시간은 3시간 정도가 적당하며 중간 휴식을 포함. 참가자는 6-8명 내외로 서로 다른 전문 분야 종사자가 바람직. 회의 장소는 조용하고 독립적이며 편안한 곳이 적합
- **진행절차**:

❶ 히트(Hits) 아이디어 선정: 생성된 아이디어 중 유망한 것들을 1차 선별

❷ 핫스팟(Hotspot)찾기: 히트 아이디어들 간의 관련성을 파악하여 분류하고 하이라이트나 체크 표시로 핫스팟 식별

❸ 핫스팟 분석: 각 핫스팟의 의미와 가능한 결과를 심층적으로 탐색

❹ 최종 해결책 도출: 가장 적절한 핫스팟 또는 여러 핫스팟을 조합해서 최적의 문제해결책 도출

- **활용**: 신제품 개발에서 높은 효과를 보이며, 폭넓은 영역에서 활용 가능

10. 역브레인 스토밍 Reverse Brainstoming

Hotpoint 회사 개발

- **목적**: 이미 생성된 아이디어에 대해 다양하고 자유로운 '비판'을 체계적으로 생성

하여 아이디어의 약점을 파악하고 개선 방안을 모색하는 사고 기법

• **진행절차**:

❶ 목표와 문제 확인: 비판할 아이디어를 명확히 정의

❷ 비판 생성: 각 아이디어에 대한 다양한 관점의 비판을 자유롭게 제시

❸ 해결책 선정: 제기된 비판을 바탕으로 개선된 해결책 도출

❹ 실행계획 수립: 구체적인 개선 방안 마련

EX) 냉장고 문을 투명하게 만드는 아이디어에 대한 역 브레인스토밍 활용 예

- 냉장고 속이 지저분해 보일 것이다
- 불투명한 문보다 비용이 더 들 것이다
- 문을 깨끗이 유지하기 어려울 것이다
- 문이 깨질 위험이 높을 것이다
- 제조 기술이 더 복잡할 것이다

11. 평가 행렬법 Evaluation matrix

• **목적**: 평가하려는 아이디어를 세로축에, 평가 기준을 가로축에 배치한 행렬표를 통해 체계적으로 아이디어를 판정하는 사고 기법

• **진행절차**:

❶ 행렬표 준비: 평가할 아이디어와 평가 기준 설정

❷ 행렬표 완성: 각 아이디어를 모든 기준에 따라 평가하여 점수 기입

❸ 결과 해석: 총점과 세부 점수를 분석하여 최적 아이디어 선정

EX) 새로운 냉장고 아이디어 평가를 위한 평가 행렬표

아이디어/ 평가	디자인	성능	안전성	대중성	생산비
냉장고 표면에 아름다운 그림이나 무늬를 넣는다.					
냉장고 문에 온도 측정계와 스크린을 부착한다.					
냉장고 안에 들어있는 물품의 내용물을 표기한다.					
냉장고 안을 볼 수 있도록 센서가 부착된 반투명 문을 만든다.					

- **활용 분야**: 문제해결 과정에서 아이디어를 객관적 기준에 따라 재평가할 때 사용 가능

12. 쌍비교분석법 PCA(Paired comparison analysis)

- **목적**: 여러 아이디어 간의 일대일 비교를 통해 우선순위를 결정하는 기법. 특히 10개 이내의 대안을 우선순위나 등급으로 매길 때 효과적
- **진행절차**:
  ❶ 비교 분석표 작성: 모든 아이디어 쌍을 비교할 수 있는 표 작성
  ❷ 쌍별 비교 평가: 각 아이디어 쌍을 비교하여 더 중요한 아이디어와 그 정도를 3점 척도(1: 약간 중요, 2: 상당 중요, 3: 매우 중요)로 기록
  ❸ 점수 산출: 각 아이디어가 받은 모든 점수를 합산하여 총점 산출
  ❹ 결과 해석: 총점을 기준으로 우선순위를 결정하고 상대적 중요성 분석

EX) 쌍비교분석법의 예

구분	아이디어 A	아이디어 B	아이디어 C	아이디어 D	아이디어 E	총점
아이디어 A		A2	C3	A1	E2	A=3 B=1 C=7 D=0 E=4
아이디어 B			C1	B1	E1	
아이디어 C				C2	C1	
아이디어 D					E1	
아이디어 E						

- **제한사항**: 대안 수가 많으면 비교 대상이 크게 증가하여 혼동을 일으킬 수 있으므로 적은 수의 대안에 적합

13. 만다라트 Mandala 와 art 합성어

일본 클로바 경영 연구소 마츠무라 야스오(Matsumura Yasuo) 개발

- **목적**: 활짝 핀 연꽃처럼 한 장에서 아이디어를 다양하게 발상해 나가는 기법. 아이디어나 문제해결의 대안을 다각적으로 찾거나, 기존 기술의 새로운 응용 방법을 모색하거나, 시나리오를 가상으로 구성할 때 활용
- **진행절차**:

❶ 격자 구성: 3×3칸으로 된 사각형을 가로 3개, 세로 3개로 배치하여 총 9개의 사격형 제시

❷ 중심 주제 설정: 중앙 사각형의 가운데에 해결하고자 하는 핵심 주제 기입

❸ 하위 주제 도출: 중심 주제 주변 8개 칸에 관련된 하위 주제들을 작성

❹ 주제 확장 진행: 8개 하위 주제를 주변 8개 사각형의 중심에 다시 기입

EX) 만다라트를 이용한 공예품 사업 작성하기

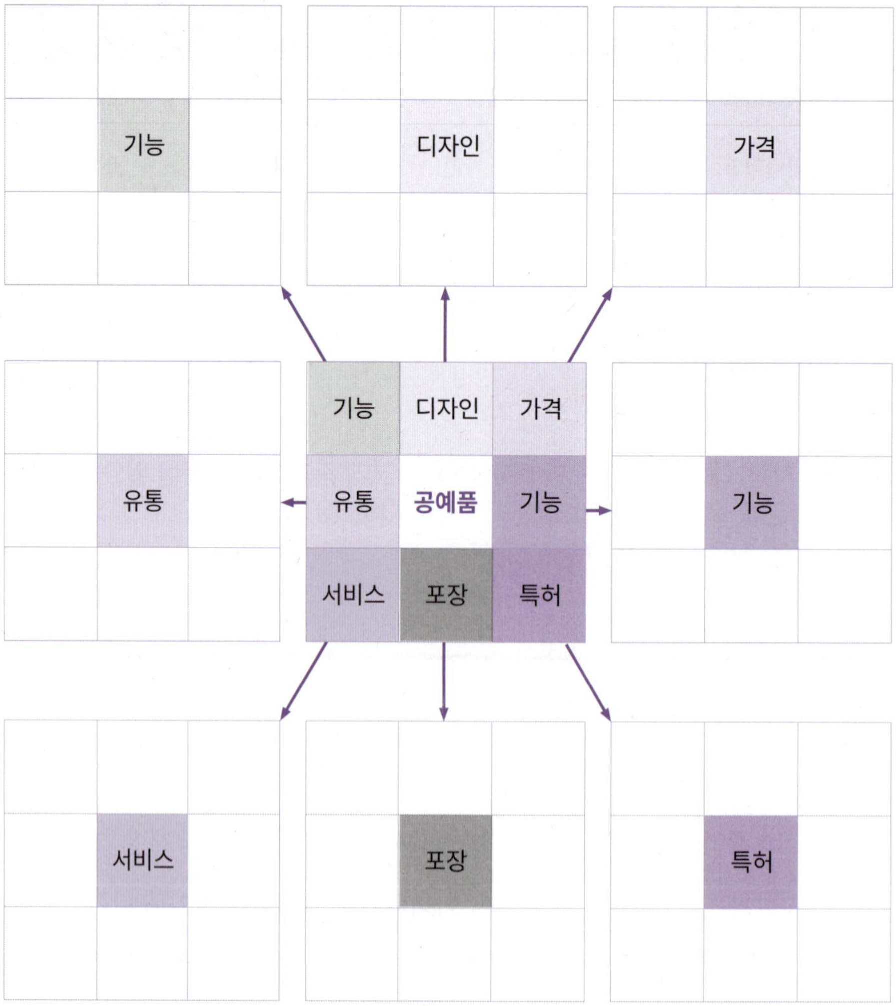

❺ 세부 아이디어 생성: 각 하위 주제에 대해 8개씩 구체적 아이디어를 작성하여 총 64개의 아이디어 완성

❻ 최적 조합 도출: 64개 아이디어 중 주제별 최선의 아이디어를 조합하여 최종 해결책 창출

- **활용**: 여러 생각을 한 장으로 체계적으로 정리 가능. 일본 야구선수 오타니 쇼헤이가 고등학교 1학년 때 작성한 만다라트가 유명

오타니 쇼헤이의 만다라트

몸관리	영양제 먹기	FSQ 90kg	인스탭 개선	몸통강화	축을 흔들리지 않기	각도를 만든다	공을 위에서 던진다	손목강화
유연성	**몸 만들기**	RSQ 130kg	릴리즈 포인트 안정	**제구**	불안정함을 없애기	힘 모으기	**구위**	하체 주도로
스테미너	가동역	식사 저녁7숟갈 아침3숟갈	하체강화	몸을 열지 않기	멘탈 컨트롤 하기	볼을 앞으로 릴리즈	회전수업	가동역
뚜렷한 목표,목적을 가진다	일희일비 하지 않기	머리는 차갑게 심장은 뜨겁게	**몸 만들기**	**제구**	**구위**	축을 돌리기	하체강화	체중증가
핀치에 강하게	**멘탈**	분위기에 휩쓸리지 않기	**멘탈**	**8구단 드래프트 1순위**	**스피드 160km/h**	몸통강화	**스피드 160km/h**	어깨주위 강화
마음의 파도를 만들지 않기	승리에 대한 집념	동료를 배려하는 마음	**인간성**	**운**	**변화구**	가동역	라이너 캐치볼	피칭을 늘리기
감성	사랑받는 사람	계획성	인사하기	쓰레기 줍기	부실 청소	카운트볼 늘리기	포크볼 완성	슬라이더 구위
배려	**인간성**	감사	물건을 소중히 쓰자	**운**	심판분을 대하는 태도	늦게 낙차가 있는 커브	**변화구**	좌타자 결정구
예의	신뢰받는 사람	지속력	플러스 사고	응원받는 사람이 되자	책 읽기	직구와 같은 폼으로 던지기	스트라이크에 서 볼을 던지는 제구	거리를 이미지 한

출처:오타니쇼헤이 쇼타임 , 2023

EX) 취업목표 계획 활용의 예

동아리 활동	현직자 선배 상담	산학실습	동아리 활동	JLPT 2급 이상	스페인어	대학생 서포터즈	대학생 멘토링	워킹 홀리데이
출석 관리	**학교 생활**	교환학생	토익 900점	**어학 점수**	토익스피킹 6급 이상	대학생 마케터	**대회 활동**	국토 대장정
교수님 추천서	재수강 학점복구	교과 & 팁플	HSK 6급	OPic IH 이상	불어	해외봉사	전공관련 인턴경험	대학생 기자단
기출문항 분석	자소거 가이드 참고	합격 자소서 분석	**학교 생활**	**어학 점수**	**대회 활동**	전산세무/ 회계사	재무관리사	KBS 한국어 능력시험
이력서 관리	**자소서**	기업 분석	**자소서**	**취업 성공**	**자격증**	한국사 자격증	**자격증**	한자 자격증
커버레터 템플릿	자소서 첨삭 받기	영어 레쥬메 템플릿	**면접 준비**	**인적성**	**공모전**	GTQ	사회조사 분석사	정보처리 기사
1분 자기소개	면접 스터디	시사 이슈	HMAT	GSAT	L-TAB	UCC 공모전	디자인 공모전	마케팅 공모전
PT면접	**면접 준비**	토론 면접	LG WAY FIT	**인적성**	CJAT	논문 공모전	**공모전**	사진 공모전
예상질문 리스트	면접 기출문항	인성 면접	포스코 PAT	이랜드 ESAT	두산그룹 DCAT	광고 공모전	수상경력 관리	콘텐츠 공모전

14. 친화도법 Diagram(KJ기법)

일본 가와키타 지로(Kawakita Jiro) 개발

- **목적**: 아이디어 도출과 그룹핑을 통해 문제를 해결하는 기법. 주로 문제해결 과정 초기에 문제의 명확한 정의 및 현상 파악 과정에서 사용
- **진행절차**:

  - **1단계**: 아이디어 메모

  ❶ 구성원 모두가 주제에 대한 아이디어를 개별적으로 메모

❷ 메모 중 다른 팀원들과의 대화는 금지

❸ 메모시간은 3-5분 정도로 설정

❹ 포스트잇을 사용하여 하나의 메모지에 하나의 아이디어만 명확히 기술

- **2단계**: 아이디어 나열 및 명료화

❶ 구성원들이 자신의 아이디어를 모조지에 배열

❷ 진행자는 아이디어를 읽어가며 필요시 설명을 요구하여 명료하게 조정

- **3단계**: 아이디어 분류

❶ 구성원들이 참여하여 관련성 있는 아이디어끼리 그룹화

❷ 분류작업은 대화없이 진행

❸ 10-20분 경과 후 분류 결과에 대한 이견을 확인하고 토의를 거쳐 최종 정리

❹ 관련성이 없는 아이디어는 별도로 남김

- **4단계**: 소제목 부여

❶ 분류된 아이디어 그룹마다 테두리를 표시

❷ 구성원들의 의견을 수렴하여 각 그룹을 포괄하는 소제목을 정하고 헤더 카드에 기입

❸ 연관성이 높은 헤더들을 선으로 연결

❹ 필요시 관련 헤더들을 묶어 상위 헤더(Super Header) 작성

15. PMI (Plus, Minus, Interesting)

에드워드 드 보노(Edward de Bono) 개발

• **목적**: 제안된 아이디어의 장점, 단점, 흥미로운 점을 다각적으로 분석하여 아이디

어 결정에 도움을 주는 창의적 평가 기법. 특히 아이디어 평가에 많이 사용

- **진행절차**:

❶ 아이디어 선정을 통해 평가할 주제의 목적과 배경을 명확히 정리

❷ 선정된 아이디어의 장점이나 긍정적 측면을 가능한 모두 열거

❸ 아이디어의 단점이나 부정적 측면을 가능한 모두 나열

❹ 아이디어의 독특하거나 흥미로운 측면을 모두 찾아내어 새로운 대안 도출의 원천으로 활용

❺ 각 단계에서 도출된 내용을 바탕으로 종합적인 평가 진행

- **PMI 차트**

PMI 차트		
Plus	Minus	Interesting
장점이나 좋아하는 이유	단점이나 싫어하는 이유	선정된 아이디어의 흥미로운 점
종합의견		
최종결정		

- **기대효과**: 간단하면서도 다각적인 시각으로 아이디어를 분석할 수 있으며, 감정에 근거한 충동적 판단을 방지. 기존 아이디어로부터 새로운 아이디어를 도출할 수 있는 창의적 사고력 신장

16. 트리즈 TRIZ(Teoriya Resheniya Izobretatelskikh Zadach)

겐리히 알츠슐러(Genrich Altshuller) 개발

- **목적**: 주어진 문제에 대한 이상적 결과를 정의하고, 그 결과 달성에 방해가 되는 모순을 찾아내어 이를 극복함으로써 창의적이고 혁신적인 해결방안을 도출하는 기법. 모든 문제는 적어도 하나 이상의 모순을 포함한다는 가정에서 출발
- **적용 절차**:

❶ 문제의 모순 파악: 해결하고자 하는 문제에서 개선하려는 특성과 그로 인해 악화될 수 있는 특성 식별

❷ 모순 매트릭스 활용: 개선하려는 특성(행)과 악화될 수 있는 특성(열)이 교차하는 지점에서 추천되는 발명원리 적용

*모순 매트릭스: 39개의 개선하고자 하는 특성(행)과 39개의 악화될 수 있는 특성(열)으로 구성된 행렬.

❸ 추천 원리 적용: 모순 매트릭스에서 제시된 발명원리들을 구체적 문제 상황에 적용하여 해결방안 모색

❹ 대안 원리 검토: 추천된 원리로 해결되지 않을 경우, 40가지 발명원리를 순차적으로 검토하여 적용 가능한 해결방안 모색

*40가지 발명원리: 과거 발명품들을 분석하여 도출한 문제해결의 일반적 원리들

❺ 해결책 구체화: 선택된 발명원리를 바탕으로 실제 적용 가능한 구체적 해결책 개발

- **40가지 발명원리**

유 형	방 법
1.분할 Segmentation	시스템을 독립적인 부분으로 나누거나 분해 가능하게 설계
2.추출 Extraction	필요한 부분만 뽑아내거나 불필요한 부분을 제거

유 형	방 법
3.국부적 품질 Local Quality	균질한 구조를 비균질한 구조로 바꿔 각 부분이 최적 기능을 하도록 구현
4.비대칭 Asymmetry	대칭형을 비대칭형으로 바꾸거나 비대칭 정도 증가
5.통합 Consolidation	유사한 기능을 수행하는 요소들을 결합하여 동시에 작업 수행
6.다용도 Universality	하나의 구성요소가 여러 가지 다른 기능 수행
7.포개기 Nesting	하나의 요소를 다른 요소 속에 넣거나 통과시킬 수 있는 구조 활용
8.평형추 Counterweight	중력을 상쇄시키기 위해 다른 힘(공기역학적, 유체역학적)을 이용
9.사전 반대조치 Preliminary Counter Action	미리 반대 방향의 작용을 수행하여 바람직하지 못한 효과를 상쇄
10.사전조치 Preliminary Action	구성요소를 미리 편리한 위치에 배치하여 시간 낭비 최소화
11.사전 예방조치 Preliminary Compensation	신뢰성이 낮은 구성요소를 미리 준비된 수단으로 보완
12. 위치유지 Equipotentiality	구성요소를 들어 올리거나 내릴 필요가 없는 작업 조건으로 변경
13. 역방향 Reverse	문제 해결 작용을 거꾸로 하거나 고정/유동 부품의 역할 변경
14. 곡선화 Curvature	직선 형태를 곡선으로 바꾸거나 직선운동을 회전운동으로 변경
15. 자유도 증가 Dynamics	시스템의 특성을 각 단계마다 최적이 되도록 가변
16. 초과나 과부족 Partial or Excessive	100% 완벽한 것 대신 '조금' 또는 '조금 덜'하는 방법으로 해결
17. 차원변화 Dimension Change	1차원 배치를 2차원, 3차원으로 바꾸거나 다층 구조를 활용
18.진동 Mechanical Vibration	시스템의 진동 운동이나 공진을 이용
19.주기적 작용 Periodic Action	연속적 작용을 주기적 작용으로 바꾸거나 주파수를 변경
20.유용한 작용의 지속 Continuity of Useful Action	유용한 작용을 지속적으로 수행하고 병목현상을 제거
21.급히 통과 Skipping	위험하고 유해한 단계를 고속으로 빠르게 통과

유 형	방 법
22.전화위복 Convert Harmful to Useful	해로운 요소를 유익한 것으로 활용하거나 유해한 요소끼리 결합하여 제거
23. 피드백 Feedback	피드백을 도입하거나 기존 피드백의 크기와 영향을 변경
24.중간 매개물 Intermediary	직접 작용 대신 중간 매개체를 이용하여 작용을 수행
25.셀프서비스 Self-service	시스템이 스스로 유익한 작용을 하도록 유지보수 수행
26.복사, 복제 Copying	복잡하고 비싼 시스템을 간단하고 저렴한 복제품으로 대체
27. 값싸고 짧은 수명 Cheap Short Life Cycle	비싸고 내구성 있는 구성요소를 값싸고 일회용인 것으로 대체
28.기계시스템의 대체 Mechanics substitution	기계적 시스템을 광학, 음향, 전기적 시스템으로 대체
29.공기 및 유압사용 Pneumatics and Hydraulics System	고체 부분을 기체나 액체로 대체하거나 공기압/유압을 활용
30. 얇은 막 Flexible Membranes and Thin Films	기존 구조물을 유연한 막이나 얇은 필름으로 대체
31. 다공성 물질 Porous Materials	구성요소를 다공성으로 만들거나 구멍을 유익한 물질로 충진
32. 색깔변화 Color changes	시스템이나 환경의 색깔, 투명도 등 광학적 성질을 변화
33. 동질성 Homogeneity	상호작용하는 구성요소들을 동일하거나 유사한 재료로 구축
34.폐기 및 재생 Rejection and Regeneration	기능 완료 구성요소의 폐기 또는 중간 개조
35.속성변화 Parameter Changes	시스템의 물리적 상태, 농도, 유연성 등을 변화
36. 상전이 Phase Transitions	부피변화, 열 발산, 형상변화를 이용
37. 열팽창 Thermal Expansion	온도변화에 의한 재료의 팽창과 수축을 이용
38.산화제 Oxyden	산화도를 높이거나 일반 공기를 산소로, 산소를 오존으로 변경
39.불활성 환경 Inert Environment	정상 환경을 비활성 환경으로 바꾸거나 진공에서 작업
40. 복합재료 Composite Materials	단일 재료를 복합재료로 변경

*저자 재구성

• **기대효과**: 제품 개발 시 발생하는 문제점을 40가지 원리 등 트리즈 고유의 체계적 접근법으로 해결하여 단순한 개선을 넘어 혁신적 문제해결이 가능. 제품 및 부품의 기능 위주 분석을 통한 재설계로 개발 비용을 절감하고, 제품 진화 과정 예측을 통해 시장 선점 제품 개발 가능

17. OS(Object/Solution) Matrix

• **목적**: 연구개발(R&D)의 목적과 해결수단이라는 두 가지의 변수를 이용하여 매트릭스 작성. 특허 데이터 수를 분석함으로써 가능성을 평가하고 R&D 개발 방향을 체계적으로 구체화시키는 기법

• **작성 방법**:

❶ R&D 목적 및 해결수단 정의: 연구개발의 명확한 목표와 이를 달성하기 위한 구체적인 수단 정의

❷ 목적 및 해결수단의 단순화(그룹핑): 복잡한 요소들을 그룹화하여 관리 가능한 수준으로 단순화

❸ OS 매트릭스 작성: 목적을 한 축으로 그리고 해결수단을 다른 축으로 하여 매트릭스 구성

❹ 공백 기술 및 포화기술 도출: 각 교차점에 해당하는 특허 데이터 수를 기입하여 기술 현황 파악

- 특허 데이터 수가 0인 경우 공백기술로, 그렇지 않은 경우 포화기술로 분류. 공백기술 선정 시에는 해당 목적과 해결수단이 상호 부합할 수 있는지 검토

EX) 수소 저장기술의 작성 예

<table>
<tr><th colspan="2">해결과제</th><th colspan="4">해 결 수 단</th></tr>
<tr><td rowspan="3">능력 향상</td><td>반응효율 향상</td><td>방향족 고리화합물</td><td>질소원자 고리화합물</td><td>톨루엔계 중합체</td><td>소분자 및 기타물자</td></tr>
<tr><td>수소저장용량향상</td><td>10</td><td>11</td><td>1</td><td>4</td></tr>
<tr><td>친환경</td><td>7</td><td>2</td><td rowspan="4">공백 기술</td><td>3</td></tr>
<tr><td rowspan="2">경제성</td><td>비용절감</td><td>9</td><td>7</td><td>6</td></tr>
<tr><td>에너지공급향상</td><td>5</td><td>4</td><td>8</td></tr>
<tr><td rowspan="2">안정성</td><td>열안정성확보</td><td>공백기술</td><td>4</td><td>2</td></tr>
<tr><td>촉매내구성향상</td><td>4</td><td>3</td><td colspan="2">공백기술</td></tr>
</table>

18. M/T Matrix(Market/Technology Matrix)

- **목적**: OS 매트릭스와 유사하나 목적/수단 대신 시장(Market)의 요구 수준과 이를 해결하기 위한 기술(Technology) 또는 부품을 기준으로 매트릭스를 작성하여 분석하는 기법
- **작성방법**: 한 축은 시장요구 카테고리에 제품의 세부 속성을 매칭하여 정리하고, 다른 축은 제품의 구성요소 또는 공정의 세부 단계를 정리한 후에 교차점에 해당 특허를 매핑하여 기술과제 도출

Ex) 스마트폰 M/T 매트릭스 작성 예

시장요구카테고리	세부속성	OS	멀티미디어	안테나	배터리	전원장치
성능	통화 품질					
	통화 속도					
신뢰성	배터리 수명					
	제품 수명					
	보안 문제					
편의성	휴대성					
	소형화					
	입력 방식					

시장요구카테고리	세부속성	OS	멀티미디어	안테나	배터리	전원장치
다양성	디자인 향상					
가격	도매가					
	소비자가					

- **기대효과** : 시스템 또는 공정을 구성하는 모든 요소에 대해 망라적으로 기술과제를 도출. 세부 속성 단위와 셀 단위로 기술진화 방향 분석도 수행 할 수 있음. 기술과제의 우선순위를 정할 때 세부 속성에 대한 구성요소의 민감도 고려 가능

19. TEMPEST 분석

- **목적**: 관점을 Treatment(처리), Effect(효과), Material(재료), Product(제품) 또는 Process(공정), Structure(구조)로 한정하여 체계적으로 접근하는 분석 기법. 다양한 관점에서 임의적으로 작성할 수 있는 일반적 매트릭스와 달리, TEMPEST는 기술적 내용으로 관점을 한정하여 구체적이고 체계적인 분석 가능

- **TEMPEST의 분석 관점과 내용**

분석 관점	내 용
처리(Treatment)	온도, 속도, 시간, 주기, 압력, 주파수, 습도, 위치, 사용량
효과(Effect)	목적, 성능, 효율, 자동화, 휴대, 조작성, 간편, 품질, 안정성, 신속성, 비용, 경량화, 자동화, 신뢰성
재료(Material)	재료, 재질, 소재, 성분, 원료, 첨가물, 촉매, 용매, 합금, 원소
공정(Process)	제조방법, 가공방법, 방식, 시스템, 수단, 조립법
제품(Product)	물품, 생산물, 산출물, 생성물, 부품, 가구, 공구, 장치, 설비
구조(Structure)	구조, 형상, 기구, 회로, 요소

20. IDEO의 디자인 씽킹 3단계

데이비드 켈리(David Kelley) 스탠퍼드 대학 교수가 창업한 미국 디자인 혁신 기업 IDEO 개발

- 1980년 애플의 첫 번째 마우스 설계, 프록터앤갬블의 스위퍼(Swiffer) 청소기 디자인, 레드닷 디자인 어워드 38회, IF 디자인 어워드 28회 등 총 350여 개의 디자인 상 수상, 1,000개의 특허 보유, BCG 선정 가장 혁신적인 기업, 포춘 선정 가장 입사하고 싶은 기업 100위 중 16위

• **디자인 씽킹 3단계 프로세스**:

❶ 영감(Inspiration): 관찰, 공감, 협력을 통한 창의적 영감 생성

❷ 아이디어화(Ideation): 통합적 사고와 발산-수렴 과정을 통하여 구체적인 아이디어 도출

❸ 구현(Implementation): 프로토타입을 제작하고 테스트하며, 실패 시 개선하는 과정 반복

• **핵심 철학-사용자 경험**: 사용자 관점에서 문제를 정의하고 관찰, 인터뷰, 경험 등을 통해 사용자를 이해하고 니즈 파악. 이를 바탕으로 아이디어 도출 후, 사용자들을 대상으로 프로토타입을 테스트하고 수정하는 과정을 반복하여 높은 사용자 만족도와 창의적 혁신을 동시에 달성

• **톰 켈리의 혁신 원칙**: 「The Art of Innovation」에서 제시한 조직 내 창의성과 혁신 육성을 위한 5가지 핵심 요소는 다음과 같다.

❶ 혁신은 천재 개인의 결과가 아닌 협력과 아이디어 공유를 통한 팀워크의 산물

❷ 디자인 사고는 사용자의 요구사항을 이해하고 충족시키기 위한 지속적 솔루션 개발의 강력한 도구

❸ 실패는 프로세스의 일부로서 부정적인 결과가 아닌 개선 기회로 이해

❹ 공감이 중요하며 조직은 사용자와의 공감 능력 개발 필요

❺ 혁신은 어디서나 나올 수 있으므로 조직은 창의적 사고를 장려하고 보상하는 환경을 조성하여 모든 구성원이 혁신 프로세스에 참여할 기회 제공

21. 구글의 10가지 디자인 원칙

- **목적**: 구글은 10가지의 단순한 디자인 원칙을 중심으로 일관된 디자인 추구. 기업의 철학적 사고 내에서 디자인이 이루어질 때 기업 특성을 잘 반영한 독특한 디자인 창출 가능

EX) 10가지 디자인 원칙

구분	내 용
유용(Useful)	사람의 삶, 일, 꿈에 집중하라.
신속(Fast)	천분의 일초가 중요하다.
단순(Simple)	단순한 것이 더 강력하다.
참여(Engaging)	초심자부터 전문가까지 끌어들여라.
혁신(Innovation)	과감한 혁신이 필요하다.
보편(Universal)	세상을 위하여 디자인하라.
유익(Profitable)	오늘과 내일의 사업을 위해서 계획하라.
아름다움(Beautiful)	마음이 혼란하지 않고 눈을 즐겁게 하라.
신뢰(Trustworthy)	사람의 신뢰를 얻을 수 있도록 한다.
개인(Personable)	인간적인 감동을 더한다.

- **활용**: 구글의 디자인 특성은 단순함, 명확한 목적, 신속한 의사결정. 구글 디자인 씽킹 센터의 디자인 프로세스를 참고하여 기업 특성에 맞는 디자인 프로세스 도입 가능

- **구글의 디자인 프로세스**

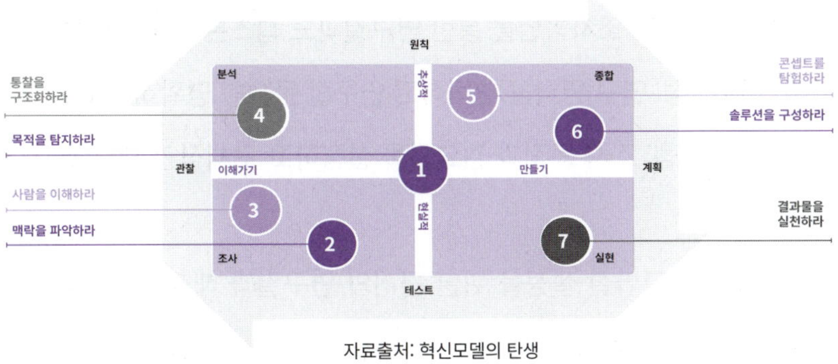

자료출처: 혁신모델의 탄생

22. 일반적인 사회조사 프로세스

- **목적**: 캡스톤디자인에서 사업이나 프로젝트를 위한 시장조사 시 설문을 통한 자료 조사를 실시하는 표준 프로세스. 프로젝트나 용역을 통한 조사, 연구도 캡스톤 디자인에 포함

EX) 사회조사 프로세스

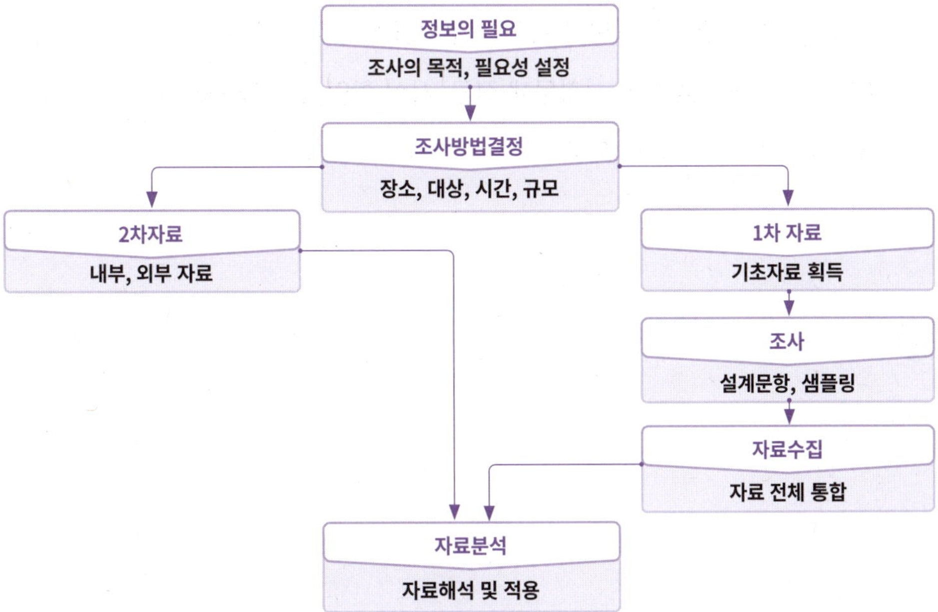

- **연구 절차**(연구 절차는 문헌적 연구와 실증적 연구 등 연구방법 유형에 따라 달라지며, 이러한 다양한 조사방법을 통한 연구결과도 캡스톤디자인의 범위에 포함):
  ❶ 연구문제 선정: 연구 영역을 선택하고 연구할 문제를 명확히 서술
  ❷ 조사 설계 진행: 조사 목적과 필요성을 설정하고 구체적인 세부 조사사항들을 결정
  ❸ 문헌 검토: 연구가설 설정을 위한 근거와 연구결과 해석에 도움이 될 내용을 얻기 위해 문헌적 자료 분석
  ❹ 연구모형 및 가설 설정: 연구모형을 구축하고 가설을 설정하며 측정도구를 결정
  ❺ 자료 수집: 주어진 자료에 대한 해답을 얻거나 가설을 검증하기 위해 1차 자료(직접 조사)와 2차 자료(기존 문헌) 수집
  ❻ 자료 분석 및 가설 검증: 수집된 자료를 분석하여 가설의 채택 또는 기각 여부 확인
  ❼ 연구보고서 작성: 연구 목적, 연구문제, 연구방법, 연구절차, 연구결과 및 해석 등을 포함하여 정확성, 명확성, 간결성, 윤리성을 고려해 작성

- **기대효과**: 학생들이 공동으로 사회적 문제를 발견하고 조사하여 실질적인 결론을 도출하는 과정을 통해 사회문제 접근, 사실 확인, 결론과 대안 제시 능력을 기르며 사회에 대한 이해도 제고

XI. 아이디어 선정 및 평가

01.아이템은 전략적 우위성 확보가 중요하다.

캡스톤디자인에서 도출된 아이디어가 제품화되었을 때 시장에서 소비자가 실제 원하는 것을 충족시킬 수 있을까? 고객의 실제 니즈를 판단하는 것이 상품성 평가의 핵심이다. 기업의 관점에서 아이디어의 시장 선호도를 예측하는 것은 제품의 성공 여부를 결정하는 중요한 요소이다.

상품성 평가에서 가장 중요한 요소는 '누가 고객인가'를 명확히 정의하는 것이다. 고객 분석 시 다음 사항들을 고려해야 한다. 유아용품의 경우 구매 고객(부모)과 실제 사용자(유아)가 다를 수 있으므로 두 집단의 니즈를 모두 고려해야 한다. 화장품 시장에서 단순히 '여성용 화장품'이라는 광범위한 고객층보다는 '20-30대 직장 여성'과 같이 구체적이고 세분화된 타겟 고객을 설정하는 것이 더 효과적이다.

제품의 판매 가능성을 검증하기 위해서는 체계적인 시장조사가 필수적이다. 시장조사를 통해 다음 사항들을 확인해야 한다. 아이디어로 개발된 제품이 실제

시장에서 판매될 수 있는 현실적 가능성을 평가해야 한다. 또한 기존 경쟁사 제품과 비교하여 차별적 우위를 확보하고 있는지도 분석해야 한다. 그리고 시장 내에서 제품이 차지할 수 있는 전략적 위치와 경쟁력을 종합적으로 검토해야 한다.

시장 집중화 전략은 특정 시장, 특정 소비자 집단, 일부 제품 종류, 특정 지역 등을 선택적으로 집중 공략하는 전략이다. 이는 제품의 고객 세분화와 지역적 특성을 고려하여 시장성을 극대화하는 접근법이다. 일반적으로 원가 우위 전략과과 차별화 전략이 전체 시장을 대상으로 하는 반면, 집중화 전략은 특정 시장에만 집중하는 선택적 접근법이다. 일반적으로 기업의 자원이 제한되어 있기 때문에 특화된 영역 안에서 원가 우위나 차별화를 추구하는 것이 더 효과적이다. 이 경우 원가 집중화는 특정 시장에서 원가 측면의 우위를 확보하는 전략을 의미하고, 차별화 집중화는 제한된 범위의 제품에 집중함으로써 대규모의 차별화보다 더 신속한 혁신을 추구하는 전략을 지칭한다.

시장의 선점 전략은 새로운 시장이나 기술 분야에서 최초로 진입하여 경쟁 우위를 확보하는 전략이다. 선점 효과를 통해 경쟁사의 모방이나 대응을 어렵게 하고, 특허 등의 진입장벽을 구축하여 지속적인 경쟁 우위를 창출한다. 시장 선점 전략에서는 타이밍이 중요하다. 시장 진입 시점이 성공의 핵심 요소이며, 최적의 진입 시기를 선택해야 한다. 그리고 시장 진입 초기에 브랜드 인지도 향상에 집중투자하여 시장 내 포지션을 공고히 해야한다. 또한 선점 우위를 지속하기 위한 핵심 자산과 기업 역량을 체계적으로 구축하는 것도 중요하다.

신제품 개발 시 차별화에 대한 올바른 이해가 필요하다. 진정한 차별화는 단순히 '남들과 다른 것'이 아니라 '더 나은 것'을 의미한다. 이는 소비자에게 실질적인 가치를 제공하는 개선된 기능이나 서비스를 통해 달성되어야 한다. 기존 제품과의 차별화를 추구할 때는 표면적인 차이가 아닌 실질적인 성능 향상이나 사용자 경험 개선을 통해 소비자에게 명확한 혜택을 제공해야 한다. 이러한 접근을 통해 시장에서 지속가능한 경쟁 우위를 확보할 수 있다.

제품 시장화 가능성을 위한 경쟁력 우위성의 예

경쟁 우위 관점	영향 요인	경쟁력 정도				관련 내용
		❶ 강력	❷ 높음	❸ 보통	❹ 낮다	
집중화	제품, 시장, 지역				★	제품시장
원가 우위	불필요기능	★				기능단순화
	디자인혁신	★				생산의 용이성
	생산/운영의 개선				★	기계화, 표준화
	규모의 경제	★				생산비 규모확대에 따른 생산비 절감
	경험곡선		★			축적된 생산기술에 따른 원가절감
차별화	품질	★				품질 우선
	네이밍				★	마케팅 전략
	고객별지향		★			만족도 우선
	브랜드로얄티확보		★			전략적 제휴
	제품의미확장개념				★	
	특허권획득		★			지식자산확보
	부가서비스제공				★	옵션 확대
	기술적인 우월성	★				경쟁적 우위
	디자인혁신	★				
	유통망차별화				★	유통망의 다양화
	제품라인차별화	★				고객요구 수용
시장 선점	공급망확보	★				국내/외 공급망 확보
	협력(제휴)				★	전략적 제휴
	최초개발제품		★			시장 인지도 확보
	생산시스템확보		★			지속가능성
	글로벌시장선점				★	시장확대 진출
	우수개발인력확보		★			연구인력 확보
	사업투자비 확보				★	사업확대/성장

02. 신제품 개발 평가 NPD(New Product Development)

신제품은 혁신의 정도와 기존 제품과의 관계에 따라 5가지 유형으로 분류할 수 있다. 첫째는 시장에 존재하지 않았던 완전히 새로운 제품군으로 새로운 시장을 창조하는 제품이다. 두 번째는 기존 제품의 혁신적 발전이다. 기존의 제품을 기술적 측면에서 혁신적으로 발전시켜 성능과 기능을 획기적으로 개선한 제품이다. 세 번째는 기존 제품의 응용이다. 기존 제품의 용도를 확장하거나 새로운 응용 분야에 적용하여 출시하는 제품이다. 네 번째는 기존 제품의 개선이다. 기존 제품의 재질, 사양, 색상, 기능 등을 부분적으로 변화시켜 향상된 제품이다. 마지막으로 타 기업 성공 제품 모방이 있다. 다른 기업의 성공 제품을 벤치마킹하여 자사 제품군에 추가하는 제품이다.

신제품 개발전략은 시장 접근 방식에 따라 선제전략과 대응전략으로 구분된다. 선제전략 유형으로 고객 니즈 기반 전략은 현재 고객의 명시적 니즈를 바탕으로 제품을 개발하는 접근법이다. 또한 R&D 중심 전략은 잠재적 니즈를 예측하고 통찰력을 바탕으로 신제품을 개발하여 새로운 수요를 창출하는 전략이다. 이는 고객이 아직 인식하지 못한 잠재적 니즈를 발굴하고 이를 충족시키는 혁신적 제품 개발을 목표로 한다.

대응전략은 모방전략과 방어전략으로 구분된다. 모방전략은 시장에서 성공한 제품과 유사한 제품을 출시하거나, 경쟁 제품보다 우수한 성능을 가진 제품을 개발하는 전략이다. 방어전략은 경쟁사의 신제품 출시로 인해 매출이 부진해진 자사의 기존 제품을 보호하기 위해 추진하는 전략으로, 시장 점유율 유지와 고객 이탈 방지에 초점을 맞춘다.

현대 소비자의 기호는 매우 빠르고 다양하게 변화하고 있어, 이를 정확히 파악하지 못할 경우 제품 개발에 어려움을 겪을 수 있다. 따라서 지속적인 시장 조사와 소비자 행동 분석이 필수적이다. 맥킨지(McKinsey)가 연간 20% 성장하는 시장의 기업들을 대상으로 조사한 결과, 신제품 출시가 6개월 지연될 경우 제품의 수익성이 약 1/3 정도 감소하는 것으로 나타났다. 이는 시장 진입 타이밍이 제품 성공에 미치는 결정적 영향을 보여준다. 시장 경쟁이 날로 치열해지고 있어 체계적이고 전략적인 접근이 필요하다. 단순한 제품 개발을 넘어서 종합적인 시장 전략 수립이 요구된다.

성공적인 신제품 개발을 위해서는 체계적인 평가 기준과 방법론이 필요하다. 신제품 개발 과정에서 각 단계별로 명확한 평가 기준을 설정하고 이를 바탕으로 객관적인 판단을 내리는 것이 중요하다.

신제품 개발 ITEM 선정

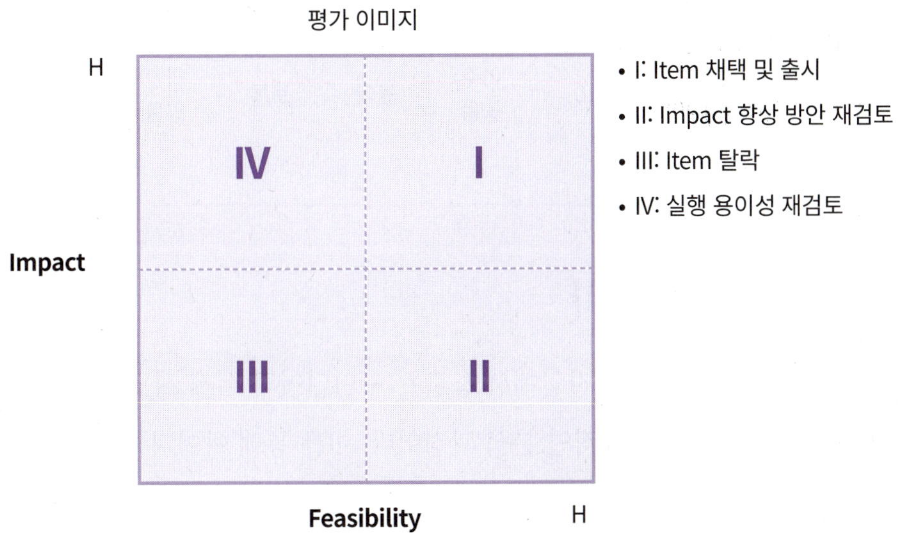

■■ 신제품 개발 평가기준 예

구분		가중치	5	4	3	2	1
Impact (50)	시장규모	20	유통별, 유행별 매출규모				
	소비자 need	20	아주 강함	강함	보통	미약	거의 없음
	성장가능성	10	매우 크다	큼	정체	감소	대폭 감소
Feasibility (50)	기술적 차별	10	최초/ 독보적	경쟁사우위	경쟁사	모방	거의 없음
	마케팅 집중지원	20	전략적 집중		수준		거의 없음
	출시 적시성	10	아주 적절	적절	수준 보통	부적절	부적절 큼
	진입장벽 소유	10	아주 높음	높다	보통	약간 있음	없음

03. 사업 타당성 평가

사업 타당성 평가는 캡스톤디자인에서 도출된 아이디어의 실제 사업화 가능성을 객관적으로 판단하는 체계적인 분석 과정이다. 이를 통해 아이디어의 상업적 실현 가능성과 성공 잠재력을 사전에 검토할 수 있다.

아이디어별로 5가지 핵심 제품 속성에 대해 각각의 중요도에 따른 가중치를 적용하여 점수를 산출하고, 이를 종합한 총점으로 사업성을 평가할 수 있다. 각 평가 항목당 5점 만점으로 점수를 부여하여 정량적이고 객관적인 평가가 가능하도록 하고, 개별 항목의 점수와 종합 점수를 바탕으로 사업성을 종합적으로 판단한다. 사업 타당성 평가에서 고려해야 할 5가지 핵심 요소에는 수익성, 시장성, 기술성, 사회기여도, 독창성 등이 있으며, 추가적 요소로 지속가능성을 고려할 수 있다.

평가 항목	내용
기술평가	아이디어를 실제 제품이나 서비스로 구현할 수 있는 기술적 역량과 가능성을 평가 - 기술 개발 가능성 - 기술적 경쟁력 - 필요 기술의 확보 가능성 - 기술적 위험도
시장성평가	제품이나 서비스에 대한 시장의 수요와 향후 성장 가능성을 평가 - 목표 시장 규모 - 시장 성장률 - 고객 니즈의 명확성 - 시장 진입 가능성
수익성평가	수익성이 확보되지 않으면 사업의 지속가능성을 보장할 수 없으므로 가장 중요한 평가 요소 - 예상 매출 규모 - 수익률 및 수익 구조 - 투자 회수 기간 - 장기적 수익 지속성
독창성평가	기존 제품이나 서비스와 구별되는 독창적 요소와 혁신성을 평가 - 아이디어의 참신성 - 기존 제품 대비 차별점 - 지적재산권 확보 가능성 - 모방 어려움 정도
사회기여도평가	제품이나 서비스가 사회에 미치는 긍정적 영향과 기여도 평가 - 사회 문제 해결 기여도 - 공공 이익 증진 효과 - 환경적 영향 - 사회적 책임 이행
지속가능성	환경적, 사회적, 경제적 지속가능성을 고려하여 장기적 관점에서 사업의 지속 가능성 평가 - 환경 친화적 요소 - 자원 효율성 - 장기적 경쟁력 유지 가능성 - ESG 경영 부합성

사업 타당성 평가 결과는 다양한 방식으로 활용되어 효과적인 의사결정을 지원한다. 먼저 사업화 진행을 위한 최소 점수 기준인 임계점을 설정하여 객관적 판단 근거로 활용할 수 있다. 이러한 기준점은 감정적이거나 주관적 판단을 배제하고 데이터에 기반한 합리적 의사결정을 가능하게 한다. 또한 평가 과정에서 낮은 점수를 받은 항목들에 대해서는 구체적인 개선 방안을 도출하여 아이디어의 완성도를 높일 수 있다. 이는 단순히 아이디어를 선별하는 것을 넘어서 발전 가능성이 있는 아이디어를 지속적으로 개선해 나가는 과정에서 중요한 역할을 한다. 동시에 여러 아이디어를 평가할 경우에는 점수가 높은 순서대로 투자 우선순위를 결정함으로써 한정된 자원을 가장 효율적으로 배분할 수 있다. 마지막으로 평가 과정에서 발견된 다양한 위험 요소들을 사전에 식별하고 이에 대한 구체적인 대응 방안을 마련함으로써 사업화 과정에서 발생할 수 있는 위험을 최소화할 수 있다.

이러한 종합적 활용을 통해 캡스톤디자인 아이디어의 사업화 성공 가능성을 높이고, 한정된 자원을 효율적으로 배분할 수 있으며, 체계적인 프로젝트 관리가 가능해진다.

사업화

5 PART

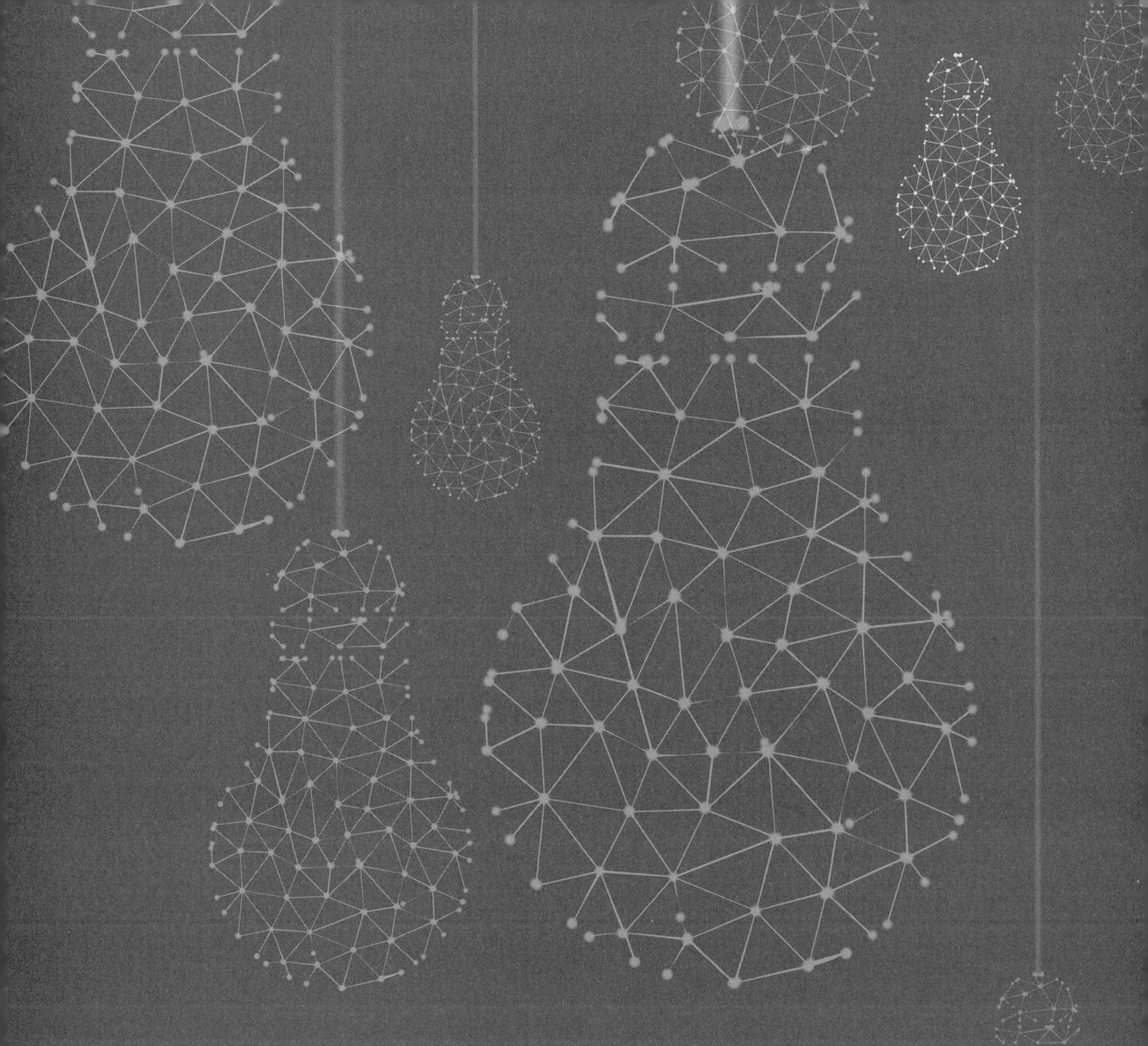

XII. 마케팅 계획 Marketing Plan 172

01. 마케팅 전략체계 172
02. 고객분석의 틀 173
03. 구매 의사결정의 주체 173
04. 소비자 구매 의사결정 174
05. 시장 세분화, 표적시장, 포지셔닝 175
06. SWOT분석 177
07. 신제품 성장전략 대안 179
08. 가격 결정 방법과 특성 비교 180
09 브랜드명 선정기준 182
10. 판매촉진 183
11. 신제품이 실패 한 이유 184

XIII. 사업계획서 작성 187

01. 사업계획서 187
02. 사업계획서 작성 방법 203
03. 사업계획서의 종류 220
04. 신제품 개발 계획서 231
05. 비즈니스 모델 233
06. 비즈니스 모델 캔버스 구성 239
07. 지식재산권 244

XII. 마케팅 계획 Marketing Plan

01. 마케팅 전략체계

마케팅 전략 수립은 3C 분석, 즉 고객분석(Customer), 자사분석(Company), 경쟁분석(Competitor)을 바탕으로 시장세분화(Segmentation), 표적시장(Targeting), 포지셔닝(Positioning), 차별화(Differentiation), 가치영역(Value) 등의 전략적 요소들을 통해 구체적인 실행 전략을 수립하는 과정이다.

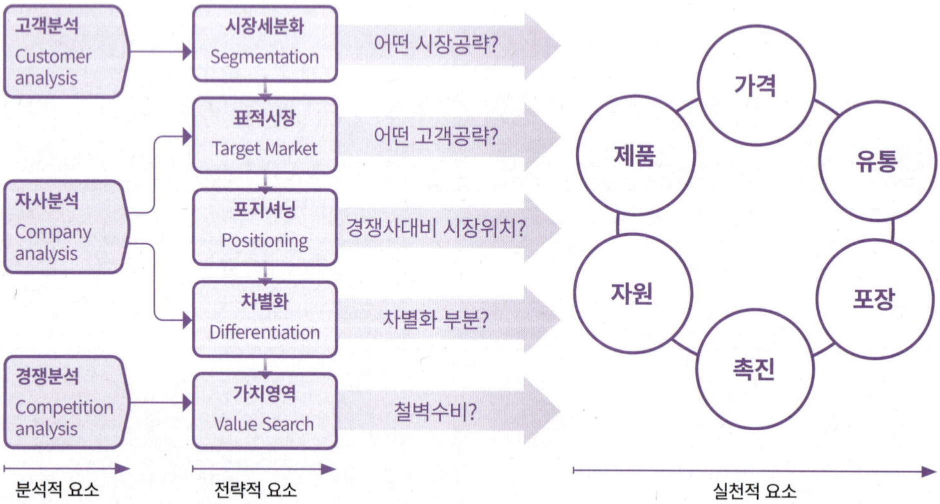

02. 고객분석의 틀

고객은 마케팅 전략에서 가장 핵심적인 요소로서 제품을 구매하고 사용하며 평가하는 주체이다. 따라서 고객을 체계적으로 분석하고 관리하는 것은 제품의 시장 수명주기를 효과적으로 관리하는 것과 직결된다.

질문	고객행동유형	답변(내용)
고객은 누구인가?	구매자 / 사용자	
고객은 무엇을 사는가?	수량(한번구입), 브랜드, 용법, 기능, 서비스, 권위(자랑)	
어디서 사는가?	오프라인/ 온라인, 편의점, 백화점, 대형쇼핑점, 할인점, 전문점, 홈쇼핑	
언제 사는가?	계절, 월, 주, 일 의 시간대. 프로모션 중, 세일 중	
어떻게 선택하나?	여러 사람 애기를 듣고 판단, 신중한 구매과정을 거 쳐서, 제품정보를 찾고서, 자신의 충동구매	
제품 선택 이유?	기능, 브랜드, 이미지, 서비스, 눈에 띔, 가격	
왜 재구매 하나?	만족, 목적달성, 욕구충족	
왜 재구매 안하나? (수정구매)	제품불만족, 서비스불만족, 품질의 불만족, 종업원의 불만족, 가격 불만족, 기업이미지 불만족	
마케팅 전략 계획 수정?	제품, 가격, 유통, 광고, 프로모션, 서비스, 포장	

03. 구매 의사결정의 주체

소비자의 구매 의사결정 과정은 주어진 자원의 범위 내에서 합리적이고 효율적으로 상품 및 서비스를 구매하여 최대의 만족을 얻기 위한 체계적인 과정이다. 이 과정은 일반적으로 욕구 인식, 정보 탐색, 대안 평가, 구매 결정, 구매 후 평가 등의 5단계를 거친다.

이러한 단계에서 구매 의사결정에 영향을 미치는 주체들을 구매센터라고 하며, 이는 구매 결정 과정에 참가하거나 결정 결과에서 발생하는 공통의 목표나 위험

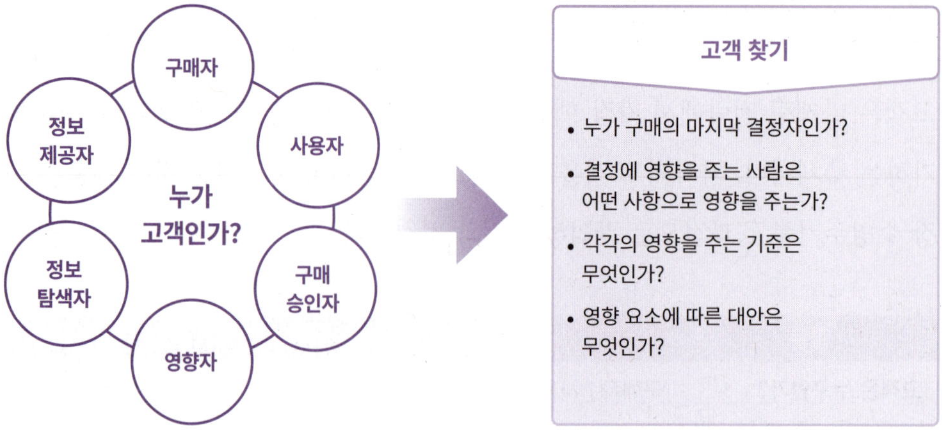

을 공유하는 모든 개인 또는 집단을 의미한다. 영업 전략 수립 시에는 구매센터 내부의 영향자들을 파악하여 그에 따른 차별화된 대응 전략을 수립해야 한다.

04. 소비자 구매 의사결정

소비자가 충족해야 할 욕구가 인식되면 욕구 충족을 위해 정보를 탐색하고 여러 대안들을 비교, 평가한다. 이러한 평가 과정을 거쳐 특정 브랜드나 제품을 선택하여 구매하게 된다. 구매 후 소비자는 자신의 의사결정에 대한 만족 또는 불만족을 경험하며, 이는 기억에 저장되어 향후 자신의 재구매 결정뿐만 아니라 다른 사람의 구매 행동에도 영향을 미치게 된다.

구매 의사결정 과정은 다음과 같다.

❶ 욕구인식: 내적 또는 외적 자극에 의해 구매 필요성을 느끼는 단계

❷ 정보탐색: 구매 결정을 위해 필요한 정보를 수집하거나 과거 경험을 통해 유추하는 단계

❸ 대안 평가: 여러 선택안을 놓고 니즈, 편익, 제품 속성을 기준으로 비교·평

가하는 단계

❹ 구매 결정: 브랜드, 구매 장소, 수량, 시간, 지불 방법 등을 최종 결정하는 단계

❺ 구매 후 평가: 구매한 제품에 대한 만족 또는 불만족을 평가하고 향후 구매 행동에 영향을 미치는 단계

05. 시장 세분화, 표적시장, 포지셔닝

미국 켈로그 경영대학원의 필립 코틀러(Philip Kotler) 교수가 제시한 STP 모델은 기업이 개별 고객의 선호에 맞춘 제품이나 서비스를 제공하여 경쟁사와의 차별성과 경쟁력을 확보하는 마케팅 기법이다.

시장세분화 Segmentation	• 세분화 변수 도출 및 세분화 실시 • 세분화 시장별 특성파악
표적시장 선정 Target	• 각 세분 시장의 매력도(제품과 맞는 점) 평가 • 표적시장 선정
시장 포지셔닝 Positioning	• 각 표적 시장별 가능한 포지셔닝 개념 도출

1. 시장세분화

고객의 인구통계학적 변수(성별, 소득수준, 나이, 지역), 심리분석적 변수, 구매 행동 변수, 사용상황 변수, 추구 편익 변수 등을 분석하여 시장을 세분화하고 고객 특성을 파악한다. 이를 통해 구체적인 페르소나(Persona) 모델을 설정할 수 있으며, 이는 실제 구매 가능성이 높은 가상의 고객을 구체화한 모델이다.

변수	우리나라에서 적용되는 분류방법
1.인구 통계적 변수연령	취학 이전, 초등학생, 중학생, 고등학생, 20대,30대,40대,50대, 60세이상
성별	남, 녀
지역	특별시, 광역시,시,도 / 대도시, 중소도시, 농어촌
가족구성단위	독신, 핵가족, 대가족
가족 생활주기	미혼단계, 신혼부부, 젊은 부부, 중년부부, 노년부부, 사별 후 독신가
개인 또는 가족소득	월수 50만원 미만, 50-100만원, 100-200만원, 200-500만원, 500만원이상
직업	전문직 및 기술직, 경영자, 공무원, 자영업자, 사무직 및 판매 원직, 근로자, 농어민
학력	학생, 주부, 실업자, 초졸, 중졸,고졸,대졸 이상
종교	가톨릭, 개신교, 불교, 천도교, 무종교, 기타 종교
2.심리분석적 변수	
사회계층	농촌 하층, 도시 하층, 중하층, 중상층, 상층
라이프스타일	전통적 알뜰형, 합리적 생활 만족형, 진보적 유형추구형, 보수적 생활 무관심형
성격	간제적, 사교적, 권위위주, 야심적
3.구매행동변수	
사용기회	규칙적, 불규칙적
사용경험	비 사용자, 이전 사용자, 잠재적 사용자, 최초 사용자
사용량	소량 사용자, 보통 사용자, 다량 사용자
상표애호도	전무, 보통, 강함, 적대적
4.사용상황 변수	제품에 따라 다름
5.추구효익 변수	기능적인 효익, 심리적 효익

2.목표시장 설정

제품의 특성과 기업의 역량에 따라 가장 적합한 표적 시장을 선정한다. 이는 한정된 자원을 집중적으로 활용할 수 있는 효율적 전략이다.

3.포지셔닝

미국의 마케팅 컨설턴트 잭 트라우트(Jack Trout)와 앨 리스(Al Ries)가 도입한 개념으로, 소비자의 마음속에서 경쟁 브랜드 대비 자사 브랜드가 차지하는 독특한 위치를 확보하고 강화하는 전략이다. 성공적인 포지셔닝을 위해서는 차별화와 일관성(Consistency)이 필수적이다. 아무리 잘된 메시지라도 지속적으로 소비자에 전달되지 않으면 소비자는 그 브랜드의 차별된 포지셔닝을 마음에 형성하지 않는다.

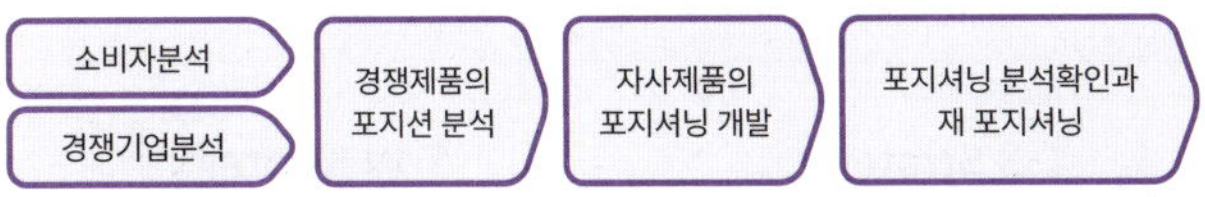

포지셔닝 절차

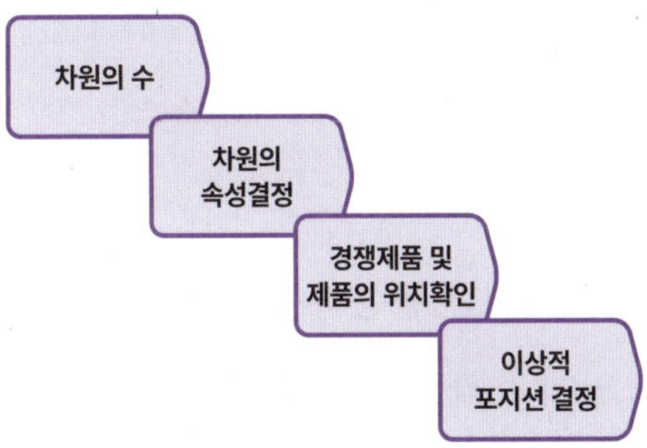

인지도 작성 절차

포지셔닝 Map의 예
(소비자의 속성 인지 정도)

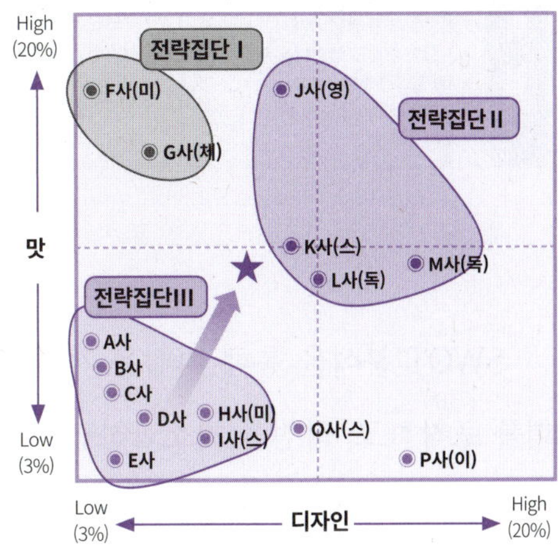

06. SWOT 분석 강점:Strength,약점:Weakness,기회:Opportunity,위협:Threat

SWOT 분석은 기업의 환경분석을 위한 가장 일반적인 접근 방법이다. 기업의 강점(Strength), 약점(Weakness), 기회(Opportunity), 위협(Threat)을 종합적으로 분석하여 효과적인 경영전략을 수립한다. 이는 기업 외부환경의 기회와 위협 요인을 파악하고, 기업 내부 역량인 강점과 약점을 분석하여 전략적 대안을 도출한다. 아래는 아이스크림 사업에 대한 SWOT 분석의 예이다.

■■ CASE: 아이스크림 시장에 진입하는 신규 브랜드의 SWOT 분석

내부역량 전략방향 및 시사점 외부환경	강 점	약 점
	• 수년간 축적된 Retail사업 노하우 • 경쟁력있는 브랜드 및 상품력 보유 • 경영진의 전문성과 강력한 추진력 • 경쟁에서 이길 수 있다는 자신감 • 브랜드에서 오는 좋은 감정	• 전문인력 및 외식사업 경험 부족 • 신규사업을 통한 신시장 진출에 • 따른 안정적 경영 시스템 부재 • 상품을 직접 생산할 수 없고, 수입에 의존 • 브랜드의 인지도 없음
기회 • 해당시장(프리미엄 아이스크림)의 급성장 • 아이스크림 시장 수요 행태 변화 • 내츄럴 아이스크림의 세계적 추세에 편승	**O-S Strategy** • 기존의 소매유통/Franchise 노하우를 살려 적극적인 아이스크림 신규시장 진출 노력 절실 • 아이스크림 시장 진입을 위해 브랜드 강화 전략 추구	**O-W Strategy** • 브랜드 인지도 없지만 수요변화 대응적 측면의 내츄럴 제품 적극 활용한 시장 침투 전략 • 외식사업 전문성 강화 및 브랜드 강화를 위한 전문적 마케팅 능력 배양
위협 • 1개사 시장 독점체계 고도화 • 상품 다양화 및 신규수요 점유를 위한 경쟁 가세 • 시장의 브랜드 선호현상 뚜렷 • 4계절의 뚜렷한 계절성 • 프리미엄 아이스크림 시장의 확장	**T-S Strategy** • 수년간 축적된 Retail 사업 노하우로서 신규 사업진출에 적극대처 가능한 비전/전략의 수립 절실 • 경쟁력있는 상품으로 기존의 독점체계의 아이스크림 시장을 타파	**T-W Strategy** • 무역/경제변화 및 계절성/유행성 등의 변수에 강하게 대응할 수 있는 내부기반 구조 강화 • 환율변동과 그에 의한 수입부분에서 일어날 수 있는 가능한 모든 일들을 통해 강해짐

SWOT 분석을 통해 기업은 자사의 강점을 최대한 활용하여 새로운 사업기회를 포착하고, 약점을 최소화하면서 위협요인에 효과적으로 대처할 수 있는 다각적 전략을 수립할 수 있다. 외부 환경의 변화는 관점에 따라 위협이 될 수도 있고 기회로 활용될 수도 있다. 따라서 SWOT 분석은 외부환경에 대한 깊은 통찰력을 바탕으로 자사의 강점을 최대화하고 약점을 최소화하는 전략적 사고의 중요성을 강조한다.

그러나 SWOT 분석은 한계점도 있다. 전체 전략의 모든 내용을 포괄할 수 없으며, 분석 결과만으로는 완전한 전략을 구성하기 어렵다. 따라서 SWOT 분석은 기업의 현황과 기회를 파악하고 전략 대안을 탐색하며 방향성을 설정하는 분석 도구로 활용되어야 한다. 보다 효과적인 전략 수립을 위해서는 델파이 기법 등 다른 분석 방법과 병행하여 활용하는 것이 바람직하다.

07. 신제품 성장전략 대안

사업 성장전략 제품/시장 모델의 예

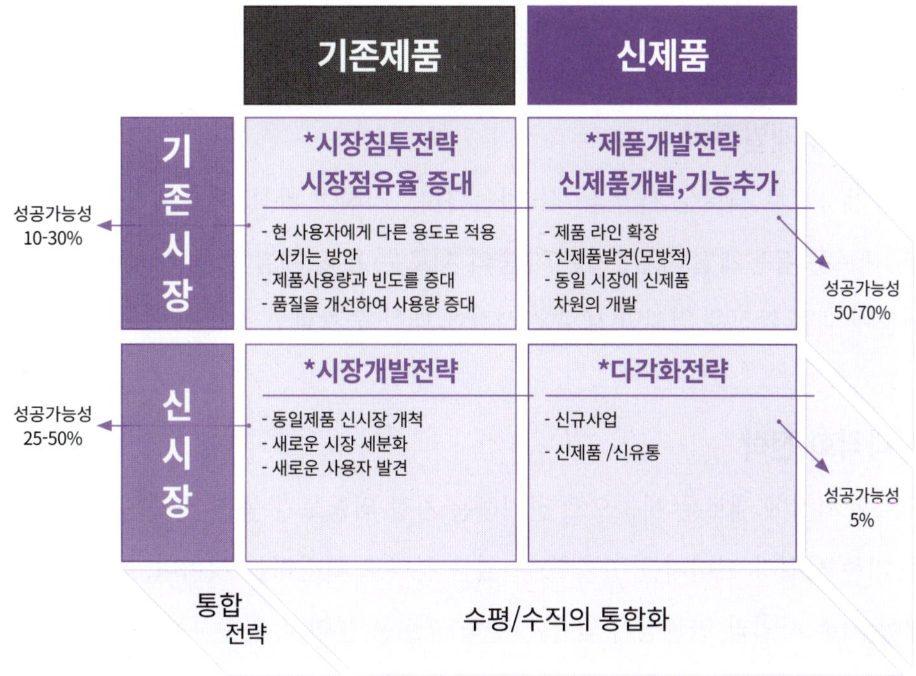

전략 경영의 선구자 이고르 앤소프(Igor Ansoff)가 개발한 성장전략 모델로 제품과 시장의 기존/신규 여부에 따라 4가지 전략을 제시한다.

1. 시장 침투전략

기존 시장에서 기존 제품의 시장점유율을 증대시키는 전략. 이를 위해 시장점유율 확대, 제품 사용량과 사용 빈도 증가, 품질 개선을 통한 사용률 향상, 기존 사용자의 새로운 용도 개발 등의 방법 활용. 위험도가 가장 낮은 전략이지만 시장 포화 시 성장의 한계 존재

2. 신제품 개발전략

기존 시장에서 새로운 제품으로 접근하는 전략. 제품 개선, 제품 라인 확장, 신제품 개발 등을 통해 기존 고객의 새로운 니즈 충족. 시장에 대한 이해도는 높지만 제품 개발에 따른 기술적, 재정적 위험 존재

3. 신시장 개발전략

기존 제품으로 새로운 시장을 개척하는 전략. 지리적 확장, 새로운 고객 영역 발굴, 새로운 유통채널 개발, 기존 제품의 새로운 용도 개발 등을 통해 시장 확대. 제품에 대한 확신은 있지만 새로운 시장에 대한 불확실성 존재

4. 다각화 전략

새로운 시장에 새로운 제품으로 진입하는 가장 위험도가 높은 전략. 관련 다각화는 기존 사업과 시너지를 창출할 수 있는 분야로 확장하는 것이며, 비관련 다각화는 기존 사업과 연관성이 낮은 완전히 새로운 분야로 진출하는 것. 높은 성장 잠재력을 가지지만 실패 위험도 가장 크게 존재

08. 가격 결정 방법과 특성 비교

가격(Price) 결정은 경영진이 가장 신중하게 고려해야 할 요소 중 하나이다. 가격이 너무 높으면 고객의 구매를 하지 않고, 너무 낮으면 수익성에 문제가 발생할 수 있다. 가격은 궁극적으로 소비자가 인식하는 '가치'(Value)의 크기에 따라 결정되어야 한다.

1. 가격결정방법

가격결정방법	고려할 요소와 계산방법	장점과 단점
원가계산법 Cost-Plus Pricing	평균원가에 일정액의 기대이윤(margin, markup)을 합산. 원가가 2만원일 때 판매가격을 3만원으로 정하는 경우 이윤은 1만원이 되며, 원가에 대한 markup은 50%이고 판매가에 대한 markup은 33.3%	계산이 쉽고 합리적인 가격으로 인식되지만 경쟁과 수요 측면을 고려하지 못함
목표이익법 **손익분기분석법** Target Return Pricing	손익분기 분석을 통하여 기대하는 목표이익을 달성할 수 있도록 가격을 결정. 수익과 비용이 같아지는 생산, 판매량을 손익분기점이라 하며, 이 보다 많이 판매하여 목표이익이 발생될 수 있도록 가격을 결정함	명확한 수익 목표 설정이 가능함. 하지만 정해진 가격에서 목표이익 달성에 필요한 예상 판매량이 실제로 달성되지 않을 수 있으며, 가격수준에 따른 판매량을 정확하게 예측하기 어려움
시장가격 Going-Price Pricing	경쟁사 제품들의 평균가격에 준하여 결정	경쟁사 간 소모적인 가격경쟁을 방지할 수 있지만, 차별화 기회가 상실되거나 수동적 가격 정책으로 한정될 수 있음
심리가격 psychological Pricing	껌은 300원이라고 생각하는 경우 이를 따르는 관습가격, 999원 처럼 끝자리를 채우지 않음으로써 저렴하다는 느낌을 주는 끝자리 가격(홀수 가격), 가격수준이 제품의 품격과 연결되는 경우 높은 가격을 매기는 프리미엄가격 등이 있음	소비자의 심리적 반응을 효과적으로 활용할 수 있음. 하지만 경제적 가치보다는 소비자의 가격에 대한 심리적 반응에만 의존하여 가격이 결정될 수 있음
지각된 가치가격 perceived value Pricing	소비자가 인식하고 있는 제품의 효용 가치를 고려하여 그 수준에 맞게 가격 결정	최종 구매 판단의 주체인 소비자 관점을 반영한 현실적인 가격. 그러나 소비자 개인별로 효용가치에 대한 인식 차이가 존재함

2. 시장 침투 가격과 시장 흡수 가격의 전략

가격정책	특징	사용조건
시장침투가격 Penetration price	- 신제품 도입 초기에 저가격으로 신속한 시장 확대와 점유율 확보 후 점차 가격을 상승시키는 전략 - 청바지의 경우 처음에는 경제적인 가격의 의류로 시작하여 점차 고급화-고가화됨 - 선저후고 전략 (초기 저가 → 후기 고가)	- 대량생산 유통에 따른 규모의 경제 효과로 원가점감이 큰 경우 - 시장 잠재력이 큰 생필품의 경우 - 수요의 가격탄력성이 큰 경우 - 소비자 취향이 동질적인 경우 - 경쟁사의 빠른 시장 진입이 예상되는 경우
시장흡수가격 skimming price	- 신제품 도입 초기에 고가격으로 고소득층 시장부터 시작하여 점차 가격을 인하하면서 저소득 시장을 순차적으로 흡수하는 전략 - 스마트폰의 경우 초기에 매우 높은 가격으로 고소득층에 먼저 판매한 후, 신제품 출시 시 기존 제품 가격을 단계적으로 인하하여 대중 시장을 흡수 - 선고후저 전략 (초기 고가 → 후기 저가)	- 제품의 품질과 이미지가 높은 가격에 부합하는 고급 제품 - 소량생산으로 인한 높은 단위비용에도 불구하고 높은 가격 책정을 통해 수익성을 유지할 수 있는 경우 - 경쟁사의 시장 진입이 어려운 경우 - 수요의 가격 탄력성과 규모의 경제 효과가 작은 경우 - 혁신적 제품으로 대체재가 없는 경우

09. 브랜드명 선정기준

기준	선정 기준으로 언급된 빈도의 비율(%)
제품 가치 제시 여부	58.5%
기억 용이도	46.3%
기업 이미지 및 다른 제품들의 이미지와의 부합여부	34.1%
광고 및 촉진 가능 여부	22.0%
경쟁제품 대비 독특성 여부	22.0%
단어 길이	15.9%
발음 용이성	14.6%
잠재소비자로부터의 긍정적 연상	13.4%
패키지 부합 정도	6.1%
현대적 인상 제공여부	3.7%
이해 용이성	2.4%
설득력	2.4%

출처: McNeal and Zeren 'Brand Name Selection for Consumer Products'

효과적인 브랜드명을 위한 조건들은 다음과 같다.

❶ 제품 내용과 조화를 이루며 경쟁사 제품과 차별화되어야 한다.

❷ 제품의 기능이나 편익을 명확히 전달할 수 있어야 하며, 시각적 및 언어적으로 매력적이어야 한다.

❸ 기억하기 쉽고 발음하기 편해야 하며, 짧고 단순하면서도 특이함과 시각적 이미지를 연상시킬 수 있어야 한다.

❹ 부정적인 연상을 피해야 한다.

❺ 외국어 표기 시 해당 언어권에서 금기사항이나 부적절한 표현이 없는지 사전에 검토해야 한다.

10. 판매촉진

판매촉진(Sales Promotion)은 최종 소비자를 대상으로 하는 판촉(Pull 전략)과 유통업체(중간상)를 대상으로 하는 판촉(Push 전략)으로 구분된다. 소비자 대상 판촉에는 샘플링, 할인쿠폰, 경품, 적립금 제도 등이 있으며, 유통업체 대상 판촉에는 거래할인, 판매장려금, 전시비 지원 등이 있다.

세일즈 프로모션의 유형

자료출처: 마케팅 마인드·툴·스킬, 2004

11. 신제품이 실패 한 이유

신제품 실패의 원인은 매우 다양하며 복합적이다. 주요 실패 요인으로는 시장 기회 상실, 시장 규모 과대평가, 기업 역량과의 부적합, 고객 수용성 부족, 홍보 실패, 차별화 부족, 가격 대비 가치 부족, 경쟁사 대응, 기술 변화, 고객 기호 변화, 환경 변화, 유통업체 지원 부족, 부적절한 출시 시기, 사후 서비스 불만족, 내부 조직 갈등 등이 있다.

신제품 실패의 원인을 재검토하기 위해서는 환경분석을 통한 새로운 기회 파악, 제품설계 과정의 전면적 재검토, 테스트 과정의 개선, 제품 도입과정의 점검, 그리고 시장조사를 통한 심층적 고객분석 등이 체계적으로 이루어져야 한다. 신제품 실패에 대응하는 첫 번째 단계는 실패를 솔직하게 인정하고 잘못된 부분에 대한 철저한 자기성찰을 실시하는 것이다. 경제학의 원칙이 한정된 자원을 최소화하는 데 있다면, 경영의 원칙은 보유한 자원을 최대한 효율적으로 활용하는 데 있다고 할 수 있다.

실제 실패 사례들을 통해 얻을 수 있는 교훈들을 살펴보면 다음과 같다. 일본의 치킨 전문브랜드 '유메유메도리'는 현지에서 인기 있던 차가운 치킨인 '히야시 치킨'을 한국 시장에 도입했으나, 한국 소비자들에게는 '식은 간장치킨'이라는 부정적 평가를 받으며 시장 진출에 실패했다. 이는 제품의 품질과 상관없이 문화적 차이와 소비자 선호도를 간과한 결과로, 해외 진출 시 철저한 현지 시장조사와 문화적 적응의 중요성을 보여주는 대표적 사례이다.

삼성전자의 갤럭시노트7 사건은 시장 선점을 위한 성급한 출시가 가져온 참사였다. 애플의 아이폰7보다 먼저 시장에 출시하려는 경쟁 압박 속에서 배터리 공급업체 선정과 품질 검증 과정에서 문제가 발생했고, 이는 전 세계적인 리콜 사태와 막대한 손실로 이어졌다. 이 사례는 부품 하나의 결함이 전체 제품에 미치는 파급효과와 함께, 부품 선택 시 단기적 비용 절감보다는 장기적 품질 확보

아이디어 환상	"아이디어 하나 떠올랐는데…. 야! 이건 뭔가 될 것 같아
서서히 실망	"가만 보니까 별로 경쟁자랑 차별화 될 것 같지도 않고…….
자기방어	"시장에서 성공 할 수 있을까? 실패할 가능성도 큰 거 같은데…..
자기변명	"거봐, 내가 뭐랬어. 실패한다고 했지. 누구 잘못이지?
서로의 비판	"그때 잘 했어야지? 자료가 틀리잖아? 리더에 대한 불만
시장을 무시한 개발	"어 시장에서 사질 않네? 마케팅을 반영된 제품을 만들걸

를 우선해야 한다는 교훈을 제공한다.

마이크로소프트의 윈도우8은 혁신에 대한 잘못된 접근을 보여주는 사례이다. 기존 사용자들에게 익숙했던 시작 메뉴를 제거하고 터치 중심의 인터페이스로 전환했지만, 이는 기존 사용자들에게 혼란과 불편만을 가중시켰다. 이는 혁신이 반드시 고객에게 환영받는 것은 아니며, 사용자의 기존 습관과 선호도를 충분히 고려하지 않은 일방적 혁신은 오히려 역효과를 낳을 수 있음을 보여준다.

TV 리모컨의 복잡성 문제는 기술 중심적 사고의 한계를 드러낸다. 제조업체들이 다양한 기능을 추가하면서 리모컨의 버튼 수가 과도하게 증가했고, 이는 소비자들의 사용 편의성을 크게 저해했다. 결국 리모컨 커버나 간소화된 리모컨이 별도로 출시되는 상황까지 발생했다. 이는 기술적 가능성보다는 사용자의 실제 편의성을 최우선으로 고려해야 한다는 중요한 교훈을 제공한다.

이러한 다양한 실패 사례들을 종합해보면, 성공적인 신제품 개발을 위해서는 철저한 시장조사와 문화적 이해, 품질 우선주의, 사용자 중심의 설계 철학, 그리고 신중하고 점진적인 혁신 접근법이 필수적임을 알 수 있다.

XIII. 사업계획서 작성

01. 사업계획서

사업계획서(Business Plan)란 새로운 프로젝트나 사업과 관련하여 조직, 제품 개발, 생산, 판매, 자금, 투자유치 등 사업에 필요한 핵심 내용을 명확하게 정리하고 이에 대한 추진 계획을 요약한 보고서이다. 또한 내부·외부 이해관계자에게 전체 사업의 계획 방향을 제시하고 어떻게 사업 목표에 도달할 것인지를 설득력과 일관성을 가지고 설명하기 위한 문서이기도 하다. 사업계획서는 기업의 현재 성과와 미래 방향을 파악할 수 있는 매우 중요한 문서이다.

캡스톤디자인에서는 아이디어로 아이템을 개발한 후 사업화를 위해 반드시 사업계획서의 작성이 필요하다. 현재 대부분의 대학에서는 사업 아이디어 창출까지만 캡스톤디자인 과정으로 진행하고 있으나, 앞으로 사업화 부분으로 확장하여 좀 더 심도 있는 캡스톤디자인 교육을 운영하기 위해서는 사업계획서 작성 역량이 필수적이다.

1. 사업계획서 작성의 목적

사업계획서는 기업의 사업 실패를 최소화하고 성공적 목표 달성을 위한 중요한 로드맵이자 사업 초기 성장을 예측하는 전략적 문서이다.

❶ 체계적이고 계획적인 사업추진을 위한 사업 설계도

사업 시작 단계의 단순한 아이디어나 개인적 경험에 의존하지 않고 객관적인 시장 분석과 데이터를 통해 주관적 판단 오류를 미리 예방할 수 있다. 인사, 자재, 구매, 생산, 연구개발, 마케팅, 국내·외 영업, 재무 등 기업 경영의 전 영역을 사전에 계획하고 검토함으로써 사업의 방향성과 실행 전략을 명확히 수립할 수 있다.

❷ 시뮬레이션 과정을 통한 실행 점검

사업추진 과정에서 발생할 수 있는 다양한 상황을 사전에 검토하고 대응 방안을 마련함으로써 시행착오를 최소화할 수 있다. 이를 통해 사업 진행 기간을 단축하고 불필요한 비용을 절감하며, 체계적인 사전 점검으로 사업 실패 확률을 현저히 낮출 수 있다.

❸ 이해관계자에 대한 이해 및 설득자료

금융권, 정부 및 지방자치단체, 투자자, 내부 직원 등 다양한 이해관계자에게 기업의 비전과 성장 가능성을 효과적으로 전달하는 도구로 활용된다. 사업계획서를 통해 기업의 신뢰도를 높여 현재를 살펴보고, 미래의 자금조달, 정책자금 지원, 협력 파트너 확보 등 기업 경영에 필요한 외부 자원을 효과적으로 유치할 수 있다.

❹ 영업, 입찰, 인·허가, 모집 등을 위한 기업 소개 자료

다른 기업과의 사업 제휴, 납품 또는 입점 계약, 대리점이나 가맹점 모집, 공공기관 입찰 참여 등 다양한 사업 활동에 필요한 공식 문서로서 활용된다. 또한 각종 인·허가 신청, 기술 및 품질 인증 과정에서 기업을 소개하고 사업의 타당성을 입증하는 중요한 자료로 활용된다.

2. 사업계획서는 언제 필요한가?

사업계획서는 아이템 발굴부터 사업화 단계까지 전 과정에서 활용된다. 선정한 아이템의 시장 반응과 사업화 가능성, 진입 단계에서의 어려움 등을 파악하기 위해 시장조사, 환경조사 등을 수행하고 분석한다. 사업 타당성 분석을 통해 사업 가능성을 구체화하고, 수익구조가 보이는지 등을 시장과 재무적 관점에서 검토

사업계획서의 필요한 시점에서의 진행 과정

절 차	내 용	사업 진행
1.아이디어 발굴	① 아이디어 개발 ② 아이디어 선별 ③ 아이디어 평가 ④ 특허 조사	사업제품 개발
2.시장조사	① 제품조사 ② 가격조사(경쟁 제품 등) ③ 유통분석 ④ 정부 정책 및 법률조사	사업 아이템 선정 및 분석
3.환경 분석	① 외부 환경분석 ② 내부 환경분석 ③ 핵심 기술분석	사업의 자원 개발
4.사업 타당성 분석	① 시장성 ② 기술 분석 ③ 수익성 ④ 사회 기여도	사업실행 가능성 검토 추정 수익 검토
5.사업모델 (Business Model)	① 전략모델 ② 운영모델 ③ 수익모델	수익화 모델 분석
6.마케팅 전략 수립	① 시장세분화 ② 고객 타겟층 ③ 포지셔닝	STP 전략 수립
7.사업계획서 작성	① 기업 소개 ② 기업 환경분석 ③ 시장, 고객 전략 ④ 투자/수익	목표 및 용도에 따른 사업계획서 작성
8.사업계획서 Rolling Plan 전략	3개월마다 목표 및 계획수정	1년에 4회, 목표 달성의 성과에 따른 사업계획서 수정

한다. 또한 비즈니스 모델을 통해 차별화된 전략을 선택할 수 있을지 검토하고, 효과적인 마케팅 전략을 수립하여 최적화된 시장 진입 방안을 모색한다.

사업계획서는 사업의 목표와 활용 목적을 명확히 정의한 후, 핵심적으로 강조할 부분이 무엇인지 먼저 파악하여 작성해야 한다. 즉, 투자유치가 목적이라면 수익성과 시장성에, 기술 개발이 목적이라면 기술적 우수성과 차별성에 중점을 두는 방식으로 사업계획서의 초점을 조정해서 작성한다. 사업추진 시 계획에 미치지 못하는 매출과 영업이익이 발생할 경우, 재조정 계획(Rolling Plan)을 통해 사업계획서를 수정한다. 일반적으로 분기별(3개월 단위)로 검토하여 재조정하는 것이 바람직하다. 재조정의 필요는 초기 사업 매출 계획이 현실보다 과도하게 설정되어 손실 발생이 우려되기 때문이다.

3. 사업계획서 목적에 따른 분류

사업계획서는 목적에 따라 내부 운영, 외부 자금 조달, 인·허가, 기술평가, 대외 업무 및 기타용도 등에 따라 분류할 수 있다. 예를 들어 금융권 대출이 목적이라면 재무 추정치와 변제 가능성 및 담보물 등에 대한 내용이 작성되어야 한다. 일반 투자라면 투자유인이 목적이므로 자본공모에 관한 관계법을 확인하고 전문가의 도움을 받을 필요가 있다. 개인 투자자라면 수익성, 투자 규모 및 자금의 사용처, 경영자의 능력이나 기술 특허 등을 사업계획서에서 강조한다.

사업계획서 목적별 종류

목 적	내 용	사업 계획서 형태
사내 운영 계획	① 1년 단위, 운영 검토	비정형 형태
외부 자금 조달	① 투자유치: 벤처캐피탈, 엔젤투자자, 주식공모 등 IR ② 금융기관 대출 신청	비정형

목 적	내 용	사업 계획서 형태
외부 자금조달	① 정책 자금(융자, 출연) 신청 ② 기술/신용 보증 신청 ③ 은행자금(신용조사)-정책자금(융자, 출연) 신청	정형
인·허가	① 각종 사업 승인 및 인·허가 신청	정형 형태
기술 평가	① 기술 담보가치 평가 신청 ② 기술 가치 평가 신청 ③ 벤처 기술평가/이노비즈 기업평가/ 기술연구소 설립 신청 ④ 코스닥 예비심사 평가 신청	정형
대외 업무	① J/V 사업제안, 전략적 제휴, M&A ② 가족회사 등록 또는 백화점 입점 ③ 공공기관 입찰 및 등록 ④ 대리점, 가맹점 모집	비정형
기타	① 벤처빌딩 및 정부 기관, 보육센터 등 입주 ② 창업 경진대회 등 참여	정형

4. 사업계획서 작성 시 주요 고려 사항

❶ 고객 중심적 접근

사업의 성공은 궁극적으로 고객의 선택에 달려 있으므로, 고객 관점에서 시장과 제품을 분석하는 것이 중요하다. 고객이 해당 제품이나 서비스를 선호하는 이유와 구매 결정 요인을 명확히 제시해야 한다. 시제품을 통한 고객 반응 조사, 시장 테스트 결과, 사용자 경험 분석 등 구체적이고 객관적인 근거를 바탕으로 고객 가치를 설득력 있게 전달해야 한다.

❷ 투자 타당성 제시

투자자들은 사업의 수익성과 지속가능성에 가장 큰 관심을 갖는다. 투자 대비 수익이 실질적으로 창출될 수 있는 객관적인 근거와 데이터를 제시하고, 투자금 회

수 시점과 방법을 명확히 설명해야 한다. 또한 투자 위험 요소와 이에 대한 대응 방안을 제시함으로써 투자자의 신뢰를 얻을 수 있다.

❸ 수익성 전망

구체적이고 현실적인 재무 전망을 통해 사업의 수익구조와 성장 가능성을 제시해야 한다. 매출, 비용, 이익 등 주요 재무제표의 추정치와 산출 근거를 명확히 기술하고, 이를 통해 이해관계자에게 기업의 미래 비전과 가치를 효과적으로 전달해야 한다.

❹ 일관성과 현실성

사업계획서 내의 모든 자료와 수치는 일관성을 유지해야 하며, 특히 매출액이나 시장 점유율 예측이 지나치게 낙관적일 경우 이에 대한 합리적 근거를 제시해야 한다. 경쟁 환경을 과소평가하는 것보다는 객관적으로 분석하고 이에 대한 차별화 전략을 제시하는 것이 더 설득력이 있다. 경쟁이 심화된다는 것은 해당 시장이 성장하고 있다는 반증이 될 수 있으므로, 이를 기회 요인으로 접근하는 시각도 필요하다.

❺ 작성 원칙

사업계획서 작성 시 검증된 데이터와 사실에 기반하여 작성하며(객관성: Objectivity), 사업의 핵심 가치와 차별화 요소를 명확하게 전달해야 한다(명확성: Clarity). 복잡한 내용도 간결하고 이해하기 쉬운 언어로 표현하여 다양한 이해관계자가 쉽게 이해할 수 있도록 기술하고(단순성: Simplicity), 사업계획서 전체에 걸쳐 논리적 일관성과 내용적 통일성을 유지해야 한다(일관성: Consistency). 그리고 기존 사업이나 경쟁업체와 구별되는 독특한 가치와 경쟁우위 요소를 효과적으로 부각 시켜야 한다(독창성: Novelty).

5. 사업계획서 작성의 단계별 추진 내용

단 계	추진방향	세부내용
조사/분석 단계	외부 환경조사	① 시장 규모 및 전망 ② 동종업계 경쟁 현황 ③ 시장 점유율 및 상대 시장 점유율 ④ 시장 진입 가능성(진입장벽 포함)
	내부 환경 조사	① 자금 조달 능력 ② 기술 경쟁력 ③ 상품/품질 경쟁 우위 ④ 경영자의 경영 능력
	사업전략 수립	① 차별화 전략 ② 경쟁 우위의 지속성 ③ 집중화/다각화 전략 ④ 투자 규모의 적정화
사업 계획 단계	운영계획	① 사무실 입점, 점포 계획 ② 공장입지/시설투자 계획 ③ 원부자재 조달 계획 ④ 조직/인적자원계획 ⑤ 생산/판매계획 ⑥ 일정 및 운영계획
	재무계획	① 소요자금 계획 ② 일정별 자금조달계획
사업 타당성 계획	추정 재무제표	① 추정 대차대조표 ② 추정 손익계산서 ③ 추정 현금흐름표
	사업성 분석	① 재무분석 ② 손익분가점 ③ 경제성 및 타당성 분석

6. 사업 준비 단계의 사업계획서 작성 순서

❶ 전체 목차 구성

사업의 특성과 목적에 맞는 구체적인 목차를 설계한다. 비정형 사업계획서의 경우, 회사 소개, 제품 설명, 서비스 흐름 등 핵심 요소를 중심으로 목차를 구성한다. 정형화된 사업계획서는 필요한 자료와 내용을 사전에 파악하여 요구되는 양식에 맞추어 체계적으로 구성한다.

❷ 자료 조사와 분석

제품 및 서비스와 관련된 시장 규모, 성장률, 경쟁 현황, 기술 동향, 고객 요구사항 등을 철저히 조사하고 분석한다. 이를 바탕으로 사업의 구체적인 방향과 전략을 수립하고, 목표 고객층을 세분화하여 맞춤형 가치 제안과 실행 계획을 수립한다.

❸ 투자 비용분석

초기 투자 규모, 연도별 매출 계획, 운영 비용, 인건비, 마케팅 비용 등을 상세히 분석하여 재무적 타당성을 검증한다. 현금흐름 예측, 손익분기점 분석 등을 통해 사업의 수익성과 지속가능성을 평가하고, 문제점이 발견될 경우 실행 계획을 수정하여 목표 달성 가능성을 높인다. 이러한 과정을 반복하여 최적화된 사업계획을 도출한다.

❹ 사업계획서 내용 작성

목차의 순서보다는 논리적 흐름과 내용의 일관성을 우선시하여 작성한다. 사업의 핵심 가치와 차별화 요소를 중심으로 사업계획서의 각 부분이 유기적으로 연결되도록 구성하고, 필요에 따라 유사 산업이나 관련 분야의 우수 사례를 참고하여 내용을 보완한다. 작성 후에는 전체 내용을 검토하여 논리적 일관성과 연결성을 확보하고, 사업의 특성과 목적을 고려하여 적절한 형식과 디자인을 적용한다.

7. 사업 계획서의 구성도

모든 기업과 사업은 고유한 특성과 가치를 가지고 있으므로, 사업계획서 역시 획일적인 형태보다는 각 사업의 특성을 최적으로 반영하는 맞춤형 구성이 바람직하다. 사업의 핵심 경쟁력이나 중요한 이슈를 강조하기 위해 특정 부분을 확장하거나 별도의 부록과 데이터를 첨부할 수 있다. 또한 기업의 장점, 보유 특허, 우수한 기술력과 인적자원 등 차별화된 경쟁 우위 요소를 효과적으로 부각시키는 방식으로 사업계획서를 구성해야 한다. 경영전략 이론가 케네스 앤드루스(Kenneth Andrews)가 '세상에 똑같은 기업은 없다'고 언급했듯이, 모든 사업과 기업은 고유한 정체성을 가지고 있으며, 이러한 특성이 사업계획서에도 반영되어야 한다.

다음은 일반적인 사업계획서의 구성에 관한 내용이다.

사업계획서 구성 내용

소개의 구성	분석의 구성	계획의 구성	수익의 구성
회사명/경영자 제품명/기능, 용도 비즈니스 모델 서비스, 기술 역량 인적 구성 및 조직	시장/고객의 정의 기술/서비스 설명 국내외 경쟁 현황 상권/입지 분석 관련 법률, 정책조사	사업 미션 및 비전 투자 및 자금흐름 생산 및 생산관리 마케팅/영업 조직 및 운영전략 특허전략	매출액 비용 및 손익 자금수지 현금흐름 투자회수
사업 추진체계 수립	**사업환경 분석**	**사업 방향 예측**	**사업 목표 수립**

8. 사업계획서 작성을 위한 자료 조사 및 수집

사업계획서 작성을 위해서는 산업계 전체 동향과 같은 거시적인 자료와 서비스 경쟁 분야와 같은 세부적 미시 자료들이 수집되어야 한다.

사업 계획서 작성을 위한 자료 조사 및 수집 내용

사업 구성 분야	조사 및 수집 내용	
1. 제품이나 서비스	①제품 개요 ③비즈니스 모델 ⑤경쟁 혹은 유사 제품 ⑦핵심경쟁력 혹은 경쟁우위 ⑨기술 특화 전략 혹은 특허	②사업의 필요성 혹은 배경 ④사업 전망 혹은 강점(제도, 정책) ⑥제품 차별화 ⑧사업의 성공 요소 ⑩지속적 우위전략

사업 구성 분야	조사 및 수집 내용	
2. 시장조사 및 환경분석	① 거시적 환경 분석(제도, 정책, 사회, 기술) ② 산업환경(공급자, 구매자, 대체제, 수입완제품) ③ 경쟁(제품, 경쟁제품) ⑤ 내부역량(자사) ⑦ 지식재산권 분석 ⑨ 시장규모, 점유율	 ④ 고객(타깃층, 구매자/사용자 구분) ⑥ 영업환경(포지셔닝) ⑧ 사업허가(인,허가, 인증, 지원제도) ⑩ 수요 예측(예상 판매량 및 매출)
3. 상권, 입지 분석	① 상권 범위 확정 ③ 도로 교통 현황 ⑤ 업종 분포 현황 ⑦ 상권 입지 업종 분석 ⑨ 예정 점포 입지 분석	② 상권 통계 현황(향후 건설분 포함) ④ 주변 시설 현황 ⑥ 통행량 현황 ⑧ 주변 경쟁업체 분포 ⑩ 점포 권리/투자분석
4. 투자계획	① 사업장(공장, 대라점) 비용 ③ 비품 구입 ⑤ 홍보, 광고. 판촉물 구입 ⑦ 기타 운영비	② 시설 비용(내부공사 등) ④ 초도 상품(재료) 구입 ⑥ 가맹점, 대리점 가입계획
5.관리(운영)계획	① 메뉴 혹은 서비스계획 ③ 조직 및 인원계획 ⑤ 생산(외주포함) 계획 ⑦ 현금흐름 계획	② 마케팅 계획 ④ 구매(조달) 계획 ⑥ 홍보, 광고, 판촉 계획
6.재무분석 및 계획	① 매출계획 ③ 수익계획 ⑤ 자금수지 계획 ⑦ 투자분석	② 원가 및 비용 계획 ④ 손익분기점 계획 ⑥ 현금흐름분석

9. 사업계획서 작성 후 검토 사항

❶ 제품/서비스 판매 적합성

사업계획서에서 가장 중요한 부분은 고객이다. 모든 검토 사항은 '고객의 시선'에서 바라보아야 한다. 제품이나 서비스를 공급하는 기업의 입장이 아닌 수요자의 입장에서 고객의 관심사(소비자 요구와 필요)를 반영하고 있는지를 검토하고, 수요자 중심의 시각에서 제품 개발과 서비스 제공을 위한 전략을 마련하는 것이 중요하다.

❷ 경쟁 환경 분석

경쟁이 많을수록 시장이 성장하고 제품의 수요가 늘어난다는 것은 경영학적 원리이다. 경쟁업체보다 먼저 살펴야 할 것은 제품의 수요곡선, 즉 제품 수명주기(Product Life Cycle)이다. 제품 수요가 시장에서 도입기인지, 성장기인지, 성숙기인지, 쇠퇴기인지를 분석해 보아야 한다. 성숙기나 쇠퇴기에 진입하면 시장이 포화되어 제품 진입이 어렵고 유지 기간이 짧아진다. 성숙기 초기라면 경쟁사와 차별화된 전략을 통해 홍보와 광고에 집중해야 한다. 자본이나 투자 규모면에서 열세라면 틈새시장을 공략하는 것이 유리할 수 있다.

❸ 법률적 위험 검토

제품이나 서비스 제공 시 법적 문제가 없는지 검토가 필요하다. 빠르게 변화하는 시장 환경에 따라 법적 규제도 변화하므로, 사업 검토 단계에서 관련 법률이나 제도 등을 자세히 파악해야 한다. 특히 ESG 관련 규제나 탄소국경조정세도(CBAM: Carbon Border Adjustment Mechanism)와 같은 국제 기준 준수 요구사항 등에 대한 지속적인 모니터링을 통해 산업 환경 및 시장 변화에 탄력적으로 대응할 수 있어야 한다.

❹ 투자 규모의 적정성

사업을 위한 투자유치는 점점 더 어려워지고 있다. 투자 규모는 한정되어 있는 반면, 투자가 필요한 기업은 많아지고 있기 때문이다. 사업 초기에 투자금 규모를 잘못 산정하여 자금이 부족해지면, 추가 자금 유치 시 더 큰 어려움에 직면할 수 있다. 일반적으로 최소 1년 이상의 운영자금을 미리 확보하고 시작하는 것이 안전하다.

❺ 운영 실행 가능성

기업의 핵심역량과 연계되는 인적자원, 특허, 기술 노하우 등 기업의 핵심 자원이 사업 운영을 지속적으로 뒷받침할 수 있는지 확인해야 한다. 기업 성장을 위한 역량을 구축하고 활용하는 것은 경영자가 갖추어야 할 중요 능력이다.

❻ 매출과 이익 추정의 현실성

사업계획서에서 비현실적인 매출 예측은 신뢰도를 떨어뜨린다. 매출과 이익 산정은 현실적이면서도 성장 가능성을 보여주는 방식으로 작성되어야 한다. 지나치게 낙관적인 매출계획은 사업계획서 전체의 신뢰도를 훼손하고, 투자자들이 추가 검증을 요구하게 만든다.

10. 사업계획 수립과 타당성 분석

사업성 분석은 시장성 분석, 기술성 분석, 수익성 분석 등으로 이루어지며, 이들은 서로 밀접하게 연관되어 있다. 시장성은 제품에 적용되는 기술성에 영향을 미치고, 기술성은 수익성과 직결된다. 결국 시장의 가격은 수익성으로 연결되어 사업 타당성을 평가하는 핵심 요소가 된다.

■■ 사업의 시장성, 기술성, 수익성 분석의 관련성

11. 경영 분석

경영 분석은 정량적 요소와 정성적 요소를 균형 있게 고려해야 한다. 정량적 분석은 수치로 표현될 수 있는 재무성과, 매출, 시장 점유율 등을 다루며, 정성적 분석은 브랜드 가치, 조직문화, 고객 만족도 등 수치화하기 어려운 요소를 포함한다.

특정 요소만 고려할 경우 불완전한 평가가 이루어질 수 있으므로, '나무만 보고 숲을 보지 못하는' 오류를 방지하기 위해서는 종합적 관점에서 판단해야 한다. 개별 평가 요소의 성과가 우수하더라도 전체적인 경영 상태와 일치하지 않을 수 있으므로, 다양한 분석 도구와 관점을 활용하여 전체적인 경영 상황을 균형 있게 평가해야 한다.

■ 경영분석 내용

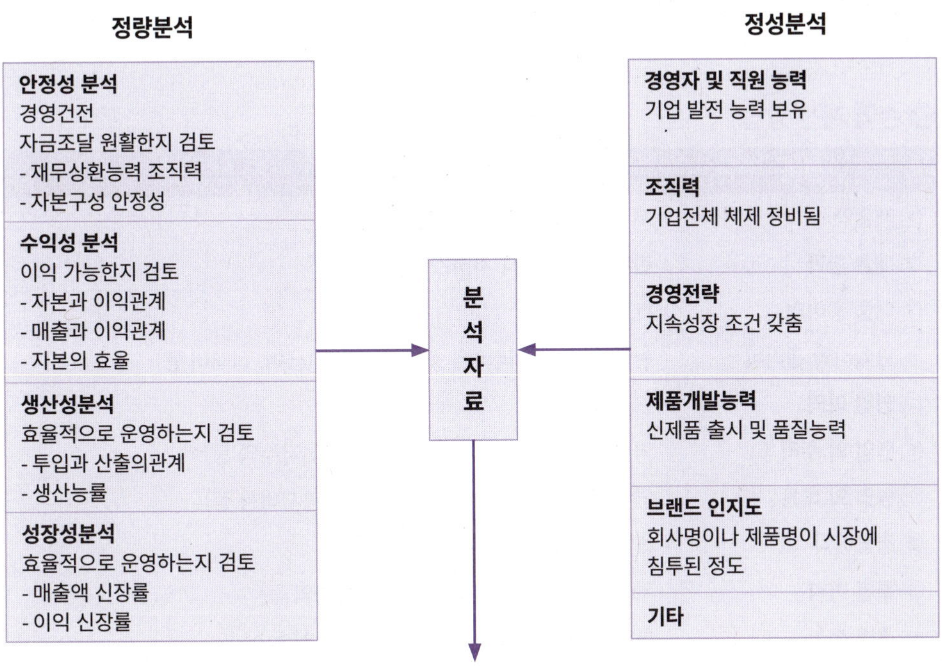

전제 평가	강점, 약점, 경쟁 비교, 경영상 문제점 , 장래성 평가
개인종합판단	개인이 주목하는 곳에 따라 평가가 달라진다. 특히정량화 할 수 없는 부분의 평 가가 주관적이 된다.

자료: 재무분석테크닉73, 사토유이치, 2005.

12. 손익 계산서 작성 방법

손익 계산서는 일정 기간(보통 1년) 동안의 기업 경영 성과를 표시한 재무제표로, 수익과 비용의 차이를 통해 순이익 또는 순손실을 나타낸다.

❶ 손익계산서 작성 절차

손익계산서의 작성을 통해 기업의 수익성, 비용 구조, 이익 창출 능력을 파악하고, 이를 바탕으로 효과적인 사업 운영 전략을 수립할 수 있다.

항목	내용	비고
① 매출	제품별 판매액의 총합계	제품, 서비스 등 총합
② 투자	유형별 유형자산, 무형자산	감가상각, 연구개발비
③매출원가	재료비, 노무비, 제조 경비(외주비)포함	재고계획(제품, 부품, 원재료)
④판매관리비	판매비(급여 포함), 일반관리비	퇴직충당금
⑤영업외손익	이자수익, 이자 비용	현금흐름 추정, 차입금 계획
⑥순이익	특별손익, 법인세 외	

❷ 손익 계산 방법

항목	내용
① 매출액	제품이나 서비스 판매 총합계 금액
② 매출 원가	판매한 제품이나 서비스의 원가
③ 매출 총이익	(1)-(2)
④ 판매비와 관리비	판매와 일반 관리비에 소요되는 비용(급여, 접대비 등)
⑤ 영업 이익	(3)-(4)
⑥ 영업 외 수익	영업과 관련 없이 늘 발생하는 수익(이자수익 등)
⑦ 영업 외 비용	영업에 관련 없이 늘 발생하는 비용(이자비용 등)
⑧ 경상이익	(5)+(6)-(7)
⑨ 특별 이익	특별한 경우에 발생하는 이익(보험차익 등)
⑩ 특별 손실	특별한 경우에 발생하는 손실(재해손실 등)
⑪ 법인세 비용 차감 전 순이익	(8)+(9)-(10)
⑫ 법인세 비용	법인세, 주민세, 농특세 등 발생액
⑬ 당기순 이익	(11)-(12)

13. 대차대조표

대차대조표(Balance Sheet. B/S)는 특정 시점의 재무 상태를 나타내는 회계 보고서로, 일반적으로 '재무상태표'라는 명칭으로 사용되기도 한다. 재무 상태란 기업이 자금을 어떻게 조달하고 운영하는지를 보여주는 것으로, 자산, 부채, 자본의 구성과 관계를 통해 표현된다.

대차대조표는 항상 '자산=부채+자본'이라는 회계 등식을 기반으로 작성되며, 다음과 같은 구조로 이루어진다.

- 차변(대차대조표의 왼쪽): 자산 – 기업이 보유한 경제적 자원으로, 현금, 유가증권, 재고자산, 유형자산, 무형자산 등으로 구성된다. 이는 주주와 채권자로부터 조달된 자본이 현재 어떤 형태로 운용되고 있는지를 보여줌으로써 경영활동을 파악할 수 있도록 한다.
- 대변(대차대조표의 오른쪽): 부채와 자본 - 자산의 조달 원천을 나타내며, 부채는 외부에서 빌린 자금(차입금, 미지급금 등)을, 자본은 주주가 투자한 자금과 누적된 이익잉여금을 표시하여 재무 활동을 파악할 수 있도록 한다.

대차대조표는 투자자, 채권자, 경영진 등 다양한 이해관계자가 기업의 재무 건전성, 유동성, 부채 상환 능력, 자본 구조 등을 평가하는 중요한 도구이다.

❶ 대차대조표 계정 구성

대차대조표 계정

자산	유동자산	대차대조표 작성 시점을 기준으로 1년 이내 현금화 가능한 자산 1)당좌자산: 현금이나 그 밖의 지급 수단으로 이용될 수 있는 형태의 자산(유가증권, 매출채권, 현금과 예금 등) 2)재고자산: 생산 또는 판매 과정을 거쳐야 현금화가 가능한 자산(제품, 원재료 등)

<table>
<tr><td></td><td>비유동
(고정)자산</td><td>대차대조표 작성 시점을 기준으로 1년 이후에 현금화 가능한 자산
1)투자자산: 장기적인 투자수익을 목적으로 보유하고 있는 자산(정기예금, 투자유가증권 등)
2)유형자산: 장기간에 걸쳐 영업활동에 사용할 목적으로 보유하는 물리적 형체가 있는 자산(토지, 건물, 기계장치 등)
3)무형자산: 장기간에 걸쳐 영업활동에 사용할 목적으로 보유하는 물리적 형체가 없는 자산(영업권, 산업재산권, 개발비 등)
4)이연자산: 특정 지출로 인한 수익이 장래에 발생할 것으로 예상되는 경우, 당기 비용으로 처리되지 않고 자산으로 계상하여 장기적으로 상각하는 자산(창업비, 개업비, 신주발행비, 사채발행비 등)</td></tr>
<tr><td rowspan="2">부채</td><td>유동부채</td><td>1년 이내 상환기한이 도래하는 단기채무(매입채무, 단기차입금)</td></tr>
<tr><td>비유동
(고정)부채</td><td>1년 이후 상환기한이 도래하는 장기채무(장기차입금, 퇴직급여충당금 등)</td></tr>
<tr><td rowspan="4">자본</td><td>자본금</td><td>기업이 주식의 발행으로 직접 조달한 자금의 액면 총액(보통주자본금, 우선주자본금)</td></tr>
<tr><td>자본잉여금</td><td>기업의 영업활동이 아닌 주주와의 자본거래에서 발생한 잉여금으로 주주가 납입한 투자금 성격(주식발행초과금, 자기주식처분이익, 감자차익(기업이 자본 감소를 결정하고 주식의 액면가를 줄였을 때 발생하는 차익) 등)</td></tr>
<tr><td>이익잉여금</td><td>기업 영업활동으로 발생한 순이익이 매년 누적된 것으로 주주에게 배당으로 지급되지 않고 재투자되거나 유보된 재원(법정적립금, 임의적립금, 미처분이익잉여금)</td></tr>
<tr><td>자본의
조정</td><td>기업이 주식 발행 시 액면 이하로 들어오거나, 자기주식 보유로 자본을 차감할 때 표시하는 자본의 감소 계정(주식할인발행차금, 감자차손(자본 감소 과정에서 주식의 액면가를 줄이면서 발생하는 손실), 자기주식, 자기주식처분손실, 미교부주식배당금 등)</td></tr>
</table>

❷ 대차대조표 작성 절차

항목	내용	비고
① 손익	당기순이익	손익계산서
② 자본금	자본금계획, 증자계획	투자유치계획
③ 차입금	단기차입금, 장기 차입금	손익계산서
④ 현금유입/유출	매출채무, 매입채무	예수비용, 선급비용
⑤ 투자	투자자산, 유형자산, 무형자산	감가상각비
⑥ 재고	제품 재고, 원재료 재고	손익계산서
⑦ 당좌자산	기타 당좌자산, 현금 및 예금	현금흐름표

02. 사업계획서 작성 방법

1. 사업 요약

사업 요약(Executive Summary)은 사업계획서의 핵심 내용을 압축적으로 제시하는 부분으로, 전체 계획의 개요를 빠르게 파악할 수 있도록 간략하게 구성해야 한다. 특히 투자자들이 가장 먼저 읽는 부분이므로 명확하고 설득력 있게 작성해야 한다.

❶ **사업 목표**(3W: Who, What, How 원칙): 제품/서비스를 이용할 주요 목표 고객층을 정의(Who)하고, 고객에게 제공할 제품/서비스와 해결할 문제를 제안하며(What), 가치를 창출하고 수익을 실현하는 비즈니스 모델(How)을 명확히 제시한다.

❷ **시장 전망**: 기업이 진입하려는 시장에 대한 정보로 시장 트랜드와 성장 추이, 전체 시장 규모, 실제 진출 가능한 목표 시장 규모, 단기간 내 점유 가능한 시장 규모, 향후 3-5년 간의 시장 수요 전망 등을 포함한다.

❸ **기술 설명**: 제품/서비스에 적용되는 기술의 내용으로 핵심 기술의 목적과 주요 기능, 기존 기술 대비 차별화 요소와 혁신성, 현재 기술 개발 단계 및 완성도, 향후 기술 발전 방향 및 로드맵, 지식재산권 보호 현황 또는 계획 등을 포함한다.

❹ **투자금액**: 전체 사업에 필요한 자금과 그 활용 계획을 기술한다. 대표적으로 총 소요 자금액과 단계별 투자 계획, 자금 사용 항목별 구체적인 내용(연구개발, 설비, 인력, 마케팅 등), 자금 조달 방법(자기자본, 융자, 투자 유치 등), 투자 회수 계획 및 예상 시기 등을 명확하게 제시한다.

❺ **매출 및 이익계획**: 향후 3개년의 재무 계획으로 연도별 예상 매출액 및 성장률, 손익 전망과 수익성 지표(영업이익률, 순이익률 등), 매출 및 이익 달성의 근거와

전제 조건, 손익분기점 도달 시점 등을 제시한다.

❻ 핵심역량: 기업의 경쟁우위를 뒷받침하는 핵심 자산으로 경영진의 전문성과 산업 경험, 보유한 핵심 기술과 노하우, 주요 전략적 파트너십 및 협력 관계, 특화된 비즈니스 모델 또는 프로세스, 특허, 상표권, 저작권 등 지식재산권 현황 등에 대해 설명한다.

2. 기업소개

❶ 기업개요

기업의 기본 정보와 핵심 가치를 명확하게 제시한다. 기업명 및 법적 형태(주식회사, 유한회사 등), 대표자 성명 및 주요 경력, 설립 일자 및 연혁, 자본금 규모 및 변동 사항, 최근 3개년 매출액 및 성장 추이, 조직 구조와 부서별 주요 업무, 연락처 정보(주소, 이메일, 전화번호, 홈페이지 등), 기업의 비전(미래 지향점) 및 미션(기업의 존재 목적) 등을 기술한다.

❷ 기업연혁

기업의 성장 과정과 주요 성과를 시간 순으로 정리한다. 연도별 주요 제품 출시 및 서비스 출시 현황, 현재 제공 중인 전체 제품/서비스 라인업, 경영진 변동 사항(역대 대표이사 및 주요 임원진), 타 기업과의 제휴 및 파트너십 체결 내역, 주요 인증 및 자격 획득 내역(ISO, 벤처기업 인증 등), 중요한 투자 유치 또는 M&A 활동 등에 대해 기술한다.

❸ 기업조직

기업의 구조와 인적 자원을 체계적으로 설명한다. 조직도, 인원 현황(부서별/직급별 인원 구성과 향후 1년 내 충원 계획 등), 경영진과 임원진(담당 업무, 전문성, 주요 경력 등), 핵심 기술진(R&D인력의 전문성, 자격증, 주요성과 등), 의사결정 프로세스 및 책임 소재 등을 포함한다.

❹ 자본금 및 주주의 구성

기업의 자본 구조와 소유관계를 명확히 제시한다. 대표적으로 자본금 변동 내역과 증자 이력, 주주구성(주주 지분율과 변동 추이), 주요 주주 인적 사항(보유 지분 및 투자 시기 등), 우호 지분 현황 등이 포함된다.

❺ 재무 현황

기업의 재무적 성과와 건전성을 객관적으로 제시한다. 최근 3개년의 주요 재무지표(매출액, 영업이익, 당기순이익), 자산, 부채, 자본의 변동 추이, 주요 재무비율(유동비율, 부채비율, 투자수익률 등), 향후 재무 목표와 전망 등을 표와 그래프 등으로 시각화하여 나타낸다.

❻ 협력사 현황

기업의 외부 네트워크와 사업 생태계를 설명한다. 대표적으로 주요 판매처(고객사 목록, 거래 규모, 계약 기간 등), 주요 구매처(공급업체 목록 및 구매 품목 등), 분야별 전략적 제휴관계(기술, 마케팅, 유통 등), 외부 네트워크(자문위원 및 기술고문 등), 대학 및 연구기관과의 산학협력 현황 등을 포함한다.

❼ 기타 사항

기업의 신뢰와 역량을 증명하는 추가 정보로 벤처기업/이노비즈 인증 현황, 기업부설 연구소 설립 및 운영 현황, 특허 등 지식재산권 보유 현황, 제품 및 기술 관련 인증 획득 내역, 수상 경력 및 정부 지원 사업 선정 실적, 사회공헌 활동 내역 등을 제공한다.

3. 사업개요

❶ 사업개요

사업의 핵심 내용을 간결하게 요약한다. 주요 제품/서비스 라인업과 특징, 핵심 적용 기술과 혁신 요소, 총사업 투자 규모 및 단계적 투자 계획, 사업의 차별화 및 경쟁우위 등의 내용을 정리한다.

❷ 사업목적

사업을 통해 달성하고자 하는 궁극적인 목표를 명확히 제시한다. 대표적으로 사업을 통해 충족시키고자 하는 고객 요구, 기업의 미션 및 비전과의 연계성, 경제적·사회적 가치, 중장기적 사업 발전 방향 등이 포함된다.

❸ 사업 내용과 영역

사업의 범위와 주요 내용으로 사업의 필요성(시장 문제점과 기회 요인), 기대효과, 기존 사업과 신규 사업 간 연계성, 사업 영역의 단계적 확장 계획, 사업 수행을 위한 핵심 프로세스 등을 구체적으로 설명한다.

❹ 사업 배경

사업을 시작하게 된 배경과 시기적 적절성을 설명한다. 특히 시장 환경의 변화와 기회 요인, 사업추진의 시급성과 이유, 사회적·기술적·경제적 트렌드와의 연관성, 기존 시장의 한계점 및 해결 방안, 경쟁 상황과 시장 진입의 전략적 중요성 등에 대해 기술한다.

❺ 사업 혹은 제품개발 방향

사업과 제품의 로드맵을 구체적으로 제시한다. 연도별·단계별 사업 확장 및 제품 개발 계획, 단계별 정량적 목표(매출, 시장 점유율 등), 제품/서비스 라인업 확장 및 고도화 방향, 기술 발전에 따른 제품 향상 계획 등을 기술한다.

❻ 사업의 성공 요인

사업 성공을 뒷받침할 핵심 요소를 분석한다. 사업전략의 적합성, 제품/서비스의 우월성(기술적 우위성, 가격 경쟁력, 사용자 경험 등), 마케팅 전략의 효과성(브랜드 전략, 목표 고객 접근성 등), 성공 실행 역량(자원확보 능력, 전문성 등) 등에 대한 분석을 수행한다.

❼ 핵심역량

기업의 지속 가능한 경쟁 우위를 창출하는 내부 역량으로 독자적 기술력이나 노하우, 브랜드 가치, 효율적 운영 시스템, 핵심 인재와 조직문화, 차별적 비즈니스 모델, 특허 등 지식재산권 등에 대해 설명한다.

❽ 사업전략

목표 달성을 위한 구체적인 전략으로 제품/서비스 전략, 시장 진입 및 확장 전략, 마케팅 및 판매 전략, 운영 전략 등에 대해 연도별 전망 및 정량적 지표를 제시하고 예상되는 위험 관리 방안을 모색한다.

❾ 사업 목표

구체적이고 측정 가능한 사업 목표를 제시한다. 대표적으로 매출액, 시장 점유율, 고객 수, 투자수익률 등의 정량적 목표와 브랜드 인지도, 고객 만족도, 기술력 확보 등과 같은 정성적 목표, 그리고 연도별·단계별 목표 달성 전략과 핵심 성과 지표 등을 포함한다.

4. 제품 및 기술 현황

❶ 제품 개요

제품의 기본 특성과 용도를 명확히 설명한다. 제품의 주요 모델, 제품 디자인과 주요 특징, 제품의 주요 활용 분야, 제품 사용 환경 및 조건 등 개략적인 내용을 요약하여 제시한다.

❷ 제품구성

제품을 구성하는 요소들로 주요 부품 및 구성품 목록, 핵심 원재료와 조달 방법, 제품 규격 및 사양, 옵션 구성 등에 관한 정보를 체계적으로 설명한다.

❸ 제품특징

제품의 경쟁 우위와 차별화 요소로 경쟁 제품 대비 성능· 기능상 경쟁력, 사용자 경험 요소, 가격 대비 가치, 기술적 혁신성과 독창성, 제품의 확장성 및 호환성 등을 강조한다.

❹ 제품효과

제품 사용을 통해 얻을 수 있는 효과를 정략적으로 제시한다. 대표적으로 시간· 비용 절감 효과, 인력 효율화, 에너지· 자원 절약 효과, 투자수익률 등에 대해 기술한다.

❺ 제품기술

제품에 적용된 기술과 향후 기술 개발 계획을 설명한다. 특히 현재 보유· 적용 중인 핵심 기술, 기술 발전 단계, 기술 개발 로드맵, 특허 등 지식재산권 보호 현황, 기술 경쟁력 R&D 전략 등에 대해 기술한다.

❻ 구현시스템

제품/서비스 구현을 위한 시스템 구성을 설명한다. H/W 및 S/W 구성, 시스템 작동 절차 및 프로세스 흐름도, 시스템 확장성·안정성·보안성 확보 방안 등에 대해 설명한다.

5. 시장 환경분석의 작성 방법

❶ 시장 현황

목표 시장의 전반적인 상황을 객관적인 데이터를 기반으로 설명한다. 시장의 발전 추이, 주요 시장 참여자와 경쟁 구도, 주요 트렌드와 특성, 시장 성숙도 단계 등을 전문기관의 시장 분석 자료를 참고하여 기술한다.

❷ 시장 규모

전체 시장 및 목표 시장의 크기와 성장성을 구체적인 수치로 제시한다. 대표적으로 전체 시장 규모, 실제 진출 가능한 목표 시장 규모, 단기간 내 진입 가능한 시장 규모, 연평균 시장 성장률, 시장 점유율 및 상대적 위치 등을 계량적 자료로 나타낸다.

❸ 시장 전망

향후 시장 변화와 성장 가능성을 분석한다. 대표적으로 기술 발전에 따른 향후 3-5년 간의 시장 변화 및 성장 예측치, 성장 촉진 및 저해 요인, 정책 및 규제 환경 변화, 소비자 행동 변화 추세 등을 포함한다.

❹ 시장 점유율 및 상대 시장 점유율

현재 및 목표 시장 점유율을 분석한다. 현재 기업의 시장 점유율 및 주요 경쟁사의 시장 점유율 변동 추이, 향후 3-5년 간의 목표 시장 점유율, 점유율 목표 달성을 위한 단계별 전략 및 접근법 등에 대해 기술한다. 상대시장 점유율은 현재 동일시장에서 가장 시장 점유율이 큰 업체와의 점유율을 비교하여 목표달성 가능성을 확인한다.

❺ 경쟁 현황

경쟁 환경을 종합적으로 분석하고 대응 전략을 수립한다. 주요 경쟁사 규모 및 주요 제품/서비스 분석(기술, 품질, 가격 등), 경쟁 강도 및 시장 진입장벽 분석, 경쟁 우위 확보 및 차별화 전략, 잠재적 경쟁사 및 대체재 위협에 대한 대응 방안을 기술한다.

❻ SWOT 분석

기업의 내부 역량과 외부 환경을 종합적으로 분석하여 강점(Strengths)은 최대화하고, 약점(Weaknesses)은 최소화하며, 기회(Opportunities)는 최대한 활용하고, 위협(Threats)은 최대한 억제하는 전략을 도출한다.

강점을 가지고 기회를 살리는 공격적 SO전략, 약점을 보완하여 기회를 살리는 방향전환 WO전략, 강점을 가지고 위협을 회피하거나 최소화하는 다각화 ST 전략, 그리고 약점을 보완하여 위협을 회피하거나 최소화하는 방어적 WT전략을 수립하고, 각 전략별로 구체적인 실행 방안과 우선 순위를 설정하여 체계적인 사업추진의 기반을 마련한다.

6. 거시환경 분석

거시환경 분석은 중장기 전략 수립의 가장 기본이 되는 분석으로, 사회적 환경 분석이라고도 한다. 이는 기업의 단기적인 활동에 직접적인 영향을 미치지는 않지만, 장기적으로 기업환경과 해당 산업에 중대한 영향을 주는 경제, 정치, 사회, 문화, 기술적 요인을 체계적으로 분석하여 이해하는 과정이다. 거시환경 분석의 주요 목적은 기업 활동에 큰 영향을 미치는 동인(Drivers)을 파악하고, 이러한 동인이 기업의 현재와 미래에 기회와 위협요인으로 작용하는가를 분석하여 기업전략 수립의 기초 자료로 활용하기 위함이다.

❶ PEST 분석

PEST 분석은 기업을 둘러싼 거시적 산업환경을 체계적으로 이해하는 분석틀이다. 산업환경을 정치적(Political), 경제적(Economical), 사회적(Social), 기술적

(Technological) 요인으로 구분하여 분석함으로써 기업이 직면한 외부 환경을 종합적으로 이해하고 대응 전략을 수립하는 데 도움을 준다. 각 요소별 주요 분석 내용과 사례를 통해 이해도를 높이는 것이 중요하다.

PEST 분석

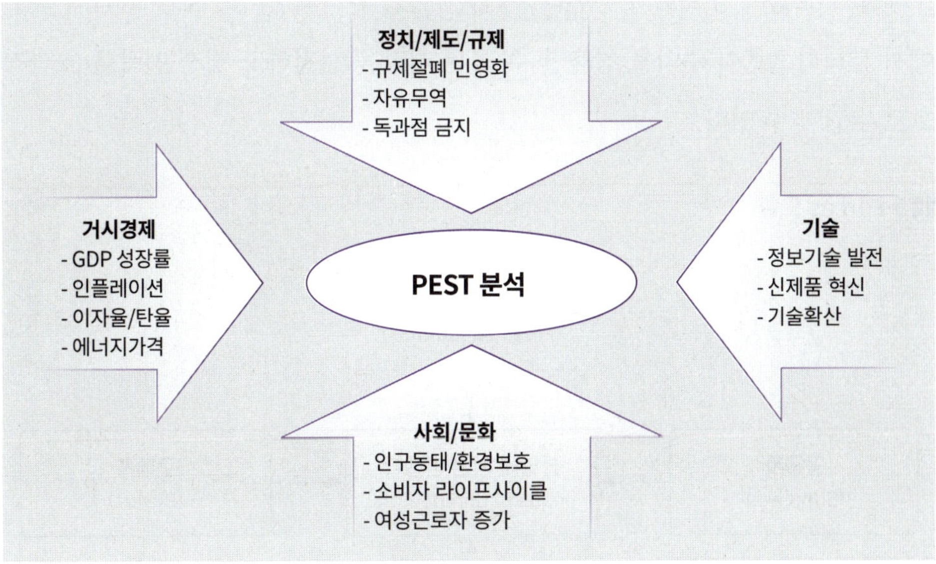

7. 산업구조 분석

산업구조 분석은 특정 산업 내의 경쟁 강도와 수익성, 그리고 산업의 구조적 매력도를 결정하는 다양한 요인들을 분석하여 기업의 과업환경을 이해하고 전략적 의사결정에 활용한다.

산업구조분석의 목적

산업구조분석의 목적	① 5가지 경쟁 요인들의 상호작용으로 경쟁의 원인과 경쟁 구도 파악 ② 5가지 경쟁 요인에 대한 이해를 통해 경쟁 요인의 경쟁 강도 파악 ③ 기업이 고려해야 할 주요 경쟁 요인 도출 ④ 산업의 이윤 잠재력, 산업의 매력도 파악 ⑤ 미래 산업환경 예측

❶ 5-Forces 모델

마이클 포터(Michael Porter)의 5-Forces 모델은 산업의 경쟁구조와 수익성에 영향을 미치는 5가지 핵심 요인을 이해하는 분석틀이다. 다섯 가지 요인은 기존 경쟁자 간의 경쟁 강도, 신규 진입자의 위협, 대체재의 위협, 공급자의 교섭력, 구매자의 교섭력 등으로 구분된다. 기업은 산업 환경의 경쟁구조를 다각적 측면에서 분석함으로써 수익을 창출할 수 있는 시장을 선점하고 경쟁 전략을 효과적으로 수립할 수 있다.

5-Forces 모델

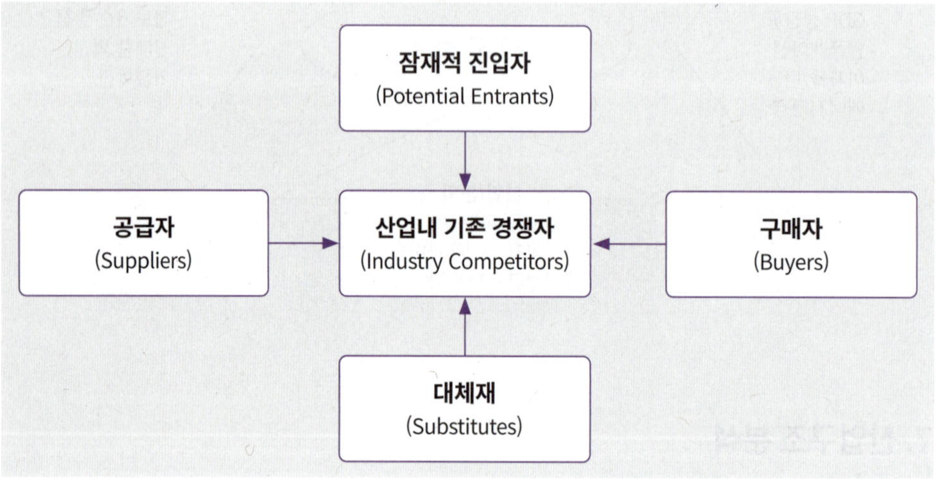

❷ 경쟁사 분석

경쟁사 분석은 항상 자사에 대한 상대적 개념으로 경쟁사에 대한 심층적 이해가 자사에 대한 이해로 이어진다는 접근법이다. 경쟁사 분석의 주요 목적은 경쟁사 대비 자사의 상대적 경쟁력을 파악하는 것으로 현재 경쟁사의 전략과 역량을 분석하고, 경쟁사의 향후 행동 및 대응 반응을 예측하여 자사의 지속적 경쟁 우위 확보를 위한 전략을 수립하기 위함이다. 효과적인 경쟁사 분석을 위해서는 경쟁사의 비즈니스 모델, 핵심 역량, 제품 특성, 가격 정책, 유통 전략 등 다양한 측면을 종합적으로 검토해야 한다.

❸ 고객분석

고객분석은 시장 변화 요인과 경쟁사 변화를 고객 관점에서 재분석하는 과정이다. 특히 정량적 데이터(시장점유율, 구매 패턴 등)와 정성적 데이터(고객 만족도, 브랜드 인식 등)를 모두 활용하여 고객이 자사의 제품을 어떻게 인식하고 평가하는지를 포괄적으로 파악함으로써, 기업은 고객 중심의 전략을 수립할 수 있다. 고객분석의 목적은 잠재 고객의 욕구와 필요성 변화를 이해함으로써 시장의 흐름에 선제적으로 대응하는 것이다. 또한 기존 제품의 시장 위상을 제고하기 위해 고객의 피드백을 분석하여 제품 개선에 반영하는 것이다. 경쟁사 대비 제품 차별화 전략을 효과적으로 수립하기 위해 고객의 가치와 경쟁 제품의 특성을 종합적으로 분석하는 것도 중요한 목적이다. 이러한 분석을 통해 기업은 고객 중심의 가치 제안을 개발하고 지속 가능한 경쟁 우위를 확보할 수 있다.

❹ 가치사슬 분석

가치사슬 분석은 기업의 활동을 전략적으로 연관성이 있는 여러 활동으로 분류하여, 비용 발생 원천과 경쟁사와의 차별화 요소를 식별하는 체계적인 분석 방법이다. 가치사슬은 기업 활동을 크게 주요 활동과 지원 활동으로 구분한다. 주요 활동에는 원자재 입고와 관련된 구매물류, 제품 생산을 담당하는 제조공정, 고객 배송을 처리하는 출하 물류, 제품 홍보 및 판매와 관련된 마케팅과 판매, 그리고 고객 지원을 담당하는 서비스가 포함된다. 또한 이러한 주요 활동을 뒷받침하기 위한 지원 활동으로는 전반적 관리 시스템을 구축하는 기업 인프라, 인재 확보와 개발을 담당하는 인적자원관리, 제품과 공정 혁신을 추진하는 기술개발, 그리고 필요 자원을 확보하는 조달 활동 등이 있다. 가치사슬 분석의 목적은 기업 전체의 비즈니스 프로세스를 체계적으로 검토하여 각 프로세스의 비용과 가치 창출 기여도를 평가하고, 각 부문이 최적으로 운영되고 있는지를 검증하는 것이다. 이를 통해 비용 절감, 프로세스 속도 향상, 운영 효율성 증대 등의 전략적 개선점을 도출하여 기업 활동의 경쟁 우위를 창출할 수 있다.

8. 제품개발 계획

❶ 개발 계획 현황

기술 개발 및 제품의 상세 내용, 필요 투자 금액, 사업화 내용, 지식재산권 보유 여부 등을 구체적으로 기술한다. 현재 기술 개발 단계와 진행 상황을 명확히 제시하여 전체적인 개발 현황을 파악할 수 있다.

❷ 개발 방향

개발 목표를 구체적이고 측정 가능한 형태로 기술하고, 중장기 개발 로드맵을 제시한다. 개발 방법과 접근 방식, 예상 개발 소요 기간을 단계별로 명확히 기술한다. 핵심 기술 요소와 이를 구현하기 위한 전략적 방향성을 포함한다.

❸ 개발인력

개발에 필요한 인력 구성과 충원 계획을 역할별로 상세히 기술한다. 주요 개발 인력의 경력, 전문성, 기술적 역량을 소개하여 개발 역량의 신뢰성을 제시한다. 외부 전문가 활용 계획이 있다면 함께 기술한다.

❹ 개발비용

개발에 소요되는 투자금액을 항목별로 구분하여 상세히 기술한다. 개발 단계별 소요 비용을 추정하고, 비용 산출 근거를 명확히 제시한다. 가능한 경우 예비비를 포함하여 현실적인 비용 계획을 수립한다.

❺ 개발일정

개발 착수부터 제품 생산, 사업화에 이르는 전체 일정을 구체적인 계획과 함께 단계별로 제시한다. 각 단계별 주요 활동과 산출물을 명확히 기술하고, 간트 차트 등 시각적 도구를 활용하여 일정을 효과적으로 전달한다.

9. 투자계획

❶ 사업장 계획

사업장 또는 공장 확보를 위한 투자 계획을 수립한다. 규모, 임대 또는 매입 여부, 소요 비용, 시설 요건 등을 구체적으로 기술하고, 입지 선정에 대한 근거를 함께 제시한다.

❷ 시설공사계획

사업장 신축, 개축 및 구축물 등 시설공사에 따른 투자금액 및 공사일정을 상세히 기술한다. 시설 설계 개요, 주요 공정, 허가 요건, 시공업체 선정 기준 등을 포함한다. 또한 공사 진행에 따른 위기관리 방안도 함께 기술한다.

❸ 설비계획

생산에 필요한 기계장치, 계측기 등 설비 구입 계획을 수립한다. 설비의 종류, 사양, 수량, 예상 비용, 주요 공급업체 정보를 기술하고, 설비 도입 시기와 설치 계획을 단계적으로 제시한다. 또한 설비 선정 기준과 기술적 요구 사항에 대해서도 명확히 기술한다.

❹ 비품계획

사무용 가구, 업무용 컴퓨터, 소프트웨어 등 운영에 필요한 비품 구비 계획을 수립한다. 항목별 소요 수량, 예상 비용, 구매 시기를 기술하고, 업무 효율성 향상을 위한 비품 선정 기준을 제시한다.

❺ 차량운반구 계획

사업 운영에 필요한 차량 및 운반 장비의 종류, 수량, 구입 또는 임대 계획, 예상 비용을 기술한다. 차량 운용 목적과 활용 방안을 구체적으로 제시한다.

❻ 기타 투자계획

특허권, 영업권, 브랜드, 소프트웨어 라이선스 등 무형자산에 대한 확보 계획 및 투자 계획을 수립한다. 무형자산의 가치와 사업에 미치는 영향, 취득 방법, 예상 비용 및 활용 전략을 상세히 기술한다.

10. 생산계획

❶ 생산공정도

주요 제품 라인의 생산 공정을 단계별로 제시한다. 단계별 공정의 목적, 투입물과 산출물, 작업 내용을 명확히 기술하고, 핵심 공정의 기술적 특징과 품질관리 및 위생관리에 대해 상세히 설명한다.

❷ 설비 설계도

공장 내 설비 배치를 도식화하여 제시한다. 생산 설비의 종류와 용도, 배치 근거, 물류 흐름 경로를 명확히 기술하고, 효율적인 생산관리 및 안전관리를 위한 설계 원칙을 설명한다.

❸ 생산계획

생산능력(인력 규모, 설비 용량 등)과 예상 가동률을 바탕으로 월별, 연도별 생산량과 생산 금액을 산출하여 제시한다. 시장 상황에 따른 수요 변동을 고려하여 생산 능력 확장 계획, 단계적 증설 방안, 생산량 조절 전략 등도 함께 기술한다.

❹ 구매/자재 계획

주요 원·부자재의 종류, 소요량, 주요 공급업체, 구입 가격 및 구매 조건 등을 상세히 기술한다. 적정 재고 수준과 재고 관리 기준(재고 일수, 안전 재고량 등)을 설정하고, 자재 조달의 안정성 확보 방안 및 공급업체 관리 전략을 제시한다.

❺ 외주계획

외주 생산을 의뢰할 내용, 대상 업체, 예상 생산 규모, 자재 제공 여부, 예상 외주 비용 등을 상세히 기술한다. 외주 업체 선정 기준과 품질관리 방안, 외주 위험관리 전략도 함께 제시한다.

❻ 품질계획

제품 품질의 목표 수준과 품질관리 체계를 기술한다. 품질관리 방법과 기준을 명확하게 제시하고, 품질인증(ISO, KS 등) 획득 계획을 수립하며, 지속적 품질 개선을 위한 활동 계획도 제시한다.

11. 조직 및 인원 계획

❶ 조직계획

조직 구조를 도식화하여 부문별 업무 범위와 인원 현황, 부서 간 업무 협력 체계와 의사결정 구조를 제시한다. 또한 현재 조직 현황과 향후 성장에 따른 인력충원 등 확장 조직도를 비교하여 조직 변화의 방향성과 특징을 설명한다.

❷ 인원 충원 및 인건비 계획

부서별, 직급별 인원 충원 계획을 단계적으로 제시하고, 이에 따른 인건비(급여, 복리후생비, 교육훈련비 등)를 연도별 추정하여 기술한다. 인력 확보 방안과 핵심 인재 유치 전략, 인력 개발 계획도 함께 제시한다.

12. 매출 및 이익계획

❶ 매출계획

제품별, 시장별 매출 목표를 월별, 분기별, 연도별로 설정하고, 이를 달성하기 위한 판매 전략을 기술한다. 매출 추정의 근거를 명확히 제시하고, 현실적이고 달성 가능한 목표 설정의 중요성을 강조한다.

❷ 비용계획

매출원가, 판매관리비, 영업외 비용 등 항목별 예상 금액을 상세히 기술한다. 비용 산출 기준을 명확히 제시하고, 매출 규모에 따른 변동 비용과 고정 비용을 구분하여 제시한다.

❸ 손익계산서

연도별 매출과 비용 계획을 바탕으로 추정 손익계산서를 작성한다. 매출액, 매출원가, 판매관리비, 영업이익, 영업외 수익·비용, 세전이익, 당기순이익 등의 항목을 포함하고, 주요 지표(매출액 대비 영업이이률, 순이익률 등)와 산출 근거를 함께 제시한다.

❹ 대차대조표

연도별 추정 대차대조표를 작성하여 기업의 재무 상태 변화를 제시한다. 자산, 부채, 자본 항목을 포함하고, 투자와 사업 성장에 따른 재무 구조의 변화를 분석한다.

❺ 현금흐름표

영업활동, 투자활동, 재무활동에 따른 현금의 유입과 유출 등 연도별 현금 변동을 예측한다. 매출 성장과 투자에 따른 현금 유동성 확보 방안과 자금 조달 계획도 함께 제시한다.

❻ 기타 사항

사업의 재무적 타당성을 입증하기 위한 추가적 분석 자료를 제시한다. 소요자금 및 조달자금 등 자금수지계획, 손익분기점 분석, 투자수익률, 내부수익률, 순현재가치 등의 투자 타당성 분석 결과를 포함한다.

13. 투자제안

❶ 투자포인트

기업의 핵심 역량과 경쟁 우위 요소를 중심으로 투자 매력도를 부각한다. 시장 기회, 기술적 우위성, 비즈니스 모델의 혁신성, 경영 전략, 장기적 성장 전망과 투자 회수 시나리오 제시를 통해 투자자의 관심을 유도한다.

❷ 주식가치 산출

다양한 기업가치 평가 방법을 활용하여 기업 전체의 자산 가치와 수익 가치를 산출한다. 연도별 가치 성장 예측과 평가 방법의 논리적 근거를 제시하고, 투자자 관점에서의 가치 창출 요소를 강조한다.

❸ 투자 제안

투자 유치 목표 금액, 자금 용도, 투자 조건(주식 종류, 가격, 발행수량, 투자자 권리 등)을 구체적으로 제시한다. 투자 후 지분구조 변화와 주주 구성, 경영권 관련 사항을 명확히 기술하고, 투자금 회수 방안과 예상 시기, 기대 수익률도 함께 제시한다.

14. 기타 첨부 자료

❶ 사업 전체 추진일정
❷ 사업 주요 서류
❸ 경영진, 임원, 기술인력 이력서
❹ 제품 카달로그
❺ 지식재산권
❻ 각종 통계자료
❼ 공장 제조공정도
❽ 주요 공급계약서
❾ 재무관련 자료
❿ 인증서 및 기타서류

03. 사업계획서의 종류

1. 내부(수시) 사업계획서

내부(수시) 사업계획서는 기업 내부의 의사결정과 운영 계획을 위해 작성되며, 환경 변화에 대응한 기업의 성장 방향을 제시한다. 일반적으로 1년 단위로 작성되며, 정부 정책, 시장 트렌드, 경쟁 환경의 변화를 분석하고, 이에 대한 전략적 대응 방안으로 부서별 목표와 실행 계획, 자원 배분 등에 초점을 맞춰 작성한다.

❶ 사업계획서 주요 항목

① 사업 환경분석

1년 단위 사업계획서는 환경 변화에 대응한 기업의 성장 방향을 제시하는 중요한 도구이다. 정부 정책, 제도적 변화, 수출 요건 변화, 세계 경제 흐름, 경쟁사 동향 등 외부 환경 변화를 체계적으로 분석하고 이에 대한 적절한 대응 전략을 수립해야 한다. 이를 위해 시장환경 변화에 대한 실증적 조사와 기술 트렌드 분석을 통한 제품 개발 방향 설정이 이루어져야 한다.

② 비즈니스 모델

고객 모델(목표 고객, 가치 제안), 운영 모델(핵심 활동 및 자원, 파트너십), 전략 모델(경쟁 우위, 시장 진입 전략), 수익 모델(가격 구조, 수익 창출 구조) 등 구체적인 사업 모델을 제시하고, 각 요소 간의 유기적 연결성과 실행 방안을 명확히 기술하여 사업의 지속가능성과 확장성을 입증한다.

③ 마케팅 전략

STP 전략(Segmentation: 시장 세분화, Target: 목표 시장 선정, Positioning: 시장 선점 위치)과 마케팅 믹스 전략(4P-Product: 제품, Price: 가격, Place: 유통경로, Promotion: 판매촉진) 등을 구체적으로 수립한다. 제품 및 서비스 개발 계획, 유통 경로별 가격 구조와 이익, 예상 수익 규모 등을 상세히 기술하고, 고객 확보 및 유지 전략, 브랜드 구축 방안도 함께 제시한다.

④ 수익성 분석

투자에 따른 매출 및 이익 관계를 분석하여 사업의 경제적 타당성을 평가한다. 매출액 이익률(영업 이익률, 순이익률), 투자수익률, 자본수익률, 총자산수익률 등 다양한 수익성 지표를 산출하고, 손익분기점 분석을 통해 목표 매출 달성을 위한 조건을 제시한다. 또한 환경 변화에 따른 수익성 변동 가능성 평가를 위해 민감도 분석도 수행한다.

신규 투자 사업계획서 구성의 예: 인터넷 쇼핑몰

구분	내용
Ⅰ.사업개요	1.사업개요 2.환경분석 3.Business Model 4.사업전략
Ⅱ.인터넷 쇼핑 대행	1.기존사업 2.신규사업 3.투자 및 수입계획
Ⅲ.쇼핑몰 관련사업	1.쇼핑몰 사업개요 2.유통업무흐름 3.투자 및 매출수익
Ⅳ.TV홈쇼핑 진출	1.사업개요 2.운영계획 3.투자 및 목표수익계획
Ⅴ.매출 및 재무계획	1.매출계획 2.인건비 3.비용 4.추정손익계산서 5.추정대차대조표 6.추정자금수지표

2. 자금 신청용 사업계획서

자금 신청용 사업계획서는 금융기관, 정책자금 지원 기관 등으로부터 자금을 조달하기 위한 목적으로 작성된다. 현재의 재무 상태와 차입금 현황을 투명하게 공개하고, 자금의 구체적인 사용 계획과 상환 계획을 명확히 제시한다.

❶ 자금 신청용 재무 계획서 주요 항목

① 차입금 현황

금융기관별 차입금 현황을 체계적으로 정리하여 제시한다. 각 차입금의 규모, 대출일과 만기일, 이자율, 담보 및 보증 현황을 명확히 기술하고, 향후 차입금 상환 계획과 자금조달 전략을 제시한다.

② 투자계획

시설자금, 기술개발 자금, 사업 추진 운전자금 등 투자 항목별 소요 금액을 세부적으로 기술한다. 각 투자 항목의 필요성과 기대효과, 우선순위 및 단계적 투자 계획을 명확히 제시하고, 주요 항목에 대해서는 세부 견적서를 첨부하여 투자 금액의 타당성을 입증한다.

③ 자금수지계획

투자에 필요한 소요자금을 자기자금과 타인자금으로 구분하여 조달 계획을 수립한다. 자기자금(자본금, 내부유보금, 증자 등)과 타인자금(금융기관 대출, 정책자금, 투자유치 등)의 구체적인 조달 방안과 시기, 조건을 기술하고, 자금 조달의 실현 가능성을 뒷받침할 수 있는 근거를 제시한다.

④ 이익계획

자금 대출에 따른 이자 및 원금 상환 조건을 고려하여 연도별 매출, 비용, 현금흐름을 예측한다. 부채상환비율과 같은 재무 지표를 통해 상환 능력을 객관적으로 분석하고, 대출금 상환 능력을 입증할 수 있도록 영업이익과 현금 유동성 확보 방안 및 위험관리 계획을 제시한다.

자금신청용 사업계획서 구성의 예: 제조업

구분	내용
Ⅰ.사업개요	1.사업개요 2.사업미션 3.사업 추진방향
Ⅱ.사업부지 현황	1.사업예정지 위치 2.사업예정지 토지현황 3.사업예정지 면적현황 4.시설배치 계획
Ⅲ.사업환경분석	1.사업환경개요 2.입지환경 3.경쟁환경 4.법적 환경 5.월 생산량 및 수요예측
Ⅳ.시설 및 공사계획	1.월 생산량 및 수요예측 2.시설계획 3.공사계획 4.일정계획 5.자금조달계획
Ⅴ.사업운영계획	1.시설 운영계획 2.조직 및 인원계획 3.영업 및 홍보계획 4.시설관리계획
Ⅵ.매출 및 이익계획	1.매출계획 2.비용계획 3.차입금상환계획 4.이익계획 5.추정대차대조표 6.현금흐름분석

3. 투자유치용 사업계획서

투자유치를 위한 사업계획서는 투자자의 유형(엔젤투자자, 벤처캐피탈, 기관투자자 등)에 따라 중점을 두는 내용이 달라질 수 있으므로, 대상 투자자의 특성과 요구사항을 고려하여 작성해야 한다.

❶ 투자유치 사업계획서 주요 항목

① 기업비전

기업의 장기적 목표와 추구 가치를 명확히 제시하고, 이를 달성하기 위한 전략적 방향성을 구체적으로 기술한다. 단계별 성장 전략과 핵심 성공 요인을 제시하여 투자자들에게 기업의 성장 잠재력과 방향성에 대한 신뢰를 형성한다.

② 시장 규모 및 전망

국내·외 시장의 현재 규모와 성장 추세, 향후 전망을 객관적 데이터를 바탕으로 제시한다. 시장 성장의 촉진 요인과 저해 요인을 분석하여 자사 경쟁력을 명확히 제시하고, 목표 시장에 대한 수요 예측, 예상 점유율, 중장기 시장 진입 및 확장 전략을 구체적으로 기술한다.

③ 기술의 특징/독점화/차별화

제품/서비스 핵심 기술에 대한 독점성, 경쟁 기술 및 대체 기술과의 차별성을 구체적으로 기술한다. 특히 기술의 상용화 단계와 향후 발전 가능성, 시장에서의 성공 가능성을 객관적으로 분석한다. 또한 기술개발 로드맵과 경쟁사의 시장 진입을 차단할 수 있는 방안을 제시하고, 현재 보유한 지식재산권의 현황과 가치를 상세히 설명한다.

④ 투자계획

투자금 유치를 통한 구체적인 사용 용도(연구개발, 생산시설, 인력 확보,

마케팅 등)와 단계별 집행 계획을 상세히 기술한다. 투자금 사용에 따른 기대 효과와 성과 측정 방법, 투자 효율성 제고 전략을 함께 제시하여 투자금이 효과적으로 활용될 것임을 강조한다.

⑤ 이익계획

투자 이후 예상되는 매출 성장과 수익성 개선 계획을 구체적으로 제시한다. 투자금에 대한 내부수익률, 투자회수기간, 순현재가치 등의 투자 효율성 지표를 산출하고, 상황별 재무 예측을 통해 사업의 안정성과 수익성을 종합적으로 검토한다.

⑥ 투자 제안

투자유치 조건(주식 종류, 가격, 발행수량, 투자자 권리 등)을 명확히 제시하고, 투자금 회수 방안과 예상 시기, 기대수익률을 구체적으로 기술한다. 또한 투자자의 권리와 의무에 관한 사항을 투명하게 제시하여 투자 의사결정을 돕는다.

투자유치용 사업계획서 구성의 예: 절전용 PC마우스

구분	내용
Ⅰ.사업개요	1.사업개요 2.사업용어 정의 3.사업 주요사항 4.핵심경쟁력
Ⅱ.회사소개	1.회사개요 2.회사 성장과정 3.조직현황 4.재무현황 5.회사비전
Ⅲ.제품 및 개발	1.재품개요 2.기존제품 3.제품기술 4.제품개발계획 5.제품개발전략 6.제품개발 일정
Ⅳ.시장 현황	1.마우스시장 2.PC/노트북 시장 3.제품별 시장 트랜드 4.해외 지역별 시장 현황 및 기술 특성
Ⅴ.마케팅 계획	1.차별화계획(환경) 2.제품 포지셔닝 3.가격 4.영업전략 5.마케팅홍보/판촉전략
Ⅵ.매출 및 재무계획	1.매출계획 2.투자계획 3.비용계획 4.추정손익계산서 5.추정대차대조표 6.매출대비 수익계획

4. 사업제휴용 사업계획서

사업제휴용 사업계획서는 잠재적 파트너와의 전략적 협상을 위해 작성된다. 제휴의 목적과 필요성을 명확히 제시하고, 각 파트너의 역할과 책임, 기여도를 구체적으로 정의한다. 양측의 핵심역량이 결합하여 창출할 수 있는 시장 기회와 경쟁 우위를 제시하는 것이 중요하다.

❶ 사업제휴용 사업계획서 주요 사항

① 사업목적

현재 사업이 직면한 문제점과 사업제휴의 필요성을 명확히 제시한다. 제휴를 통해 추구하고자 하는 사업 방향과 목표, 핵심 과제와 기대성과, 시장 수요 예측 등을 구체적으로 기술하고, 제휴의 전략적 중요성과 시급성을 강조하여 파트너의 적극적 참여를 유도한다.

② 사업제휴의 효과

사업제휴를 통해 얻게 될 상호 보완적 이점과 기대 효과를 구체적으로 제시한다. 비용 절감, 효율성 제고, 고객 기반 확대, 기술 역량 강화, 시장 접근성 개선 등 제휴로 인한 정량적 및 정성적 효과를 체계적으로 분석하여 제휴의 매력도를 높인다.

③ 사업 영역 및 범위

제휴 사업의 구체적인 범위를 설정하고 각 파트너의 역할, 책임, 의무를 명확히 정의한다. 제휴 시 업무 분담 체계를 상세히 기술하고, 사업 추진 일정과 단계별 목표, 필요 자원과 예산 계획을 구체적으로 제시한다. 특히 상대 회사의 기여 대비 얻게 될 이익을 부각시켜 제휴의 균형성과 공정성을 강조한다.

④ 수익구조

제휴 사업을 통한 매출 및 수익의 발생 경로와 규모를 구체적으로 예측하고, 이익 배분 방식과 정산 절차를 명확히 기술한다. 제휴 사업의 경제적 가치(매출 발생 시점과 성장 추이, 손익분기점 도달 시기, 투자 회수 기간 등)를 분석하여 지속가능성을 입증하고, 수익 배분의 공정성과 투명성을 보장할 수 있는 관리 체계도 함께 제시한다.

사업제휴용 사업계획서의 예

구분	내용
Ⅰ.사업개요	1.제휴 분야 현황 2.사업제휴의 필요성 제기
Ⅱ.회사소개	1.회사개요 2.조직현황 4.매출규모 5.회사비전
III.제휴내용	1.제휴의 목적 2.제휴분야 내용 3.제휴효과
IV.제휴 협의 사항	1.제휴분야 2.제휴 효율성분석 3.제휴일정

5. IR(Investor Relations)

IR은 기업이 투자자들을 대상으로 경영 성과, 사업 계획, 성장 전망 등을 체계적으로 설명하고 홍보하는 활동으로, 투자유치와 기업 가치 제고를 위한 전략적 접근 방식이다.

❶ IR 사업계획서의 주요 항목

① 사업 내용

기업의 주요 사업 영역과 핵심 제품/서비스, 비즈니스 모델을 설명하고, 현재까지의 주요 성과와 향후 사업 계획 및 목표를 구체적으로 제시한다. 차별화된 경쟁 우위 요소와 시장 선점 위치, 핵심 고객층 및 시장 상황 등 사업의 전체 동향을 투자자들이 이해할 수 있도록 기술한다.

② 경영전략

기업의 장기적 성장을 위한 전략적 방향성과 구체적인 실행 계획을 제시한다. 신규 사업 진출, 신제품 개발, 시장 확장 등 주요 전략과 투자 계획, 혁신적 비즈니스 모델 구축 방안 등에 대해 상세히 기술한다.

③ 재무계획

현재의 매출 구조, 수익성, 재무 상태를 객관적 데이터로 제시하고, 향후 5년간의 매출 및 이익 성장 전망을 구체적인 근거와 함께 기술한다. 성장성(매출 증가율, 시장점유율 확대), 수익성(영업이익률, 순이익률), 안정성(부채비율, 유동성) 등 주요 재무 지표의 개선 계획과 가치 창출 전략을 명확히 제시하여 투자 매력도를 높인다.

IR 사업계획서 구성의 예: 복지재단 사업계획

구분	내용
I.사업내용	1.사업주요대상,대상인원수, 사업대상특성 및 선정기준, 방법, 투입인력 2.사업 필요성 및 지원방법
II. 주요사업	1.세부내용 2.주요활동내용
III. 예산	1.총사업비 2.예산구성비율(인건비, 관리운영비, 사업비)
VI.평가 및 기대효과	1.평가방법, 성과지표 2.기대효과 및 확산방법

6. 입찰 제안 사업계획서

입찰제안 사업계획서는 정부기관이나 공기업이 제시한 규정된 양식에 맞춰 작성해야 하며, 심사 기준과 배점을 충분히 고려하여 경쟁사 대비 우위를 확보할 수 있도록 차별화된 내용을 제시해야 한다. 발주처의 요구사항과 평가 주안점을 파악하고, 예상 질문에 대한 대응 방안까지 준비하는 것이 중요하다.

❶ 입찰제안서의 주요항목

① 사업 적합성

발주처의 제안 사업을 성공적으로 수행할 수 있음을 입증하도록 기업의 역량과 사업 적합성에 대해 기술한다. 유사 사업 수행 경험과 성과, 전문 인력 보유 현황, 기술력과 노하우, 재무적 안정성 등을 구체적인 증빙 자료와 함께 제시하여 사업 수행 능력에 대한 신뢰도를 높인다.

② 개발 혹은 시설계획

사업 수행에 필요한 시설, 설비, 시스템 개발 등에 대한 구체적인 계획을 기술한다. 투자 규모와 단계별 구축 계획, 미래 확장성 등을 입증할 수 있는 자료를 함께 제시한다.

③ 운영계획

사업 운영을 위한 인력 구성과 충원 계획, 서비스 운영 체계, 품질 관리 방안, 고객 서비스 전략 등을 구체적으로 기술한다. 특히 사업관리 방법 및 의사소통 체계, 마케팅 및 고객확보 방안, 사후 관리 체계 등 사업의 지속가능한 운영을 위한 종합적 계획을 제시하여 발주처의 요구사항을 충족시킬 수 있음을 강조한다.

④ 사업수지분석

사업 수행에 필요한 투자비용, 운영비용, 예상 수익 등을 체계적으로 분석하여 사업의 경제적 타당성을 입증한다. 입찰 시행자가 요구하는 방식에 따라 수지 분석(비용편익, 손익분기점, 투자수익률 등)을 수행하고, 사업의 재무적 지속가능성과 효율성을 객관적으로 입증할 수 있는 데이터와 분석 결과를 제시한다.

⑤ 재원조달계획

사업 수행에 필요한 총 소요자금과 이를 조달하기 위한 구체적인 방안을 제시한다. 자기자금과 타인자금의 구성 비율, 자금 확보 방안과 조달 시기 및 조건 등을 상세히 기술하고, 자금 조달의 실현 가능성을 입증할 수 있는 증빙 자료(자기자금보유 증명, 금융기관 대출 확약서 등)를 함께 제시하여 재원 조달 계획의 신뢰성을 높인다.

7. 자영업 창업 사업계획서

자영업 창업 사업계획서는 소규모 개인 사업을 시작할 때 사업의 타당성과 성공 가능성을 검증하기 위해 작성된다. 제품/서비스의 차별화 요소와 경쟁력, 상권 분석과 최적의 입지 선정 근거, 실현 가능한 초기 투자 계획과 운영비용 산출이 사업계획서의 주요 내용이다.

❶ 자영업 창업 사업계획서의 주요 항목

① 제품이나 서비스 내용

창업하고자 하는 사업 아이템의 특징과 경쟁력, 차별화 요소를 구체적으로 기술한다. 고객에게 제공하는 핵심 가치, 경쟁업체 대비 우위 요소, 가격 전략, 품질 관리 방안 등을 상세히 제시하고, 지속적 경쟁력 유지를 위한 제품/서비스 개선 및 확장 전략도 함께 기술한다.

② 상권 및 입지분석

사업장(점포) 주변의 상권 특성과 입지 조건을 체계적으로 분석한다. 인구통계적 특성(주거 인구, 유동 인구, 소득 수준 등), 주변 시설(주거단지, 상업시설 등), 교통 편의성, 경쟁업체 현황과 분포, 상권의 성장성과 안정성 등을 객관적 데이터를 활용하여 종합적으로 평가하고 최적의 입지 선정 근거를 제시한다.

③ 투자계획

창업에 필요한 초기 투자 항목과 금액을 상세히 기술한다. 임대 보증금, 권리금, 시설공사비, 집기 및 비품 구입비, 초기 재고 확보비, 운영자금 등 세부 항목별 소요 비용을 구체적으로 산출하고, 투자 우선순위와 단계적 투자 계획도 함께 제시한다.

④ 마케팅계획

목표 고객층 설정과 유치 전략, 제품/서비스 차별화 전략, 가격 정책, 홍보 방안, 고객 관리 및 유지 전략 등 종합적인 마케팅 계획을 수립한다. 경쟁 업체와의 차별성, 고객 만족도 제고를 위한 서비스 품질 관리 방안, 판촉 이벤트 계획 등에 관한 마케팅 전략을 구체적으로 제시하여 안정적인 고객 확보 방안을 마련한다.

⑤ 매출 및 이익계획

예상 매출액 산출 근거(일평균 고객 수, 객단가, 회전율 등)를 명확하게 제시하고, 월별·분기별 매출 변동 요인을 고려한 현실적인 매출 목표를 설정한다. 매출원가, 인건비, 임차료, 관리비, 마케팅비 등 주요 비용 항목을 고려한 예상 이익을 산출하고, 손익분기점 분석과 투자금 회수 기간 예측을 통해 사업의 경제적 타당성을 검증한다.

자영업 창업 사업계획서 구성의 예: 편의점

구분	내용
Ⅰ.사업 개요	1.개요 및 현황 2. 업체현황 3.아이템개요 4.창업아이템 선정 이유
Ⅱ.시장분석	1.상권 및 입지분석 2.지역 소비자 분석 3.예비점포 및 경쟁편의점 분석
Ⅲ.마케팅 전략	1.편의점 환경 및 특성 2.편의점 SWOT 3.편의점 4P전략 4.핵심경쟁력 및 차별화 전략
Ⅳ.투자 및 운영계획	1.소요자금계획 2.자금조달방법 3.인원 및 서비스계획 4.사업추진일정 5.인허가 사항
Ⅴ.매출계획	1.예상 매출계획 2. 비용계획
Ⅵ.사업성 분석	1.추정손익계산서 2.사업타당성 분석 3.자금수지표

자영업 창업 사업계획서 구성의 예: 학원

구분	내용
Ⅰ.회사 개요	1.비전,경영미션 2.사업개요 3.조직운영 및 창업자 소개
Ⅱ.아이템 개요 및 선정이유	1.아이템 개요 2.선정이유
Ⅲ.환경분석	1.외부분석 2.내부분석 3.예상 문제점 4.법적 인허가 사항
Ⅳ.상권 및 입지분석	1.상권의 개요 2.상권분석 3.인구특성 4.입지 주변환경 5.상권분석 6.장소 권리분석
Ⅴ.운영 및 투자계획	1.교육과정 계획 2.과정개발 및 가격계획 3.대상 및 학습모델 4.조직 및 인원관리 5.마케팅계획 6.각종 투자 계획 7.전체일정계획
Ⅵ.재무분석	1.매출계획 2.원가(비용)계획 분석 3.손익분기점계획 4.이익계획 5.자금수지계획 6.현금흐름계획

04. 신제품 개발 계획서

신제품 개발 계획서는 새로운 제품/서비스의 개발 및 출시를 위한 로드맵을 제시하는 문서로, 아이디어 발굴부터 시장 출시까지의 전 과정을 체계적으로 계획한다. 시장 진입 전략에 따라 신제품 개발의 배경과 목적, 목표 시장과 고객 요구분석, 제품 개발 콘셉트 및 핵심 가치, 기술적 요구사항 등을 차별화하여 개발 계획을 수립한다.

1. 신제품 개발 절차

① 아이디어 개발(아이디어 창출 및 선별)

② 제품 콘셉트 개발 및 테스트

③ 사업성 분석과 제품개발

④ 시험 마케팅(표준시험, 통제시험, 모의시험) 등

⑤ 출시계획 수립 및 출시과정 추적

2.신제품 개발 전략

❶ 선제전략(Proactive Strategy)

시장과 고객의 변화를 선도적으로 파악하고 대응하는 전략으로 고객 요구사항을 토대로 하는 전략과 연구개발(R&D)에 기초하는 전략 등 두 가지 접근 방식이 있다.

- 고객 요구 전략: 고객의 명시적 요구사항을 체계적인 시장조사와 고객 피드백 분석을 통해 정확히 파악하고, 이를 충족시키는 제품을 신속하게 개발하여 시장에 출시하는 전략이다.

- 연구개발(R&D) 전략: 기술적 통찰력과 미래 트렌드 분석을 바탕으로 고객의 잠재 수요나 향후 수요를 예측하여 시장을 창출하고 선도하는 혁신 제품을 선제적으로 개발하는 전략이다. 고객들에게 새로운 가치와 경험을 제공함으로써 잠재 수요를 유효 수요로 전환 시킨다.

❷ 대응전략(Reactive Strategy)

시장의 변화나 경쟁사의 움직임에 대응하는 전략으로, 다음과 같은 세부 전략으로 구체화 된다.

- 모방전략(Imitative Strategy): 시장에서 성공이 검증된 경쟁사 제품의 특징을 분석하여 유사한 제품을 개발하는 전략이다. 시장의 불확실성을 줄일 수 있으나, 차별화 부족으로 인해 가격 경쟁력을 상실할 위험이 존재한다.

- 보다 나은 두 번째 전략(Second but Better Strategy): 선도 기업의 제품/서비스를 분석하여, 기능, 품질, 디자인 등에서 개선된 제품을 출시하는 전략이다. 경쟁 기업이 개척한 시장에 진입하되, 차별화된 가치를 제공함으로써 고객을 유인한다.

- 방어 전략(Defensive Strategy): 경쟁사의 시장 진입을 방어하기 위해

자사의 기존 제품 라인을 보호하고 강화하는 차원에서 신제품을 출시하는 전략이다. 기존 제품의 개선 및 파생 제품개발, 라인 확장 등을 통해 시장 점유율을 유지하고 경쟁사의 성장을 견제한다.

05. 비즈니스 모델 Business Model

비즈니스 모델은 기업이 어떻게 수익을 창출할 것인가에 관한 체계적인 모형이다. 동적 역량 개념을 제시한 데이비드 티스(David Teece) 교수에 따르면, 사업 모델 또는 비즈니스 모델이란 기업이 고객을 위한 가치를 어떻게 창조하고 전달하며, 어떤 방법으로 수익을 획득하는가를 설명하는 '하나의 스토리'이다.

대부분의 기업 대표자들에게 '회사 운영에서 시장점유율이 중요합니까, 아니면 매출 증대가 중요합니까?'라고 물으면 '시장점유율이 높으면 매출이 성장하는 것 아닙니까?' 라고 반문한다. 에이드리언 슬라이워츠키는 그의 저서 「수익지대」(Profit Zone)에서 시장점유율 중심의 시대는 끝났다고 주장한다. 과거와 같은 제품의 대량 생산이나 고성장 시장 진출을 우선시하던 시대는 지나갔으며, 현재의 많은 기업들은 저수익 지대 또는 수익이 없는 무수익 지대에 머물러 있다고 지적한다.

슬라이워츠키는 시장점유율이 수익성을 보장한다는 생각을 버리고, 다음과 같은 질문에 집중해야 한다고 조언한다: '고객에게 지금 중요한 것은 무엇인가?', '어디서 수익을 얻을 수 있을까?', '그 영역에서 어떻게 하면 수익을 성장시킬 수 있을까?' 이것이 바로 비즈니스 모델이 필요한 이유이다.

1.고객개발/고객 솔루션 수익모델 Customer Development Profit Model

기업의 사업화에 가장 중요한 요소는 고객이다. 이 모델은 고객이 중요하게 생각하는 부분에 초점을 맞춰 제품을 개발함으로써 수익을 창출하는 방식이다. 고객의 경제성을 중시하는 모델로 주로 서비스업종 및 보험, 대출상품 등 금융업종에서 많이 활용된다.

초기 투자가 필요하다는 점에서 중소기업의 접근이 어려울 수 있으며, 고객을 철저히 분석한 후 시장에 진입해야만 결과적으로 더 높은 수익을 기대할 수 있다. 핵심 원칙은 '단일 제품 하나만을 판매하기보다 전체 솔루션을 판매하라'는 것이다.

2. 제품 피라미드 수익모델 Product Pyramid Profit Model

제품 피라미드 수익모델에서 중요한 요소는 고객의 제품 선호 유형, 색상, 가격이다. 제품 피라미드는 고객의 소득과 선호도가 다양하다는 점을 활용한다. 피라미드 저변에는 저가격, 대량판매 제품들이 위치하고, 피라미드 정상에는 고가격,

기업의 비즈니스 모델의 핵심 내용

핵심내용	주요 내용	주요 질문
1.고객 선정	우리의 비즈니스 고객은?	- 어떤 고객에게 진정한 가치를 부가할까? - 어떤 고객에게서 수익을 얻을 수 있을까? - 우리가 봉사하고 싶지 않은 고객은?
2.가치 포착	우리의 수익을 어떻게 만들어 낼까?	- 고객을 위해 우리가 창출한 가치의 일부인 수익을 어떻게 포착하는가? - 우리의 수익 모형은?
3.차별화/ 전략적 통제	우리는 수익 흐름을 어떻게 보호하는가?	- 우리가 선택한 고객이 우리에게서 구매하는 이유를 알고 있는가? - 다른 경쟁자들과 비교하여 우리의 가치명제가 독특하고 차별화되는 점은 무엇인가? - 고객 또는 경쟁자의 힘과 균형을 맞출 수 있는 전략적 통제 포인트는 무엇인가?
4.사업 범위	우리는 어떤 활동을 수행하는가?	- 우리는 어떤 제품, 서비스, 솔루션을 팔고자 하는가? - 조직 내에서 어떤 활동이나 기능을 수행하고자 하는가? - 사업파트너들과 어떤 활동들을 하청, 아웃소싱이나 협력하기를 원하는가?

※자료: 수익지대, 에이드리언 슬라이워츠키, 2005

소량판매 제품들이 자리한다.

이 모델은 시계, 자동차, 신용카드와 같이 다양한 시장에 적용될 수 있는 전략적 접근법으로, 경쟁사는 저가 시장에 진입하도록 유도하고 자사는 피라미드 상단에서 주요 수익을 창출하는 방식을 취한다.

3. 다중 구성요소 수익모델 Multi-Component Profit Model

이 수익모델은 하나의 시스템 내에 여러 구성요소가 존재하며, 각 구성요소가 차지하는 수익비율에 차이가 있는 구조이다. 예를 들어, 음료 사업에서는 수익이 자동판매기나 음료 판매대에서 발생하고, 브랜드가 구축되면 카페로 진출하거나 무인판매 매장으로 확장할 수 있다. 호텔 사업의 경우, 객실 제공이라는 기반사업의 이윤은 상대적으로 작지만, 호텔 내 음식점, 예식장, 상품판매 등의 부가 서비스에서 높은 수익을 얻는다. 서점은 도서 판매라는 기반 산업 외에 독서 클럽 등 관련 요소사업에서 추가 수익을 창출한다. 카카오톡도 메시지 서비스라는 기반사업을 통해 카카오뱅크 등 다양한 사업 분야로 확장하여 수익을 다변화하고 있다.

4. 스위치보드 수익모델 Switchboard Profit Model

스위치보드 수익모델은 다수의 판매자와 다수의 구매자가 직접 연결될 경우 발생하는 높은 거래 비용의 문제를 해결한다. 스위치보드는 다수의 복잡한 연결 관계를 하나의 지점이나 채널로 집중시킴으로써 높은 가치를 창출하는 중개 역할을 수행한다. 배달기업, 택배기업 등은 다수의 구매자와 판매자를 연결시켜주는 플랫폼을 제공함으로써 이 모델을 성공적으로 활용하고 있다. 이를 통해 거래 비용을 줄이고 규모의 경제를 실현하여 수익을 창출한다.

5. 시간중시 수익모델 Time Profit Model

시장에 먼저 진입한 혁신 기업은 모방 기업이 시장에 진입하여 수익을 잠식하기

전에 초과수익을 거둘 수 있는 시간적 우위를 갖는다. 애플과 같은 기업은 지속적으로 혁신적인 제품을 출시하여 시장 초기에 상당한 수익을 확보하는 전략을 구사한다.

이 모델의 성공은 제품의 독창성에서 비롯된다. 스티브 잡스는 '고객은 제품을 직접 경험해보기 전에는 자신의 불편함을 인식하지 못한다'고 표현했다. 시간 중시 모델의 핵심은 단순히 제품을 시장에 먼저 출시하는 것이 아니라, 경쟁사보다 약 2년 정도 앞서 나가는 혁신적 우위를 유지하는 데 있다.

6. 블록버스터 수익모델 Blockbuster Profit Model

제약, 음반, 영화제작, 출판과 같은 특정 산업에서는 프로젝트 단위로 핵심적인 경제활동이 이루어진다. 이런 산업에서는 비용 투입 대비 수익의 편차가 매우 큰 특성이 있다. 즉, 비슷한 비용을 투입하더라도 성공 여부에 따라 수익이 수십 배에서 수백 배까지 차이가 날 수 있다. 예를 들어, 신약의 경우 개발비용이 약 30억 원이면 누적 수익은 1,500억 원 정도까지 달성할 수 있다. 영화 산업에서도 제작비용이 1천만 달러에서 1억 달러로 증가할 때, 수익은 1천만 달러에서 5억 달러까지 확대될 수 있는 증폭 효과가 있다.

7. 수익증식 모델 Profit Multiplier Model

동일한 제품, 캐릭터, 상표, 또는 서비스를 다양한 채널과 형태로 활용하여 반복적으로 수익을 창출하는 모델이다. 디즈니의 경우, 미키마우스, 인어공주 등의 캐릭터를 영화, 비디오, 책, 의류, 시계, 테마파크 등 다양한 채널과 형태로 연계시켜 수익을 창출한다. 반대로 영화나 TV 드라마 제작에서 등장한 상품이나 캐릭터가 시장화 되어 새로운 수익원이 되기도 하고, 해외 유명 대학의 로고와 상표가 다양한 상품으로 라이선스 되어 추가 수익을 창출하는 것이 이 모델의 대표적 사례다.

8. 창업가 정신 수익모델 Entrepreneurial Profit Model

기업이 성장함에 따라 규모의 비경제가 발생할 수도 있다. 간접비용이 증가하고 의사결정 과정이 복잡해지면서 기업은 고객과의 거리가 멀어지고 위기에 직면할 수 있다. 이러한 문제를 해결하기 위해 기업들은 성과에 따른 책임을 극대화하고 고객과의 밀착도를 높이기 위해 도전적으로 기존의 조직을 작은 수익센터로 재편하거나 스핀아웃(분사)을 추진한다. 이는 일본 기업의 성장모델로 자주 활용되고 있으나, 대기업의 문어발식 확장으로 비춰질 경우 여론의 비난을 받을 수 있는 위험도 있다.

9. 전문화 수익모델 Specialization Profit Model

다양한 산업 분야에서 전문기업은 일반기업보다 높은 수익성을 실현하는 경향이 있다. 이는 고품질, 높은 명성, 짧은 판매 주기, 프리미엄 가격 책정 등 여러 요인을 통해 시장 지위를 유지한다. 그러나 기업들은 종종 자신의 핵심 역량을 넘어 다른 분야로 사업을 확장하려는 유혹에 빠진다. 이로 인해 매출은 성장할 수 있지만 수익성이 하락하는 결과를 초래할 수 있다. 전문성을 기반으로 브랜드 가치를 유지하면서 순차적으로 성장하는 전략이 장기적 성공에 더 효과적일 수 있다.

10. 기반구축 수익모델 Installed Base Profit Model

기반구축 수익모델은 초기에 기본 제품을 판매할 때 낮은 수익률을 감수하지만, 제품과 관련된 부속품이나 소모품을 지속적으로 판매함으로써 장기적으로 더 높은 수익을 창출하는 방식이다. 대표적인 사례로 상대적으로 저렴한 면도기를 판매한 후 지속적으로 면도날을 판매하는 경우, 기본 소프트웨어를 판매한 후 업그레이드 버전으로 수익을 창출하는 경우, 복사기를 판매한 후 잉크나 토너 카트리지로 지속적 수익을 확보하는 경우, 카메라 본체를 판매한 후 렌즈로 추가 수익을 창출하는 경우 등이 있다.

11. 업계 표준 수익모델 De Facto Standard Profit Model

산업 내 표준을 확립하는 것은 지속가능한 경쟁 우위를 확보하는 강력한 전략이다. 산업계에서 표준화를 주도하는 기업은 시장 지배력을 통해 높은 수익을 실현할 수 있다. 마이크로소프트의 운영체제, 오라클의 데이터베이스 시스템 등 업계 표준을 선도하는 기업들은 경쟁기업에 비해 시장을 효과적으로 주도하고 있다. 이들 제품은 사용자가 많을수록 가치가 증가하는 특성과 다른 제품으로 대체하기 위해 소요되는 높은 비용으로 인해 경쟁자의 진입이 어려운 산업 구조를 형성하고 있다.

12. 브랜드 수익모델 Brand Profit Model

오랜 기간에 걸쳐 브랜드 가치를 구축해 온 기업들은 고객의 인식, 신뢰, 충성도를 바탕으로 높은 인지도를 확보한다. 이러한 무형자산은 제품이나 서비스에 대한 고객의 직접적인 경험을 통해 더욱 강화된다. 2024년 삼성의 브랜드 가치는 1,000억 달러를 돌파하여 5년 연속 세계 5위를 차지했다. 브랜드 가치는 제품의 기능적 가치를 넘어 프리미엄 가격을 책정할 수 있게 함으로써 수익성 향상에 크게 기여한다.

13. 지역리더십 수익모델 Local Leadership Profit Model

많은 기업의 경제적 기반은 특정 지역에 뿌리를 두고 있다. 지역 특산 건강식품, 농산물, 식료품 등이 대표적인 사례이다. 스타벅스도 지역 기반 수익모델의 성공 사례로 볼 수 있다. 스타벅스는 수익성이 보장되지 않는 지역으로 무분별하게 확장하지 않고, 1971년 1호점을 시작한 시애틀을 중심으로 상권을 확장한 후 근교 도시로 전략적으로 진출했다. 스타벅스는 물류, 구전효과, 인력 채용 등 자사의 경제적 기반이 지역에 뿌리를 두고 있음을 인식하고, 단순한 성장보다는 수익성 확보를 위해 이러한 지역적 기반을 효과적으로 활용했다.

14. 가치사슬위치 수익모델 Value Chain Position Profit Model

다양한 산업에서 수익은 가치사슬의 특정 부분에 집중되는 경향이 있다. 예를 들어, PC 산업에서는 마이크로프로세서와 소프트웨어 영역에 수익이 집중되어 있다. 화학 산업은 유통보다는 제조 단계에서 주요 수익이 발생한다. 반면, 일반 소비재는 제조보다 유통 단계에서 더 높은 수익이 창출되는 경우가 많다. 또한 자동차 산업의 경우, 조립라인이나 유통 과정보다는 금융서비스, 보증 연장, A/S와 같은 후속 단계의 서비스에서 상당한 수익이 발생한다.

15. 저원가 비즈니스 디자인 수익모델 Low Cost Business Design Profit Model

축적된 경험과 효율적인 운영 시스템을 바탕으로 한 저원가 구조는 강력한 경쟁우위가 될 수 있다. 컴퓨터 제조업체 애플은 직영점 운영을 통해 유통 과정의 통제력을 강화하고 높은 수익성을 확보함으로써 경쟁 우위를 구축했다. 사우스웨스트 항공은 단거리 노선 중심, 보조 공항 활용 등을 통해 원가를 절감하고 이를 저가격 정책에 반영하여 시장에서 성공한 대표적 사례이다. 이 모델의 핵심은 비용 절감이 단순한 비용 삭감이 아니라 비즈니스 모델 전체를 효율적으로 재설계하는 데 있다.

06. 비즈니스 모델 캔버스 Business Model Canvas (9 Blocks) 구성

기업이 가치를 창조하고 수익을 창출하는 방식을 체계적으로 계획하고 시각화하는 전략적 도구로, 미국 실리콘밸리에서 시작되어 널리 활용되는 사업계획서 작성법이다. 복잡한 사업계획을 단 한 장에 요약하여 표현함으로써 핵심 요소들의 상호 연관성을 한눈에 파악할 수 있게 한다. 비즈니스 모델 캔버스는 9개 핵심 구성요소로 이루어진다.

Business model canvas 양식

<table>
<tr><th colspan="5">내부역량</th><th colspan="5">외부환경</th></tr>
<tr><td colspan="2" rowspan="2">주요파트너</td><td colspan="2">핵심활동</td><td colspan="2" rowspan="2">가치 제안</td><td colspan="2">고객관계</td><td colspan="2" rowspan="2">고객</td></tr>
<tr><td colspan="2">핵심자원</td><td colspan="2">경로</td></tr>
<tr><td colspan="5">비용</td><td colspan="5">수익원</td></tr>
<tr><th colspan="5">제품</th><th colspan="5">시장</th></tr>
</table>

1. 고객

사업 아이템을 구매할 가능성이 있는 목표 고객층을 명확히 정의하고 세분화하는 부분이다. 구체적인 특성과 소비자 요구를 기반으로 고객층을 세분화하는 것이 효과적이다. 예를 들어, 화장품 고객층을 단순히 '여성'으로 설정하는 것보다 '20-30대 도시 거주 직장 여성'과 같이 구체적으로 정의하는 것이 마케팅 전략 수립에 더 유용하다.

2. 가치 제안

정의된 목표 고객층에게 제공할 차별화된 가치를 명확히 기술하는 부분이다. 새로움, 성능 향상, 맞춤화, 독특한 디자인, 사회적 가치 등 다양한 가치 요소를 포함할 수 있다. 고객층 세분화에 따라 가치 제안을 차별화할 수 있으며, 명확한 가치 제안은 효과적인 마케팅 전략의 기반이 된다.

3. 경로(유통 채널)

고객에게 가치 제안을 전달하고 제품/서비스를 판매하는 경로를 설명하는 부분이다. 직영매장, 도·소매점, 온라인 플랫폼 등 다양한 경로의 최적 조합을 통해 효과적으로 고객과의 연결고리를 형성할 수 있다.

4. 고객 관계

세분화된 목표 고객층과 어떤 유형의 관계를 구축하고 유지할 것인지를 정의하는 부분이다. 비즈니스 모델에 따라 다양한 고객 관계 유형이 존재함으로 사업의 목적과 특성에 부합하는 접근 방식을 선택하고 지속적인 관계 관리 전략을 수립해야 한다.

5. 수익원

세분화된 목표 고객층으로부터 어떻게 수익을 창출하는지 설명하는 부분이다. 안정적이고 다각화된 수익구조를 구축하기 위해서 다양한 수익 모델 중에서 적합한 방식을 선택하고 가격 책정 방식을 정의해야 한다.

6. 핵심 자원

사업 운영에 필수적인 중요 자산을 설명하는 부분이다. 핵심 자원은 가치 제안을 창출하고 전달하는 데 필수적인 요소이다. 인적 자원(핵심 인력, 전문가), 물적 자원(생산시설, 시스템), 지적 자원(브랜드, 특허), 재무적 자원(현금, 신용 한도) 등이 포함된다.

7. 핵심 활동

사업의 성공적 운영과 관련된 중요 활동을 설명하는 부분이다. 생산, 판매, 지원 활동 등이 포함되며, 이러한 활동들이 가치 제안, 고객 관계, 수익원과 어떻게 연결되는지 명확히 정의하고, 핵심 활동의 효율성과 효과성을 제고하기 위한 전략을 수립해야 한다.

8. 주요 파트너

사업 운영을 최적화하고 자원을 확보하기 위한 파트너 협력관계를 설명하는 부분이다. 파트너십의 목적과 파트너 선정 기준, 협력 방식을 명확히 정의하는 것이 중요하다.

9. 비용

사업 운영에 소요되는 모든 비용을 설명하는 부분이다. 고정비(급료, 임대료, 이자, 보험료 등)와 변동비(재료비, 부품비, 판매 수수료 등) 등을 고려하여 전체 비용 구조를 설계하고, 각 핵심 활동과 자원이 비용 구조에 미치는 영향을 분석해야 한다.

1. Business model canvas (9 Blocks) 작성 가이드

주요파트너 ❽
- 누가 핵심 파트너인가?
- 우리의 핵심 공급자는 누구인가?
- 파트너로부터 어떤 핵심자원을 획득할 수 있는가?
- 파트너가 어떤 핵심활동을 수행하는가?

핵심활동 ❼
- 우리의 밸류 프로포지션은 어떤 핵심활동을 필요로 하는가?
- 공급 채널을 위해선 어떤 활동이 필요한가?
- 고객관계를 위해선, 수익원을 위해선, 어떤 활동이 필요한가?
- Categories, 생산 문제해결, 플랫폼/네트워크

핵심자원 ❻
- 우리의 밸류 프로포지션은 어떤 핵심자원을 필요로 하는가?
- 공급 채널을 위해선 어떤 자원이 필요한가?
- 고객관계를 위해선, 수익원을 위해선, 어떤 자원이 필요한가?
- 물적 자원
- 지적 자산
- 인적 자원
- 재무 자원

가치 제안 ❷
- 고객에게 어떤 가치를 전달할 것인가?
- 우리가 제공하는 가치가 고객이 처한 문제점을 해결해주는가?
- 제각기 다른 고객 세그먼트에게 어떤 상품이나 서비스를 제공하고 있는가? 그 실체가 무엇인가?
- 고객의 니즈를 충족시켜주는가?
- 특징
- 새로움
- 퍼포먼스
- 커스터마이징
- 무언가를 '되게' 만드는 것
- 디자인
- 브랜드
- 가격
- 비용 절감
- 리스크 절감
- 접근성
- 편리성/유용성

고객관계 ❹
- 각각의 고객 세그먼트들은 어떤 방식의 고객관계가만들어지고 유지되기를 원하는가?
- 우리는 어떤 고객관계를 확립했는가?
- 다른 비즈니스 모델 상의 요소들과는 어떻게 통합되는가?
- 셀프서비스
- 자동화 서비스
- 커뮤니티
- 코-크리에이션

경로 ❸
- 각각의 고객 세그먼트들은 어떤 채널을 통해서 자신에게 가치가 전달되길 원하는가?
- 그들에게 어떻게 다가가는가?
- 채널은 어떤 기준으로 통합돼 있는가?
- 어느 채널이 가장 효과적인가?
- 어느 채널이 가장 비용 효율적인가?
- 채널과 고객을 위한 업무는 제대로 통합되어 있는가?

고객 ❶
- 누구를 위해 가치를 창조해야 하는가?
- 누가 우리의 가장 중요한 고객인가?
- 매스 마켓
- 틈새 시장
- 세그먼트가 명확히 이루어진 시장
- 복합적인 세그먼트가 혼재돼 있는 시장
- 멀티 사이드 시장

비용 ❾
- 우리의 비즈니스 모델이 안고 가야 하는 가장 중요한 비용은 무엇인가?
- 어떤 핵심자원을 확보하는 데 가장 많은 비용이 드는가?
- 어떤 핵심활동을 수행하는 데 가장 많은 비용이 드는가?
- 비즈니스 모델의 여러 요소를 수행하자면 비용이 든다.

수익원 ❺
- 어디에서 수익이 나는가?

2 Business model canvas(9Block) 작성의 예

네스프레소

주요파트너 ❽
- 직접기계를 재조하지 않고 터믹스, 크럽스, 드롱기, 마쯔시타와 같은 제조업체를 통한 위탁제조
- 커피 생산자들(질좋은커피 확보를 위함)

핵심활동 ❼
- 마케팅(백화점과 전용 부티끄 매장에서 고급이미지 구축, 매장에서 시음서비스
  - 타킷고객이 자주 방문하는 레스토랑, 항공사 비즈니스 클레스에 네소프레소시스템 제공)
- 신규커피개발

핵심자원 ❻
- 커피캡슐제조기술
  - 특허를 통한 경쟁업체 모방방지
- 주문즉시 배송가능한 배송시스템 구축

가치 제안 ❷
- 고품질의 다양한 에스프레소 커피를 캡슐형태로 저가로 즐걸수 있게 제공
  - 카페방문필요 x
  - 다양한 커피 0
  - 고도숙련기술 x 간단조작만으로 0

고객관계 ❹
- 에스프레소기계의 유지보수 서비스
- 신규캡슐커피 출시시 서비스 발송
- 장기간 신규캡슐 구매 없을 시 기계이상여부에 대한 전화 확인 콜 서비스

경로 ❸
기계
- 백화점
- 가전제품 전문점
- 주방기기전문점

캡슐
- 네스프레소 클럽을 만들어 기계구매자들 자동가입을 통한 전화&인터넷판매

고객 ❶
- 소득수준이 높은 35~45세 사이 연령층
  - 고품질의 에스프레소 기계와 캡슐커피가 아무리 저렴해도 일반대중이 구매의 어려움

비용 ❾
- 커피머신 외주생산비용
- 커피캡슐생산비용
- 배송 및 마케팅 비용, 인건비

수익원 ❺
- 커피머신 판매수익
- 최소마진정책, 많은 사용자가 기계보유를 목적
- 커피캡슐 판매수익

야놀자

주요파트너 ❽
- 결제서비스제공업체
- 카카오 (카카오 맵 & T)
- DB 구축회사

핵심활동 ❼
- 결제 서비스
- 검색 및 예약
- 품질 관리(비품, 위생 등)
- 숙박 서비스

핵심자원 ❻
- 숙박업소 네트워크
- 관리 인력 (몰카, 위생)
- 앱 개발 역량
- 마케팅 역량

가치 제안 ❷
- 믿을 수 있는 양질의 숙박업소 다량 제공
- 이용자와 업주간의 수월한 연결 촉진

고객관계 ❹
- 신뢰기반 관계

경로 ❸
- 야놀자 앱 플랫폼
- 야놀자 스마트 프런트(숙박운영통합솔루션)

고객 ❶
- 숙박업소 이용객
- 숙박업소 업주

비용 ❾
- 마케팅 비용
- App서버 운영 및 개발비용
- 품질 관리 비용 (제휴 숙박업소 품질 관리)
- *숙박 관리비 (직영점 및 가맹점에 대한)

수익원 ❺
- 입점 수수료 (숙박업소)
- 광고 수익 (숙박업소)
- 숙박 수수료 (숙박업소)
- 숙박비 수익 (직영점)
- 가맹점 가입비 및 로열티 (매출 비례)

카카오(다음과 합병 전)

주요파트너
- 위메이드(게임)
- 통신사
- 포도트리 (카카오페이지)
- 투자자
- 컨텐츠개발자

핵심활동
- 모바일 메시징 서비스
- 모바일 응용 프로그램 서비스

핵심자원
- 카카오 플랫폼
- 플랫폼을 통한 사용자 그룹 (거대회원수)
- 브랜드네임/캐릭터

가치 제안
- 무료 메신저 서비스
- 사진공유서비스(카카오스토리)
- 모바일 플랫폼(스토리, 게임, 디지털 컨텐츠)

고객관계
- User-커뮤니티
- 기업/개발자-플랫폼 제공, 마케팅 관리

경로
- 모바일 앱(마켓)
- 웹(PC)

고객
- 스마트폰 사용자
- 플러스 친구 제휴업체
- 스마트폰 게임 개발자(업체)
- 광고주

비용
- 데이터 센터 유지관리(하루메시지 건수 26억건)
- 광고비
- 인건비

가치창출
- 모바일 서비스 플랫폼 제공-서드파티 개발환경 제공, 파트너 업체들과 공유수익모델
- 컨텐츠 통합을 통한 컨텐츠 보급과 확산

수익원
- 기본 사용자 무료
- 판매 수수료
- (기프트콘, 플러스 친구, 유료 이모티콘, 카카오게임, 카카오 페이지)
- 광고

SOOP

주요파트너	핵심활동	가치 제안	고객관계	고객
· 아프리카 TV · 광고주 · 팀 플레이어 · 유튜브	· 맛깔나는 게임방송 진행 · 새로운 컨텐츠 개발	· 가식없는 재밌고 유쾌한 게임 방송, 좋은 목소리 · 별풍선을 통한 아이템 수수료 To 아프리카 TV · 입소문 있는 컨텐츠 게임이지만 폭넓은 잠재소비자 To 광고주	· 재미와 친근감 · 편안한 유쾌함 · 소소한 일탈과 재미	· 모바일/웹 접근성이 높은 젊은 층 · 타켓팅 광고 효과가 필요한 광고주
	핵심자원		**경로**	
			· 웹/모바일 플랫폼/아프리카 TV/유튜브	

비용	수익원
· 시간, 기회비용	· 유료 아이템 수익료 배분(별풍선) · 광고 수익료

07. 지식재산권

1. 지식재산권의 중요성

현대 산업에서 지식재산은 핵심적인 경쟁력의 원천이며, 국가 경쟁력의 중요한 지표가 되고 있다. 특히 지식 기반 사회에서 글로벌 주도권은 지식 자산을 효과적으로 창출하고 보호하는 국가에게 돌아가기 때문이다.

우리나라는 IT 중심의 산업 기반을 갖추고 있으며, 특허청과 지식재산연구원이 발표한 자료에 따르면 2023년 상반기 기준 국내 지식재산권 출원량은 총 26만여 건에 달한다. 특히 특허와 상표권은 지식재산권의 핵심 요소로서, 기술 혁신과 상품 식별에 중요한 역할을 한다. 특허는 새로운 기술적 발명을 보호하여 혁신을 장려하고, 상표는 상품이나 서비스의 출처를 명확히 하여 소비자가 품질과 신뢰성을 기반으로 제품을 선택할 수 있도록 돕는다.

2. 지식재산권의 분류

지식재산권(IPR: Intellectual Property Rights)은 '법령이나 조약 등에 따라 인정되거나 보호되는 지식재산에 관한 배타적 권리'를 의미한다(「지식재산 기본법」 제3조 3). 여기서 지식재산이란 '인간의 창조적 활동 또는 경험 등을 통해 창출되거나 발견된 지식·정보·기술, 사상이나 감정의 표현, 영업이나 물건의 표시, 생물의 품종이나 유전자원, 그 밖에 무형적인 것으로서 재산적 가치가 실현될 수 있는' 지적창작물을 지칭한다(「지식재산 기본법」 제3조 1).

지식재산권의 종류는 크게 '산업재산권', '저작권', '신지식재산권' 등 세 가지 형태로 분류된다. 산업재산권은 물질문화 발전에 기여하는 것에 대한 권리를 의미하고, 정신문 화 발전에 기여하는 것에 대한 권리를 저작권이라고 한다. 또한 경제·사회 또는 문화의 변화나 과학기술의 발전에 따라 새로운 분야에서 출현하는 지식재산의 유형이 보호받을 수 있는 권리를 신지식재산권이라고 한다.

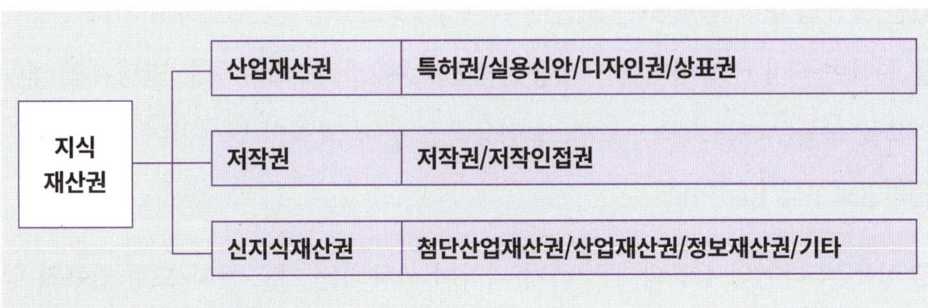

자료출처: 특허청 지식재산의 손쉬운 이용

특허와 실용신안 구분

구분	특허	실용신안
보호대상	지연법칙을 이용한 기술적 사상의 창작(물건, 방법)	물품의 형상, 구조, 조합에 관한 자연법칙을 이용한 기술적 사상의 창작(물건)
권리존속기간	20년	10년
진보성	다소 쉽게 발명 가능한지 여부	다소 쉽게 고안 가능한지 여부

지식재산권과 관련된 법체계는 크게 '특허법', '실용신안법', '상표법', '디자인보호법'으로 구성된 '산업재산권법'과 '저작권법'으로 구분된다. 산업재산권은 특허청에서 '출원' 후 '심사' 단계를 거쳐 '등록'받으면 권리자에게 독점권이 부여된다. 반면, 저작권은 창작과 동시에 발생하는 권리로 한국저작권위원회 등록이 효력 발생 요건이 아니다. 저작권은 '저작재산권'과 '저작인격권'으로 구분되며, '저작권법'에서는 보호받을 수 있는 저작물의 종류와 저작권을 구성하는 저작자의 권리의 행사에 관하여 일정한 제한을 두고 있다.

❶ **특허권**: 자연법칙을 이용한 기술적 사상의 창작으로써 고도한 것('발명')을 일정기간 독점적·배타적으로 소유 또는 이용할 수 있는 권리로(「특허법」 제94조), 국가산업의 발전을 위해 발명을 보호·장려하는 제도이다. 설정등록을 통해 효력이 발생하며 존속기간은 출원일로부터 20년이다.

❷ **실용신안권**: 자연법칙을 이용한 기술적 사상의 창작으로써 산업 상 이용할 수 있는 물품의 형상·구조 또는 조합에 관한 고안('소발명')을 보호하기 위하여 등록을 통하여 허용된 권리이다(「실용신안법」 제2조, 제4조). 중소 발명가의 개발의욕을 북돋우려는 목적으로서, 설정등록을 통해 효력이 발생하며 존속기간은 출원일로부터 10년이다.

❸ **상표권**: 타인의 상품과 식별하기 위하여 사용되는 기호·문자·도형·입체적 형상·색채·홀로그램·동작 또는 이들을 결합한 것을 독점적으로 사용할 수 있는 권리를 말한다(「상표법」 제2조 제1호). 설정등록을 통해 효력이 발생하며, 등록일로부터 10년마다 갱신 가능한 반영구적 권리이다. 상표의 인접개념으로 상호는 개인이나 법인이 영업상 자기를 표시하는 명칭으로, 상품이 아닌 영업의 동일성을 표시하는 기능이라고 볼 수 있다. 일반적으로 문자로 표현되고 호칭되며 기업의 경우 상호의 사용은 강제적이라는 특징이 있다.

❹ 디자인권: 산업적 물품 또는 제품의 독창적이고 장식적인 외관 형상·모양·색채 또는 이들이 결합하여 시각적 미감을 느끼게 하는 것을 등록을 통해 보호하는 권리이다(「디자인보호법」 제2조). 설정등록을 통해 효력이 발생하며, 존속기간은 출원일로부터 20년이다.

❺ 저작권법: 저작자의 창작물을 공표하고 이를 위해 어떠한 방법으로든 공개 배포 또는 전달하고, 저작물을 다른 이가 특정의 방법으로 사용하도록 허락할 수 있는 권리이다(「저작권법」 제2조). '저작재산권'은 저작자가 저작물을 스스로 이용하거나 다른 사람이 이용할 수 있도록 허락함으로써 경제적 이익을 올릴 수 있는 재산권을 말하며(「저작권법」 제16조, 제22조), '저작인격권'은 저작자가 저작물에 대하여 가지는 인격적·정신적 이익을 보호하는 권리로서 공표권, 성명표시권 및 동일성유지권이 해당된다(「저작권법」 제11조-제13조). 저작물의 보호기간은 저작자의 생존 기간과 사망 후 70년이다.

❻ 그 밖에 산업재산분야에는 영업비밀 보호제도, 반도체 배치설계권 등도 있다.

① 영업비밀 보호제도: 기업의 유용한 영업비밀 보호를 통한 건전한 거래질서 유지를 목적으로 한다. 영업비밀이란 공공연히 알려져 있지 않고 독립된 가치를 지니는 것으로써 비밀로 관리된 생산방법, 판매방법, 그 밖에 영업 활동에 유용한 기술상 또는 경영상의 정보를 의미한다(「부정경쟁방지 및 영업비밀보호에 관한 법률」 제2조 제2호). 기술정보에는 제품·시설 설계도, 프로그램 소스코드, 제품 생산방법, 원료 배합 정보, 연구개발 정보, 시험 데이터 등이 포함되며, 경영정보로는 고객명부, 주요계획, 관리정보, 매뉴얼 등이 보호 대상이다. 영업비밀이 침해된 경우 폐기청구권, 손해배상청구권, 신용회복청구권을 인정하고 있으며, 침해자 및 배후의 법인 등에 대한 형사처벌도 가능하다.

② 반도체 배치설계권: 일명 반도체보호법 또는 칩법(Chip Law)은 반도체 집적회로 제조에 필요한 각종 회로소자와 이들을 연결하는 도선을 평면적 또는 입체적으로 배치한 설계를 무단복제 등의 침해로부터 보호하기 위한 제도이다. 이는 창작자의 권리를 보호하기 위한 신지식재산권의 일종으로, 다른 지식재산권과 동일한 권리를 부여받는다. 반도체 배치설계권의 존속기간은 설정등록일로부터 10년이다. 반도체 배치설계는 고도의 기술력과 막대한 투자가 필요한 분야로, 이에 대한 적절한 보호가 없다면 창의 의욕이 저하되고 산업 발전이 저해될 수 있다.

❼ 또한 특허/실용신안 제도에는 컴퓨터관련 발명 보호제도, 생명공학관련 특허 제도 등도 있다.

① 컴퓨터 관련 발명: 발명의 실시에 컴퓨터나 소프트웨어를 필요로 하는 것을 말한다. 이는 컴퓨터프로그램 관련 발명과 영업방법 발명을 포함하며, 클라우드 컴퓨팅, 빅데이터, 데이터베이스, 인터넷 보안, 모바일 앱 관련 발명이 대표적이다. 현재 우리나라 특허법에는 컴퓨터프로그램에 관한 명시적 규정이 마련되어 있지 않아, 심사기준에 의해 기록매체 형태로 인정하고 있다. 컴퓨터프로그램 자체는 특허 대상이 되기 어렵지만, 소프트웨어에 의한 정보처리가 하드웨어를 통해 구체적으로 구현되면 발명으로 인정된다. 또한 매체에 저장된 컴퓨터프로그램 형태의 청구항도 인정하고 있어 소프트웨어 개발자들도 적절한 특허 보호를 받을 수 있다.

②생명공학관련 특허 제도: 생명공학분야의 특허 보호대상은 물질과 방법으로 구분된다. 물질 특허의 경우, 인간의 존엄성을 해치는 발명을 제외한 단세포 생명체, 동물, 그리고 유용성이 밝혀진 유전자(DNA서열)와 단백질(아미노산서열)이 특허가능 대상에 포함된다. 방법 특허로는 수술·치료방

법, 유전자 치료법, 진단방법 등이 포함될 수 있지만, 사람을 대상으로 하는 치료 진단방법은 의료행위에 해당하므로 산업상 이용가능성이 없는 것으로 간주하여 특허 대상에서 제외된다. 따라서 동물을 대상으로 하는 치료 진단방법에 대해서만 특허가 가능하다. 생명공학분야는 윤리적 고려사항과 밀접하게 연관되어 있어, 특허 심사 과정에서 발명의 산업적 가치뿐만 아니라 사회적·윤리적 측면도 중요하게 고려된다.

산업재산권 구분

구분	특허권	실용신안권	상표권	디자인권
수단	발명 보호, 장려	실용적인 고안을 장려, 보호	상표 보호, 사용자의 업무상 신용유지	디자인의 보호와 이용을 도모, 디자인 창작을 장려
목적	기술 발전으로 산업 발전 촉진	기술 발전으로 산업 발전 촉진	산업 발전 이바지 및 수요자 이익 보호	산업발전 이바지
보호 대상	물질, 물건 방법	물건	시각적 유지	심미적 디자인
보호 범위	균등범위	균등범위	동일 유사범위	동일 유사범위
존속기간	출원20년 (연장가능)	출원 10년	등록 10년	출원 20년
연장여부	5년 한도 존속기간 연장	없음	무한갱신등록	없음

3. 특허 출원과 등록

특허는 [출원-심사-등록여부 결정-설정등록] 등의 일련의 절차를 통해 권리가 부여된다. 특허출원은 특허를 받으려는 발명을 특허출원서에 기술하여 특허청장에게 제출하는 행위이다. 출원 방법으로는 온라인출원, 전자적 기록매체 출원, 서면출원이 있다. 출원 시에는 특허출원서, 명세서(발명의 설명, 청구범위 포함), 기술구성 도면, 요약서(발명을 요약정리한 기술정보) 등의 서류가 필요하다. 작성된 서류를 온라인으로 전송하거나 전자적기록매체에 수록하여 특허청에 제출할 수 있고, 특허청에 직접 또는 우편으로 제출할 수도 있다. 우편으로 접수하는 경우, 국내 출원은 우체국 소인일자를 출원일로 인정하지만, 해외특허출원의 경우에는 특허협력조약(PCT: Patent Cooperation Treaty)에 따라 특허청 도달일을 출원일로 인정한다.

특허출원에 대한 심사는 출원인의 심사청구가 있을 때에만 진행된다. 심사청구는 출원일로부터 3년 이내에 해야 하며, 이 기간 내에 청구가 없으면 취하한 것으로 간주된다. 심사절차는 [방식심사-출원공개-실체심사-특허결정-등록공고]의 단계로 이루어진다.

방식심사는 출원의 주체와 법령이 정한 형식적 요건 충족 여부를 검토하는 단계이다. 출원서 기재 사항의 누락, 필요한 서류의 첨부 여부, 수수료 납부 상태 등을 확인한다.

출원공개는 출원일로부터 1년 6개월이 경과하면 자동으로 또는 출원인의 신청이 있을 때 해당 발명의 기술 내용을 특허 공보에 게재하여 일반인에게 공개하는 절차이다. 이는 중복 연구의 방지와 기술 정보의 확산이라는 특허제도의 목적과도 관련이 있다.

실체심사는 발명의 내용을 면밀히 파악하고 선행기술을 조사하여 해당 발명이 특허요건인 산업상 이용가능성, 신규성 및 진보성 등을 충족하는지 판단하는 본격적인 심사 단계이다.

특허결정은 심사결과 거절이유가 존재하지 않을 때에는 심사관이 특허결정서를 출원인에게 통지하는 과정이다.

마지막으로 등록공고는 특허결정 후 출원인이 등록료를 납부하면 특허권이 설정등록되고, 그 내용이 등록공고를 통해 일반인에게 공개되는 절차이다. 특허권은 설정등록 시점부터 발생하며, 출원일로부터 20년간 유지된다.

특허심사 결과 거절이 된 경우에는, 특허거절결정등본을 송달받은 날부터 3개월 이내에 명세서나 도면을 보정하여 재심사를 청구할 수 있다. 다만, 재심사

후에도 거절결정이 있는 경우에는 다시 재심사를 청구할 수 없다.

특허권은 속지주의와 선출원주의라는 중요한 특성을 가진다. 속지주의는 특허권의 효력이 권리를 획득한 국가 내에만 발생한다는 원칙이다. 따라서 여러 국가에서 보호받기 위해서는 각 국가별로 개별 출원하거나, PCT와 같은 국제출원 제도를 활용해야 한다.

선출원주의는 동일한 발명에 대하여 둘 이상의 특허출원이 있는 경우, 발명이 이루어진 시기와 관계없이 특허청에 먼저 출원한 발명에 권리를 부여하는 원칙이다. 이는 기술의 공개에 대한 대가로 권리를 부여한다는 특허제도의 기본 취지에 부합하며, 발명의 신속한 공개를 유도하여 산업발전을 도모한다는 목적을 가진다.

특허 출원과 등록은 복잡하고 전문적인 지식이 요구된다. 출원 전 충분한 선행기술 조사를 통해 발명의 특허성을 사전에 평가하는 것이 효율적인 특허 전략 수립에 도움이 된다.

4. 특허 조사 방법

특허를 출원하기 위해서는 출원서류 작성에 앞서 선행기술 조사가 필수적이다. 이 과정은 발명의 신규성과 진보성을 확인하는 중요한 단계이므로 체계적 접근이 요구된다. 특허 출원 전, 동일하거나 유사한 발명의 선출원·선등록 여부를 확인해야 한다. 특허청 홈페이지의 특허정보검색 서비스나 한국특허정보원의 검색 시스템을 활용하여 해당출원의 사전등록가능 여부를 조사해야 한다.

선행조사의 효율성을 높이기 위해서는 특허정보의 분류 항목과 기술 구분을 명확히 설정하는 것이 중요하다. 분석 대상 기술의 요소별 경향을 파악하기 위해 관련 키워드나 특허 분류 코드(선진특허분류 CPC: Cooperative Patent Classification 및 국제특허분류 IPC: International Patent Classification)를 활용하여 데이터베이스를 검색한다. 검색 결과를 참고로 적절한 분류 항목과 기술 구분을 결정할 수 있다.

효율적 분석을 위해 추출된 검색 자료의 요약서를 검토하여 노이즈 제거 및 기술분류표에 따른 분류 작업을 수행한 후, 선정된 자료에 대한 서지사항(출원인, 출원일), 심사상황(심사청구일), 권리상황(특허 등록일, 권리존속상황)에 관한 데이터를 정리한다.

정제된 데이터를 바탕으로 해당 특허들이 포함하는 기술내용에 대한 심층적 분석을 수행하여 특허정보 지도(특허맵)을 작성한다. 특허맵은 이용 목적에 맞게 특허정보를 군집화하여 시각적인 방법으로 표현한 도구이다. 이를 통해 단일 특허정보로는 파악하기 어려운 기술동향, 기업동향, 산업동향을 분석할 수 있으며, 권리가 확보되지 않은 기술 영역(공백기술)을 발견할 수 있다. 이러한 특허맵은 기업의 지식재산 업무, 연구개발 방향 설정, 그리고 전략적 사업계획 수립에 중요한 자료로 활용된다. 체계적인 특허 조사와 분석은 성공적인 특허 출원과 효과적인 기술 전략 수립의 기반이 된다.

특허 조사 절차 및 검색

특허조사 절차	분석 내용
정보사이트 선택	국내,외 특허출원, 유료,무료 등의 기준에 따라 정보사이트 선택, 일반적으로 무료사이트인 특허 정보원 KIPRIS(www.kipris.or.kr)활용
특허정보검색	기술용어, 출원인 명칭 등 간단한 단어, 구문 또는 인명으로 검색, 특허관련 문헌번호를 이용한 검색도 가능함
특허정보 해석	특허출원일, 등록일 등 시간적 기준, 출원인과 발명자정보, 기술의 청구범위 등 특허정보를 해석함
특허전략 수립	검색된 특허의 유무에 따라 기존특허의 회피방안을 수립하거나 신규특허를 등록할 것인지 등의 전략을 수립함
특허정보검색사이트	www.kipris.or.kr
특허정보검색키워드	키워드로 검색, 키워드 검사 내 재검색
특허검색결과	특허항목 확인, 초록을 통해 발명의 개요를 파악, 유사특허내용파악
특허전략	권리보호를 위한 청구범위 설정 및 특허출원계획 수립

자료출처: 특허청 R&D 특허센터

5. 지식재산권 분쟁

산업 전반에 걸쳐 지식재산권의 중요성이 높이지면서 관련 분쟁도 질적·양적으로 증가하고 있다. 특허 침해는 정당한 권한 없이 특허발명을 영리 목적의 일환으로 실시하는 행위로, 특허청구범위(특허발명 보호범위)에 기재된 구성요건적 사항들을 모두 사용하는 경우 특허권 침해가 된다(「특허법」 제97조, 제98조). 즉, 특허발명의 생산이나 실시에만 사용하는 물건을 생산·양도·대여 또는 수입하거나 그 물건의 양도 또는 대여의 청탁을 하는 행위 모두 침해로 간주된다.

삼성과 애플 등 글로벌 기업 간에도 디자인권, 특허권, 상표권, 저작권 관련 분쟁이 빈번하게 발생하고 있다. 이러한 분쟁은 단순히 법적 다툼을 넘어 기업의 시장 점유율, 브랜드 가치, 주가 등에 직접적인 영향을 미치며, 때로는 국가 간 통상 문제로 확대되기도 한다. 지식재산권 분쟁에 효과적으로 대처하기 위해서는 자사 보유 지식재산에 대한 관리체계를 전략적으로 구축하고, 경쟁사의 권리 현황을 지속적으로 모니터링하며, 필요 시 라이선스 계약 등의 방식으로 분쟁을 예방하는 접근이 필요하다.

특허괴물(Patent Troll)은 2001년 인텔의 변호사 피터 데트킨(Peter Detkin)이 처음 사용한 용어로, 특허 기술을 실제로 제품화하거나 사용하지 않고 특허권 행사만을 통해 수익을 추구하는 주체, 즉 비실시자(NPE: Non-Practicing Entity)를 의미한다. 이러한 특허괴물은 실제 제품 개발이나 서비스의 제공 없이 보유한 특허권만을 기반으로 다른 기업들을 상대로 침해 소송을 제기하거나 과도한 라이선스 비용을 요구함으로써, 새로운 시장 진입이나 기술 개발 과정에서 상당한 장애요소가 될 수 있다.

특히 중소기업이나 스타트업의 경우 막대한 소송비용과 시간적 부담으로 인해 혁신 활동이 위축되고, 불필요한 지식재산권 분쟁에 대응하기 위한 경제적·인적 자원을 소모하게 된다. 이러한 문제로 인해 많은 국가에서는 특허괴물의 부당한 권리 행사를 제한하고 건전한 지식재산 생태계 조성을 위한 법적·제도적 장치를 마련하고 있다.

6. 지식재산의 기술가치평가

지식재산의 가치를 객관적으로 평가하기 위해 기술가치평가가 실시된다. 기술가치평가는 기술을 통해 창출될 것으로 예상되는 미래 수익을 현재 가치로 환산하고, 여기에 기술 기여도를 적용하여 기술의 금전적 가치를 산출하는 과정이다.

기술가치평가는 기술거래(기술 매매), 기술금융(기술의 재무적 증권화, 기술 담보 대출), 기업의 인수합병 시 무형자산 평가, 합작투자나 전략적 제휴 시 기술 가치 산정 등 다양한 목적으로 활용된다.

7. 기술이전

기술이전이란 특정 기술이나 지식재산을 보유한 주체가 이를 필요로 하는 다른 주체에게 이전하여 활용할 수 있도록 하는 일련의 과정을 의미한다. 이는 단순한 기술 판매뿐만 아니라 기술지도, 공동연구, 합작투자 등 다양한 형태로 이루어질 수 있다. 기술이전을 통해 기술 보유자는 추가적 수익 창출이 가능하고, 기술 도입자는 필요한 기술 확보를 통해 시간과 비용을 절감할 수 있다. 또한 사회적으로는 기술의 확산과 산업의 발전을 촉진하는 효과가 있다.

❶ **기술양도**: 기술양도는 기술에 대한 소유권을 이전하는 것으로, 유상 또는 무상으로 이루어질 수 있다. 기술 자체의 매매, 기술 자료의 매매, 관련 제조설비의 매매 등의 형태가 있다.

❷ **실시권허락**: 실시권허락은 기술 사용 권한을 부여하는 것으로, 전용실시권(독점적, 배타적 사용권 부여), 통상실시권(동일 기술을 다수의 사용자가 동시에 사용할 수 있는 권리), 재실시권(실시권자가 제3자에게 사용을 허락할 수 있는 권리), 교차실시권(두 당사자가 서로의 기술을 상호 사용할 수 있는 권리), 집단실시권(한 건의 계약으로 여러 기술을 사용할 수 있는 권리) 등이 있다.

❸ **기술지도**: 기술 제공자가 기술 도입자에게 해당 기술의 활용 방법을 직접 지

도하거나 자문하는 형태의 기술이전 방식이다.

❹ **공동연구**: 둘 이상의 주체가 공동으로 연구개발을 수행하는 방식으로, 기술제휴, 인력제휴, 생산제휴 등의 형태가 있다.

❺ **합작투자**: 기술 제공과 함께 자본을 출자하여 새로운 사업체를 설립하고, 기술지도와 경영지도를 수행하는 방식이다.

❻ **인수합병**: 기술을 보유한 기업 전체나 특정 부문(조직)을 인수하여 기술을 확보하는 방식이다.

8. ESG

ESG는 환경(Environment), 사회(Social), 지배구조(Governance)의 영문 첫 글자를 조합한 용어로, 기업의 비재무적 성과를 평가하는 중요한 지표이다. ESG 개념은 2020년 초에 세계 최대 자산운영사인 블랙록(BlackRock)의 래리 핑크(Larry Fink) CEO가 연례 서한에서 기업들에게 탄소중립(Net Zero)과 양립할 수 있는 계획을 공개하라고 촉구하면서 전 세계적으로 주목받기 시작했다.

현재 ESG는 기업의 지속가능한 발전을 위한 핵심 요소로 자리 잡고 있으며, 점차 규범화되고 있다. 우리나라도 탄소중립(이산화탄소 배출을 0으로 만드는 것) 가입국가로서 2030년까지 2018년도 대비 온실가스 배출량을 35% 이상 감축한다는 목표를 제시하였다.

ESG의 각 요소는 다음과 같은 내용을 포함한다.

- E(환경): 환경경영, 기후변화 대응, 자원 소비 효율화, 환경오염 저감 등
- S(사회): 노동 환경, 인권 보호, 공정거래, 정보보호, 지역사회 공헌 등
- G(지배구조): 이사회 구성과 운영, 주주권 보호, 윤리경영, 경영 투명성, 반부패 정책 등

❶ 기업의 ESG 대응

ESG 경영은 현대 기업에게 있어 더 이상 선택이 아닌 필수 요소가 되었다. 효과적인 ESG 경영을 위해서는 단계적 접근이 필요하다. 기업은 먼저 자사의 경영 특성을 파악하고, 관련 산업의 특성, 기업 규모, 지역적 맥락 등을 고려한 맞춤형 ESG 전략을 수립해야 한다.

이를 위해 기업 내부에 ESG 전담 조직을 구축하고, 국제적으로 인정받는 평가 기준인 글로벌 보고서 이니셔티브(GRI: Global Reporting Initiative)나 지속가능성 회계기준위원회(SASB: Sustainability Accounting Standards Board)의 표준에 맞추어 ESG 성과를 측정하고 보고하는 체계를 마련해야 한다. 또한 ESG 경영 목표와 성과를 투명하게 공개하여 이해관계자들과의 신뢰를 구축하는 것이 중요하다.

우리나라 ESG 법제화 추진 현황

<table>
<tr><th>구분</th><th>규제/정책</th><th>2020년</th><th>2021년</th><th>2022년</th><th>2023년</th><th>2024년</th><th>2025년</th></tr>
<tr><td>ESG공시</td><td>지배구조경영 보고서 공시의무</td><td>자산2조 이상</td><td colspan="5">자산 1조이상</td></tr>
<tr><td>공급망 실사</td><td>공급망 실사대응 K-ESG 가이드라인</td><td></td><td></td><td>산업부 발표</td><td></td><td></td><td></td></tr>
<tr><td>녹색분류체계</td><td>K-Texonomy</td><td></td><td>환경부 발표</td><td>개정안 발표</td><td colspan="3">시행</td></tr>
<tr><td>탄소 국경세</td><td>탄소 국경제도 (CBAM)</td><td></td><td></td><td></td><td></td><td>탄소 모니터링 시스템 등 개선</td><td>EU 규제 보고 기준 준수</td></tr>
<tr><td>순환경제</td><td>플라스틱 등 법제화</td><td></td><td>PP 및 플라스틱 재활용 종합대책</td><td></td><td>3% 재생원료 활용</td><td></td><td>10%</td></tr>
</table>

❷ 중소기업을 위한 ESG 벤처투자 표준 가이드

중소벤처기업부는 2022년에 「ESG 벤처투자 표준 가이드라인」을 제시하고, 모태펀드에서 167억 원 이상을 ESG 전용 펀드로 시범 운영하는 계획을 발표했다. 중소기업은 대기업에 비해 ESG 경영을 위한 자원과 역량이 제한적이지만, 변화하는 시장에 적응하고 경쟁력을 유지하기 위해서는 ESG 요소를 고려한 경영이 불가피해지고 있다.

현재는 ESG 관련 정책과 지원이 주로 해외 시장에 대응해야 하는 대기업 위주로 이루어지고 있으나, 향후에는 중소기업을 위한 맞춤형 지원 정책이 확대될 필요가 있다. 중소기업은 관련 산업별 ESG 핵심 요소를 파악하고, 우선순위를 설정하여 단계적으로 접근하는 전략이 효과적이다.

산업별 주요 ESG 분류

분류	Level 1	Level 2, 3
바이오, 의료	임상시험 참가자의 안전, 제약.의료 서비스에 대한 접근성, 인적자원의 개발 및 유지	제품에 대한 가격 접근성, 위조 의약품 방지, 제품 안전, 윤리적 마케팅, 공급망관리, 윤리경영
ICT서비스, 게임	데이터 프라이버시와 표현의 자유, 데이터 보완, 인적자원의 다양성	하드웨어 인프라의 환경 부하, 지식재산권 존중 및 공정경쟁, 서비스 중단 리스크 관리
영상. 공연. 음반	콘텐츠와 제작.개발 및 관리 등의 다양성 및 표용성	보도.공연.방송윤리.저작권보호
ICT 제조	제품에서의 정보보안, 인적자원의 다양성, 제품수명주기 관리	공급망관리, 지속 가능한 원료구매, 온실가스 배출관리, 에너지 사용량 관리, 용수 사용량 관리, 폐기물 배출관리, 산업안전, 지식재산권 존중 및 공정경쟁
전기.기계.장비	제품수명주기 관리	제품 안전, 에너지사용량 관리, 위험 폐기물 관리, 지속가능한 원료 구매, 윤리경영
화학, 소재	사용 단계에서 제품의 환경성 개선, 화학물질의 안전.환경관리	온실가스 배출 관리, 대기오염물질 배출관리, 에너지 사용량 관리, 위험폐기물 관리, 지역사회와의 관계, 산업안전, 법률 및 규제 관리, 환경 사고예방 및 대응 체계
유통.서비스	근로자 인권보호, 인적 자원의 다양성	에너지 사용량 관리, 고객 정보보호, 제품.포장. 마케팅에서의 환경. 사회적 지속가능성 개선

※자료출처:중견, 중소기업과 스타트업의 ESG 완전정복,진성한 외, 2023.

❸ 제품개발 시 ESG 적용 사항

제품의 개발 과정에서 ESG 요소를 고려하는 것은 점차 필수적인 요건이 되고 있다. ESG 규정을 준수하지 않은 제품은 국내 시장뿐만 아니라 수출에도 제약을 받을 수 있다. ESG 규정은 단순한 권고 사항을 넘어 실질적인 제재 수단으로 작용하고 있기 때문에, 제품 개발 시 다음과 같은 ESG 요소를 고려해야 한다.

① **자원 효율성**: 제품 설계 단계부터 제조 공정, 유통 과정에 이르기까지 자원의 효율적 사용을 고려해야 한다. 원재료 선택에서부터 생산 과정, 제품 수명 종료 시점까지 에너지와 자원의 소비를 최소화하는 접근이 필요하다. 특히 재생 에너지 활용을 확대하거나 플라스틱 사용을 줄이고 재활용 소재로 대체하는 등의 노력이 중요하다.

② **오염 방지**: 제품이 환경에 미치는 부정적 영향을 최소화하기 위해 오염물질 배출을 줄이는 방안을 모색해야 한다. 생산 공정에서 유해 화학물질 사용을 줄이고, 제품 전체 수명주기에서 발생하는 탄소 발자국(carbon footprint)을 최소화하는 방향으로 설계가 이루어져야 한다.

③ **제품 수명주기 분석**: 제품의 설계, 생산, 사용, 폐기에 이르는 전체 수명주기에서 환경적 영향을 종합적으로 평가해야 한다. 특히 제품 폐기 시 환경에 미치는 영향을 사전에 분석하고, 폐기물 발생을 최소화할 수 있는 설계 방안을 우선적으로 고려해야 한다.

④ **규제 준수**: 환경 및 노동 관련 법규를 철저히 준수하고, 지역별로 상이한 규제 요건을 사전에 파악하여 위기를 줄이는 접근이 필요하다. 특히 글로벌 시장을 목표로 하는 제품의 경우, 다양한 국가 및 지역의 환경 규제를 종합적으로 고려한 개발 전략이 중요하다.

⑤ **포장 최적화:** 제품 포장은 ESG 측면에서 중요한 고려 요소이다. 불필요한 포장을 줄이고, 바이오플라스틱이나 재활용 종이 등 친환경 포장재를 활용함으로써 환경 영향을 최소화해야 한다. 또한 포장재의 재활용 용이성을 높이는 설계를 통해 자원 순환에 기여할 수 있어야 한다.

ESG를 고려한 제품 개발은 환경 보호와 사회적 책임을 다하는 윤리적 책임뿐만 아니라, 변화하는 소비자 선호도와 규제 환경에 대응함으로써 장기적인 기업 경쟁력을 확보하는 전략적 접근이라고 할 수 있다. 특히 캡스톤디자인 프로젝트에서 제품을 개발할 때 ESG 요소를 고려함으로써 미래 산업 환경에 대한 이해와 지속가능한 혁신 역량을 배양할 수 있을 것으로 기대한다.

9.사업계획서 작성 사례

다음은 반려견 산업에서 기업 간 협력 체계를 구축하고 상호 연계를 통해 수익을 확대하는 비즈니스 모델로 경진대회에서 수상한 사업계획서이다.

목차

Ⅰ 기업개요 및 조직체계

1.1 기업소개
1.2 조직체계

Ⅱ 사업개요

2.1 사업개요
2.2 창업아이템 소개
2.3 창업투자계획

Ⅲ 시장분석

3.1 반려동물 시장 분석(1)
3.2 반려동물 시장 분석(2)
3.3 마케팅 계획
3.4 SWOT 분석
3.5 서비스비용

Ⅳ 개발계획

4.1 개발계획
4.2 성장목표
4.3 매출계획

Ⅴ 서비스 차별성

5.1 서비스 차별성

Ⅵ 핵심 역량

6.1 핵심역량1
6.2 핵심역량2
6.3 핵심역량3
6.4 핵심역량4
6.5 기대효과

Ⅶ 기대효과

7.1 기대효과

1.1 기업소개

반려동물과 사람을 Connect 해주는 기업

"Conexión"

회 사 명	(주)꼬넥씨온/Conexion	사업분야	반려동물매칭, 미용, 의료, 교육, 식품, 장례
대 표 자		서비스 품목	반려 동물 매칭 서비스 외
주 소		임 직 원	4명
설립일자		자 본 금	10억원

'19
- 벤처 인증
- 연구소 설립
- 프랜차이즈 10개 개설
- 특허출원(2개)
- 프로그램(저작권)등록
- 고객 DB 구축

'21
- 기술혁신형 중소기업(INNOBIZ) 등록 (중소기업청)
- 특허 등록

'23
- 프랜차이즈 100호점 개설

'25
- WC300 기업 등록

1.2 조직체계

“ 지속 성장 및 환경 변화에 대응할 수 있는 빠르고 유연한 조직 ”

전체 조직 총괄현황

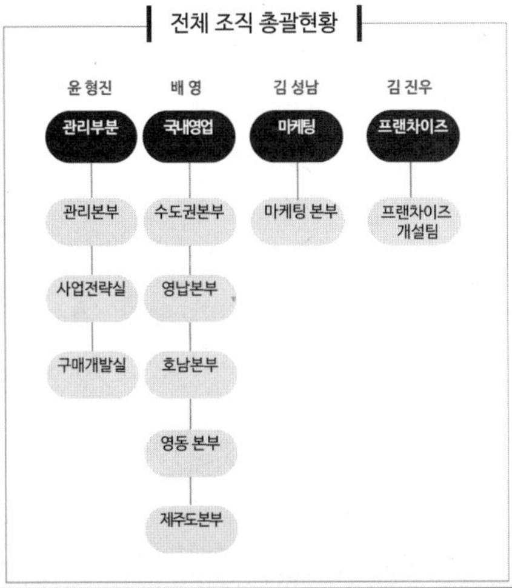

향후 개선 방향

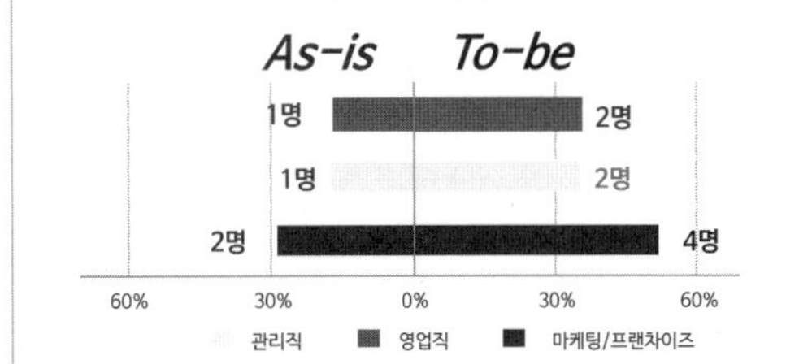

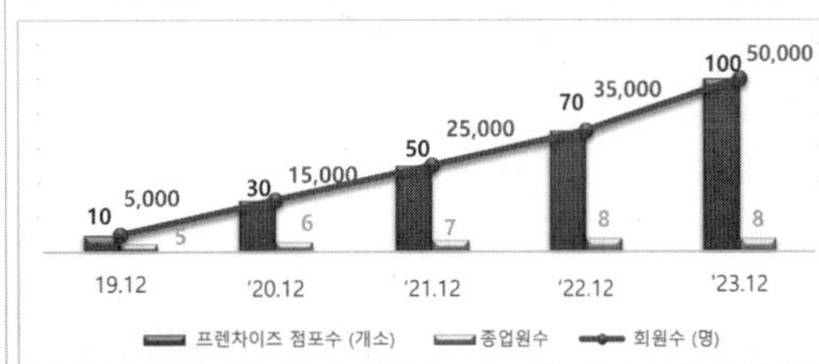

2.1 사업개요

“ Matching with Conexion ”

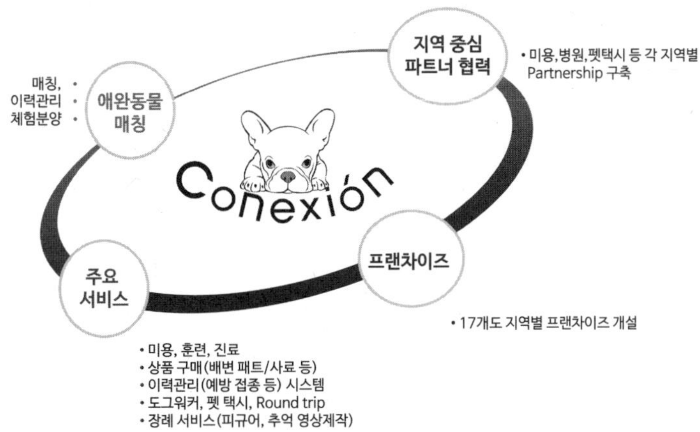

2.2 창업아이템 소개

Conexión

Total Diagram

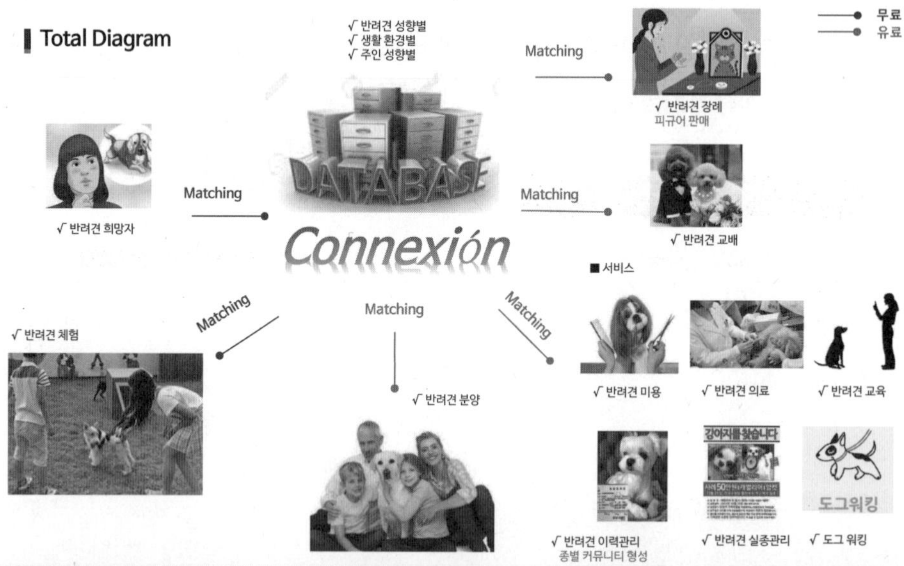

2.3 창업 투자계획 (2019 ~ 2021)

Conexión

" 빠른 매출창출로 인한 투자비 회수가능!! "

항 목	년도			비고
	2019	2020	2021	
매출	730	1,540	2,200	추정
매출원가	190	278	395	인건비
매출이익	540	1,262	1,805	
판관비	323	377	461	
인건비	150	180	216	대표이사,관리이사
기타	173	197	245	
영업이익	218	886	1,345	
이자비용	15	15	15	
법인세차감전 이익	203	871	1,330	
법인세비용	45	192	292	22%적용
당기순이익	158	679	1,037	
자본금	400	400	400	
고정부채	600	600	-	기관투자금
자기 자본금	400	400	400	개인투자금
이익잉여금	158	837	1,874	
총부채	611	612	15	2020 기관투자비용 상환
총자산	1,168	1,849	2,289	자본금+이익잉여금+부채

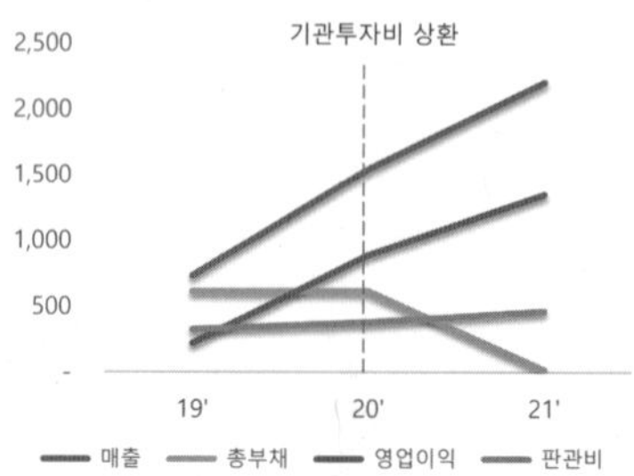

재무재표 상세 내역

3.1 반려 동물 시장 분석(1)

Conexión

반려 동물 키우는 인구 및 Target

- 반려 동물 키우는 인구: 1,800 만명
- 시장 규모: 6조(2020년)구매(배변 패드/사료 등)
- 시장 Target: 1인 가구(1인 가구 특성상 애완견의 관리 소홀 문제)

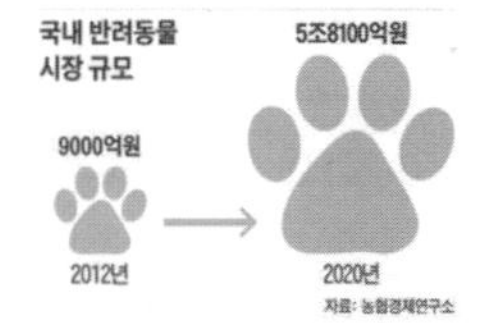

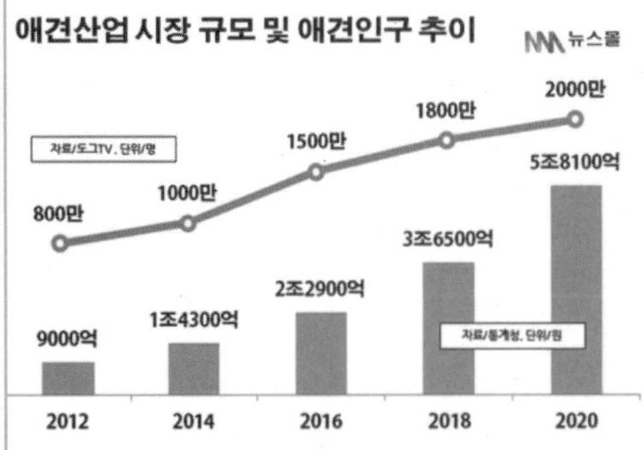

16.06.17 다지털경제

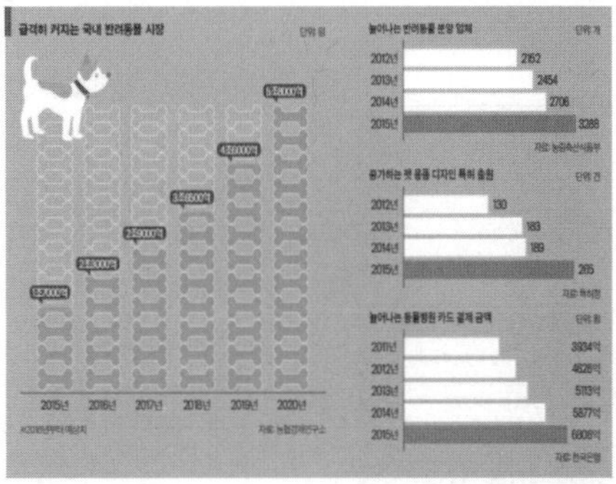

18.03.16 매일경제

3.2 반려 동물 시장 분석(2)

Conexión

반려 동물을 통한 지출 비용

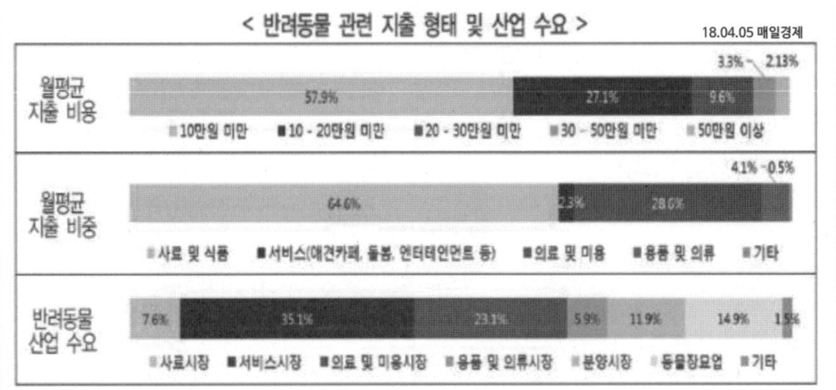

3.3 마케팅 계획

Conexion

STP 전략

Conexion = 반려동물의 Duo, Coway & 보람 상조

STP

Segmentation

- ✓ 인구통계적 구분: 20~30대 1인 가구
- ✓ 지리적 구분: 전국 17개도 지역 중심 서비스

Target

- ✓ Main Target: 직장인 중심 20~30대

Positioning

- ✓ 매칭: 애완견의 Duo
- ✓ 사후관리: 애완견의 코웨이(관리)
- ✓ 장례: 애완견의 보람 상조

3.4 SWOT 분석

Conexion

S

- 자신에게 맞는 애완동물을 추천
- 제휴 업체를 통한 회원 모집 용이

➢ 증가 되고 있는 애완동물 분양에 맞춰
자신의 Life style에 맞는 적절한 애완동물을 추천 소개 받아 만족감을 높이며
일반인이 챙기기 어려운 동물의 정보 및
사육의 정보를 받을 수 있다
또한 1인가구의 증가로 인해 외로움을
달래기 위해 분양을 원하는
인구가 늘어나고 있음.

W

- 회원확보에 시간과 비용이 큼
- 제휴 업체의 서비스 불만족 우려

➢ 다수의 회원이 모집되기 전 까지
시간과 비용이 크지만 이미 보유하고 있는 애완동물과 앞으로 새로 발생할 분양기회가
매년 증가 하고 있기 때문에 회원 모집에
시간을 단축 시킬 수 있다.

O

- 반려동물 시장 증가
- 1인 가구 증가

예상치 못한 애완동물 사육의
어려움과 본인 상황에 맞지 않은
애완동물 분양으로 인해 실망감과
사육의 어려움을 분양 전에 미리 알고
big data를 활용한 Matching 프로그램 및 애완동물을 분양전에 미리 다뤄보고
분양을 결정하기 때문에 이런 사건 사고가 발생할 확률 감소

T

- 유기 및 방치 확대
- 동물학대 사례 증가

제휴 업체의 서비스 불만족 및
업체에서 발생한 사고로 인해
오히려 유기 등 사고가 증가 할 수 있음.

SWOT분석

3.5 서비스 비용

Conexión

- 반려동물과 고객의 매칭을 만족도 증가
- 인식표/회원카드를 통한 개 실종 예방 및 서비스(미용/교육등)이용 시 할인/마일리지 제공
- 아름다운 이별(장례) 서비스 제공, 디지털 컨텐츠 및 피규어를 통한 치유의 시간

서비스 주요내용?

서비스 내역	고객	당사	수익	비고
매칭	반려동물 매칭	DB 축적 및 활용	무료	웹사이트 회원 가입
체험	반려동물 체험	관련업체 연결	2회 무료	
분양	분양알선	분양업체 소개	유료	고객은 무료 / 업체한테 수수료 받음
이력관리(쌍방향)	예방접종시기/질병관리/ 인식표/회원카드 제공 종별 커뮤니티 관리	DB 관리	유료	- 가입비: 1만원 - 연회비: 3만원 - 마일리지 통합적립/사용
서비스	미용/의료/교육/도그워커/분실광고.. 사료 및 식품 (교육: 사회화 교육) - 물건과 친해지기 - 소리 나는 철 제품 익숙해지기 - 낯선 공간 두려움 없애기 - 물과 친해지기 - 배변 교육	관련업체 연결	유료	
장례	디지털 컨텐츠 (추억 영상) 피규어	추억영상 등 판매 수익	유료	

4.1 개발계획

Conexión

개발목표

- 이력관리 — DB 구축을 통한 사업 Platform 확보
- 지역중심 — 협력사 구축
- 서비스 확대 — 서비스 확대
- 지역별 — 프랜차이즈화

개발전략

이력관리
- 1단계 반려동물 희망자 설문 조사를 통한 DB구축
- 2단계 SNS/Facebook등 홍보를 통한 반려동물 희망자 성향 분석
- 3단계 동물병원/분양업체를 통한 개들의 성향 및 정보 확보

지역중심
- 1단계 반려동물 시장이 큰 국가의 선진 사례 분석을 통한 서비스의 차별화
- 2단계 기존서비스의 확장 및 강화(의료,미용,교육,식품 등)

"파트너사와의 체계적인 시스템 구축"

서비스 확대
- 1단계 안전성 및 고객만족을 위한 다양한 서비스 추가 계발 (ex. 도그 워킹/펫택시)
- 2단계 이별예식, 정성으로 준비하는 이별의 시간

지역별
- 1단계 파트너사와의 체계적인 시스템 구축
- 2단계 통합 마일리지 적립 및 사용(병원/유치원 호텔 등 전 사업장)

4.2 성장목표

"2023년 WC300 기업 등록, 매출 40억 달성"

목표

- ☑ 국내시장 점유율 3위 이내 & 프랜차이즈 100호점 돌파
- ☑ 재무적 목표 : 5년 후 매출 40억원 달성

비전

- ☑ 반려동물 Total Care Solution
- ☑ 기술과 서비스가 융합된 전 사업장 Hot-line 구축
- ☑ 국내 시장을 Base로 해외시장(미국,중국)공략

연도			'19.12	'20.12	'21.12	'22.12	'23.12	성장률(%)
매출액(백만원)			730	1,540	2,200	2,860	4,000	60%↑
프랜차이즈 (백만원)			280	740	1,100	1,460	2,100	60%↑
서비스(백만원)			450	800	1,100	1,400	1,900	60%↑
서비스별 매출액 비중(%)	프랜차이즈	가입비	14%	13%	9%	7%	8%	-
		년회비	21%	29%	34%	37%	38%	-
		App 사용비	4%	6%	7%	7%	8%	-
	서비스	의료/상품/장례	62%	52%	50%	49%	48%	-

4.3. 매출계획

5년간 매출 목표

(단위 : 억 원)

연도	'19.12 (1기)	'20.12 (2기)	'21.12 (3기)	'22.12 (4기)	'23.12 (5기)
총 매출액	730	1,540	2,200	2,860	4,000

• 결산 월 매년 12월

항 목				19.12	'20.12	'21.12	'22.12	'23.12
매출액(백만원)				730	1,540	2,200	2,860	4,000
프랜차이즈 (백만원)				280	740	1,100	1,460	2,100
서비스(백만원)				450	800	1,100	1,400	1,900
프차이즈 점포수 (개소)				10	30	50	70	100
회원수 (명)				5,000	15,000	25,000	35,000	50,000
체인점 당 관리 회원수 (명)				500	500	500	500	500
항목별 매출액	프랜차이즈	가입비	10 백만	100	200	200	200	300
		년회비	15 백만/년	150	450	750	1,050	1,500
		App 사용비	3 백만/년	30	90	150	210	300
		소계		280	740	1,100	1,460	2,100
	서비스	가입비	1만	50	100	100	100	150
		연회비	3만/년	150	450	750	1,050	1,500
		의료/상품/장례 등	5만/년	250	250	250	250	250
		소계		730	1,540	2,200	2,860	4,000

"5년 후 매출 40억 !
프랜차이즈 100개소
회원수 50,000명 달성 !"

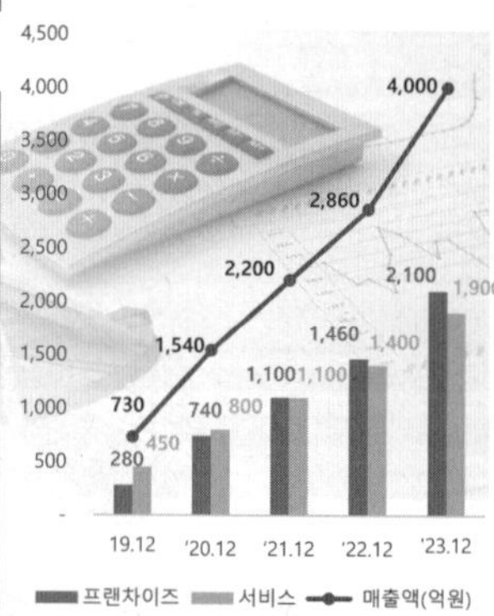

※ 가입비 2만 = 본사 1만원+프랜차이즈 1만원
연회비 6만 = 본사 3만원+프랜차이즈 3만원
의료/상품/장례 수익 = 본사 5만원+프랜차이즈 5만원

5.1 서비스 차별성

" 차별성으로 인한 시장 경쟁에서 우위 선점 "

	장례업체	분양업체	미용실	병원	교육시설	놀이방/호텔	펫샵	광고회사	꼬넥시온
분양알선	X	◎	△	△	△	X	X	X	◎
미용	X	X	◎	X	X	X	X	X	◎
훈련	X	X	X	X	◎	X	X	X	◎
진료	X	X	X	◎	X	X	◎	X	◎
상품구매	X	X	◎	X	X	X	X	X	◎
장례	◎	X	X	X	X	X	X	X	◎
활동/보관	X	X	X	X	X	◎	X	X	◎
순종 교배	X	X	△	△	△	X	X	X	◎
추억관리(영상관리)	X	X	X	X	X	X	X	X	◎
펫택시&픽업	X	X	X	X	X	X	X	X	◎
이력관리	X	X	X	X	X	X	X	X	◎
분실광고, 실종관리	X	X	X	X	X	X	X	◎	◎
Round Trip 서비스	X	X	X	X	X	X	X	X	◎
팻 매칭	X	X	X	X	X	X	X	X	◎
마일리지 적립/사용		적립된 마일리지는 해당 업체에서만 사용 가능							일괄적립/사용

각 파트너사와의 연계로 인한 Total Care 서비스

6.1 핵심역량 (1)

▌반려동물 매칭(특허 출원)

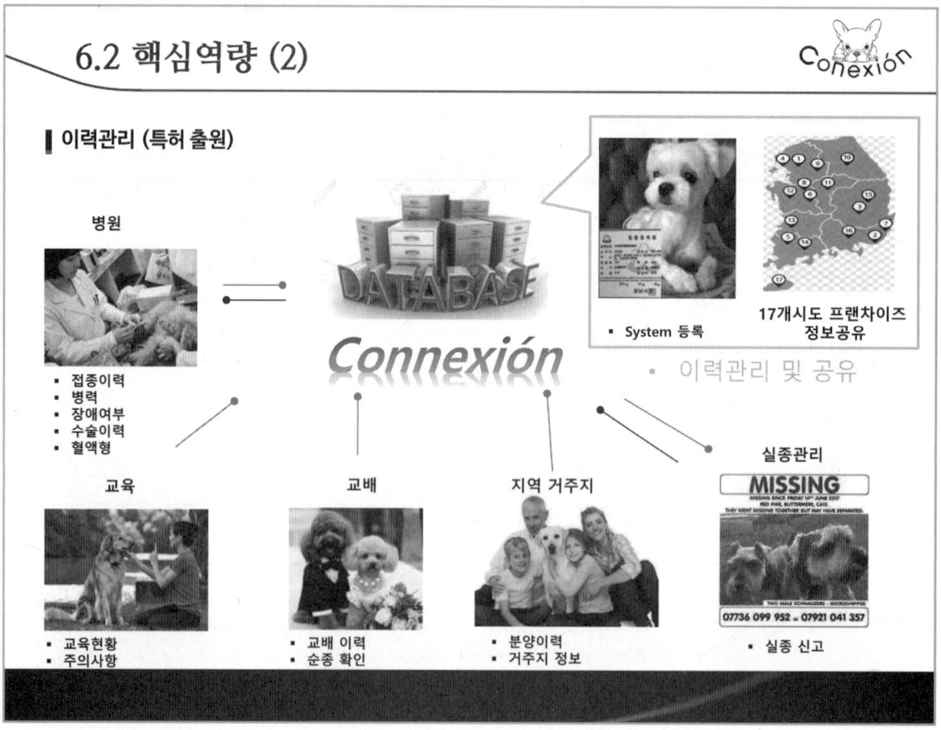
6.2 핵심역량 (2)
Conexión
이력관리 (특허 출원)
병원
접종이력
병력
장애여부
수술이력
혈액형
DATABASE
Connexión
System 등록
17개시도 프랜차이즈 정보공유
이력관리 및 공유
실종관리
MISSING
07736 099 952 - 07921 041 357
교육
교육현황
주의사항
교배
교배 이력
순종 확인
지역 거주지
분양이력
거주지 정보
실종 신고

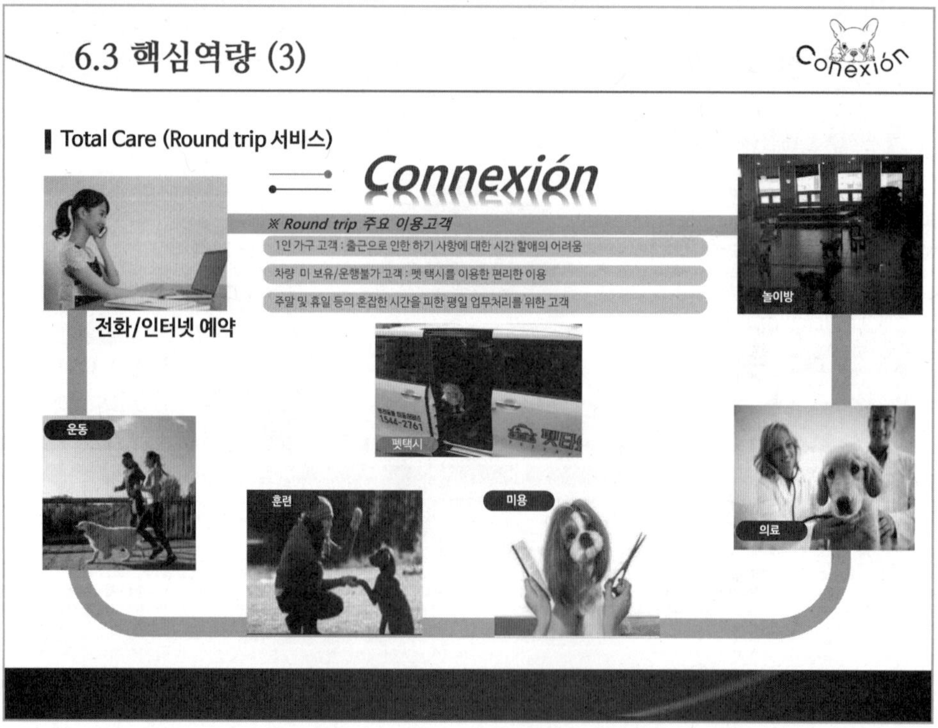
6.3 핵심역량 (3)
Conexión
Total Care (Round trip 서비스)
Connexión
※ Round trip 주요 이용고객
1인 가구 고객 : 출근으로 인한 하기 사항에 대한 시간 할애의 어려움
차량 미 보유/운행불가 고객 : 펫 택시를 이용한 편리한 이용
주말 및 휴일 등의 혼잡한 시간을 피한 평일 업무처리를 위한 고객
전화/인터넷 예약
놀이방
펫택시
운동
훈련
미용
의료

6.4 핵심역량 (4)

▌지역중심 파트너 협력

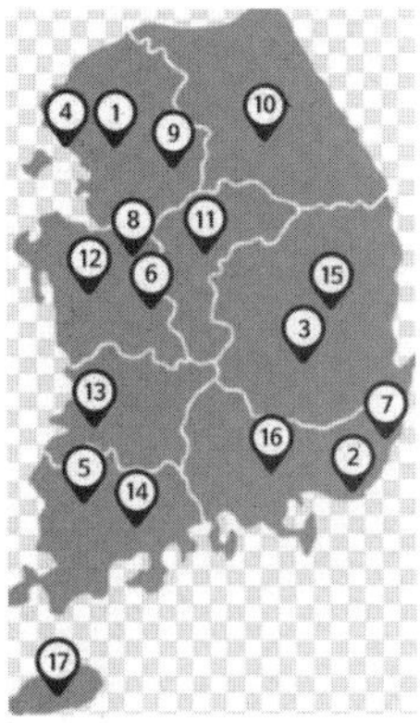

"17개 시도 프랜차이즈 구축"

"파트너사와의 체계적인 시스템 구축"

순번	파트너명	주요역량	주요 협력사항	비고
1	애견미용	털깍기 염색, 교육	• 털깍기10회 이용시 1회 무료 • 염색 5회시 1회 50% 할인	**통합 마일리지 적립 및 사용**
2	동물병원	치료, 예방접종,	• 예방접종 10% 할인	
3	펫샵	용품판매(목줄, 입마개, 패드, 사료)	• 용품 10% 할인	
4	교육기관	배변교육, 짖음, 사회화교육	• 교육/세미나 개최시 초청	
5	펫택시	반려견 or 보허자 동행 이용	• 10회 이용시 1회 무료	
6	반려견 분양소	분양, 교배	• 교배시 수수료 할인	
7	장례식장	반려견 장례	• 이용요금 할인	
8	미디어업체	추억 동영상 제작	• 이용요금 할인	
9	유치원/호텔	장/단기 돌봄	• 장기 돌봄시 할인	

7. 기대효과

Connexión 을 이용했을 시 효과는 ?

사회적 효과

▣ 유기견 문제해결 (로드킬, 배설물..)

▣ 교육을 통한 공격성/사회성 문제 해결

▣ 1인 가구/실버 가구의 외로움 해소

경제적 효과

▣ 분양산업 활성화

▣ 서비스 산업 활성화

▣ System 해외 수출로 외화 획득

▣ 관련 직업군 육성

개인적 효과

▣ 초보 분양자의 길라잡이

▣ 정신적 건강 - 우울증/대인기피증

▣ 육체적 건강 - 운동/면역력증가

▣ 할인을 통한 개인별 경제적 이익

▣ 통합 마일리지 적립/사용

이 사업계획서는 캡스톤디자인 과정에서 실제 사업계획을 수립할 때 훌륭한 참고 자료가 될 것이다. 특히 사업 아이디어 구체화, 시장 분석, 수익 모델 설계, 협력 방안 등의 구성과 논리적 전개 방식을 면밀히 살펴보기를 권한다. 이를 통해 자신의 프로젝트에 적합한 사업계획서 작성법을 익히고, 나아가 독창적인 아이디어를 체계적으로 발전시켜 나가는 연습을 해볼 것을 추천한다. 이러한 실습을 통해 창업 능력과 기획력 등 실무 역량을 기를 수 있을 것이다.

캡스톤디자인 리더십 과정

6 PART

XIV. 캡스톤디자인 리더십 교육과정 274

01. 팀의 시작 276
02. 팀의 이해 277
03. 캡스톤디자인의 팀 리더의 역할 280
04. 팀 리더의 바람직한 위상과 팀원의 업무 282
05. 캡스톤디자인 팀 관리 (Management) 284
06. 팀장이 캡스톤디자인에서 기억해야 할 원칙 285
07. 커뮤니케이션(Communication) 288
08. 프리젠테이션(Presentation) 292

XIV. 캡스톤디자인 리더십 교육과정

대학에서 캡스톤디자인 과정을 시작할 때 팀장을 대상으로 리더십 교육을 실시한다. 그 이유는 캡스톤디자인이 기업의 팀제 운영과 유사한 현장 경험을 제공하기 때문이다. 이 과정을 통해 학생들은 학교 내에서 실제 기업 환경과 동일한 프로젝트 관리 경험을 쌓을 수 있다. 팀장은 아이디어 창출, 팀원 스케줄 관리, 사업비 운용, 외주 관리, 팀원 간 갈등 조정 등 종합적인 팀 운영 관리 역량을 습득하게 된다.

캡스톤디자인의 리더(Leader)란 2명 이상으로 구성된 팀에서 목표 달성과 성공을 위해 방향을 제시하고 이끌어가는 중심적 역할을 담당하는 사람이다. 리더는 팀 내부의 기능적 요소들이 효과적으로 수행되도록 지원하는 동시에, 팀과 외부 환경 간의 조정 역할도 수행한다.

서양 격언에 '한 마리의 사자가 지휘하는 일백 마리의 양 떼는 한 마리의 양이 지휘하는 일백 마리의 사자 떼를 이긴다'는 말이 있다. 그만큼 리더십이 조직 성공에 미치는 영향은 절대적이다. 리더는 조직의 목표달성을 위해서 개인과 집단을 능동적으로 활동하게 하고, 구성원들의 자발적 행동을 유도하는 동기 부여와 창의적 활동을 이끌어내는 역할을 담당한다.

대학에서의 캡스톤디자인은 기업 조직과 동일한 구조와 프로세스를 갖추고 진행되기 때문에 별도의 리더십 교육이 필요하다. 일부 교수자들의 경우 기업 현장 경험이 부족하여 캡스톤디자인 수업 방법을 이해하는 데 어려움이 있을 수도 있다. 따라서 팀장들을 대상으로 한 별도의 리더십 교육을 통해 효과적인 팀 운영 능력을 배양하는 것이 중요하다.

리더가 되기 위한 특별한 절차는 없다. 위대한 리더들 중 선천적으로 리더십을 타고난 경우는 극히 드물다. 다양한 장애와 고난을 극복하면서 리더로서의 자질을 갖추어 나가야 한다. 리더가 되기 위해서는 먼저 팀의 구성 요소들을 체계적으로 이해해야 한다.

- **팀워크 (Team Work)** : 팀으로서 함께 일하는 사람들과 그들이 만들어내는 협력적 분위기
- **팀 플레이어(Team Player)** : 결합된 그룹 안에서 동료들과 협력하여 공동 목적을 달성해 나가는 구성원
- **팀 빌딩 (Team Building)** : 조직의 효율성을 높이고 구성원들 사이의 신뢰와 공동의 목적을 수립하고 발전시켜 나가는 체계적 과정

팀은 혼자서는 절대 달성할 수 없는 목표를 공동으로 이루어내는 협력 체계이다. 한 연구에 따르면 75% 이상의 학습자들이 개별 학습보다 협력적 학습을 선호하며, 실제로 더 높은 학습 효과를 보이는 것으로 나타났다.

일반 기업에서도 문제 해결을 위해 정기적인 회의를 통해 의견과 아이디어를 공유하고 일정을 점검하는 것처럼, 캡스톤디자인도 하나의 목적을 위해 구성원들과 함께 고민을 해결해 가는 일종의 가상 조직이다. 팀장은 최종 의사결정권을 가지고 팀원들에게 업무를 분배하며, 문제점들을 해결하고 주어진 예산 내에서 일정을 관리하여 목표를 달성하는 전 과정을 책임진다.

이러한 과정은 교수자에게 의존하는 전통적인 전공이나 교양 과목과는 완전히 다른 학습 경험을 제공한다. 학생들은 스스로 아이디어를 창출하고 구현하며,

시장조사를 실시하고 완성품을 만들어내는 직장 체험 프로그램을 경험하게 된다. 지금까지의 정답을 선택하는 수동적 학습 방법에서 벗어나, 스스로 고민하고 구성원들과 생각을 공유하는 능동적 학습을 통해 사회 적응력과 자존감을 동시에 향상시킬 수 있다.

01. 팀의 시작

1. 팀 구성

한 팀의 구성원은 3-7명의 홀수로 구성하는 것이 바람직하다. 그 이유는 의사결정 과정에서 다수결로 결정할 때 항상 명확한 결론을 도출할 수 있기 때문이다. 팀원들 간의 어색한 분위기를 완화하기 위해 각자 2분간 자기소개 시간을 갖는 것이 좋다. 이름, 학과, 학년, 취미, 성격, 장단점, 캡스톤디자인 프로젝트에 대한 포부 등을 자연스런 분위기에서 공유하도록 한다.

2. 팀장 선출

팀 구성 후에는 팀장을 선출해야 한다. 순번제로 운영할 수도 있으나, 가급적 학교생활 경험이 풍부한 고학년 선배가 담당하는 것이 효과적이다. 지원자를 받은 후 각자의 팀 운영 관련 발언을 들어보고 거수나 투표를 통해 결정한다. 팀장이 정해지면 팀원들은 팀장을 존중하고 지시에 따라야 한다.

3. 업무 분담

팀장은 팀원들이 담당할 업무를 지정해야 한다. 첫 번째는 기록자이다. 기록자는 캡스톤디자인 프로젝트 수행 중 모든 회의 및 결정사항을 회의록에 기록하여 진행 과정을 파악하고 정보를 공유할 수 있도록 한다. 두 번째는 발표자 선정이다. 발표자는 경진대회나 수업 시간에 제품이나 서비스를 충분히 이해하고 팀을 대

변할 수 있는 팀원으로 선정한다. 세 번째는 프리젠테이션 작성자로서 발표 자료의 생성, 편집, 디자인을 책임지는 역할을 담당한다.

02. 팀의 이해

1. 팀의 개념

팀은 공통된 목표 달성을 위해 구성원들이 상호 보완적인 역할을 수행하며, 성과와 책임을 공유하는 협력 집단이다.

2. 팀(Team)의 유형

❶ 문제해결 팀(Problem-Solving Teams)

특정 문제의 해결방안을 모색하고 개선안을 제시하기 위해 동일 조직 내 3-5명의 구성원으로 이루어진 문제 중심의 협업 집단

❷ 자율운영 팀(Self-Managed Work Teams)

관리자 역할을 팀이 직접 수행하여 업무 계획, 일정 조정, 의사결정, 성과 평가 등을 자율적으로 관리하는 집단

❸ 융합 팀(Cross-Functional Team)

조직 내에서 다양한 전문 지식과 기능을 보유한 구성원들이 공동의 목표 달성을 위해 분야별 전문성을 결합하여 협력하는 집단(예: 테스크포스팀, 프로젝트 위원회 등)

❹ 가상팀(Virtual Team)

물리적 공간의 제약 없이 지리적으로 분산된 구성원들이 공동의 목적을 달성하기 위해 화상회의, 협업 플랫폼, 메신저 등 디지털 기술을 활용하여 원격으로 협력하는 집단

캡스톤디자인은 자율운영 팀의 성격을 가지며, 창의적 문제해결에 적합한 조직 형태이다. 팀원과 팀장만 존재하고 별도의 직급 체계는 사용하지 않으며, 성과와 목표 중심의 조직 운영 방식을 채택한다.

3. 캡스톤디자인 팀의 효과

캡스톤디자인 팀의 효과는 목표 설계, 구성원 요소, 자원 환경, 운영 과정으로 구분하여 분석할 수 있다.

❶ 목표 설계(Goal Design)

캡스톤디자인의 목표에 근거한 계획 및 내용 설계로 프로젝트 방향을 정하는 시작점

❷ 팀 구성원 요소(Composition)

- 능력: 전문지식, 문제해결 능력, 의사결정 능력, 대인관계기술
- 성격: 외향성, 친화성, 성실성, 정서적 안정성
- 역할과 다양성: 개인과 다른 구성원 간 역할의 명확화
- 규모: 효과적인 팀 규모는 3-5명
- 유연성: 높은 유연성은 높은 적응력으로 연결
- 선호도: 개별 작업보다 팀워크를 선호하는 정도

팀 플레이어 전환을 위한 고려 사항은 다음과 같다.

- 선발: 기술적 능력과 함께 팀 역할 수행을 위한 대인관계 능력 고려
- 리더 훈련: 모든 구성원의 리더십 역량 개발(토론, 문제해결, 의사소통, 협상, 갈등관리, 코칭)
- 경험: 경쟁보다는 협력적 관계에서 얻는 귀중한 경험의 가치 인식

팀 구성원들이 갖추고 있는 다양성에 대한 장점과 단점은 다음과 같다.

팀원 다양성의 장점과 단점

장점	단점
• 다양한 관점 • 새로운 아이디어에 대한 개방성 • 다양한 해석, 창의성/유연성 증가 • 문제해결 기술 증가	• 모호성, 복잡성 • 혼동, 오해의 소지 • 의견 일치의 어려움 • 특정행동에 관한 동의의 어려움

❸ 자원환경(Context)

외부로부터의 적절한 지원과 자원 제공

- 물리적 자원: 작업 공간, 장비, 실험실, 소프트웨어, 하드웨어 등
- 정보 자원: 데이터베이스, 도서관, 온라인 자료, 전문 문헌 접근
- 인적 자원: 지도교수, 멘토, 산업체 전문가, 외부 자문위원
- 재정적 지원: 프로젝트 예산, 재료비, 출장비, 참가비 등
- 기관 지원: 대학의 정책적 지원, 행정 지원, 제도적 뒷받침
- 네트워크 자원: 산학협력 기업, 동문 네트워크, 전문 기관과의 연계

❹ 운영과정(Process)

- 공통의 목적: 팀의 방향성과 추진력 제공
- 구체적 목표: 단계별(일정) 수행 과정 수립
- 팀 효율적 운영
- 갈등 관리: 순기능적 갈등과 역기능적 갈등의 구분
- 사회적 기여 전략 수립

팀 효과성 모델(A team effectiveness model)

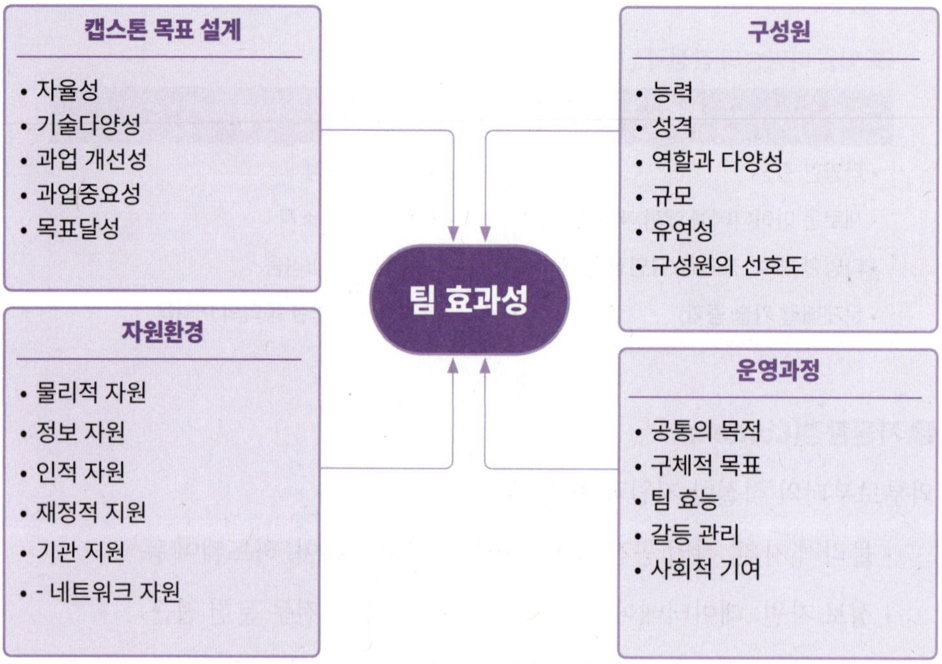

03. 캡스톤디자인의 팀 리더의 역할

캡스톤디자인의 팀 리더는 다양하고 복합적인 역할을 수행하여야 한다. 팀 형성 이전에 팀장과 구성원들 사이에 선후배, 친구 등의 개인적 관계가 있었더라도, 캡스톤디자인 프로젝트에서는 팀장과 팀원의 업무 관계로 전환되어야 한다. 이는 기업 환경과 동일한 조건을 유지하기 위함이다.

예를 들어, 일반 기업에서 지각이 잦으면 그에 상응하는 조치를 받는 것처럼, 캡스톤디자인 회의에 팀원이 지각할 경우에도 동일한 기준을 적용해야 한다. 4명이 회의를 할 때 한 사람이 5분 지각하면 나머지 3명의 총 15분이 낭비되며, 이는 되돌릴 수 없는 시간 손실이다. 캡스톤디자인 프로젝트에서는 시간의 소중함을 인식하고 기업과 동일하게 운영해야 한다는 원칙을 견지해야 한다.

■■ 팀 리더의 역할

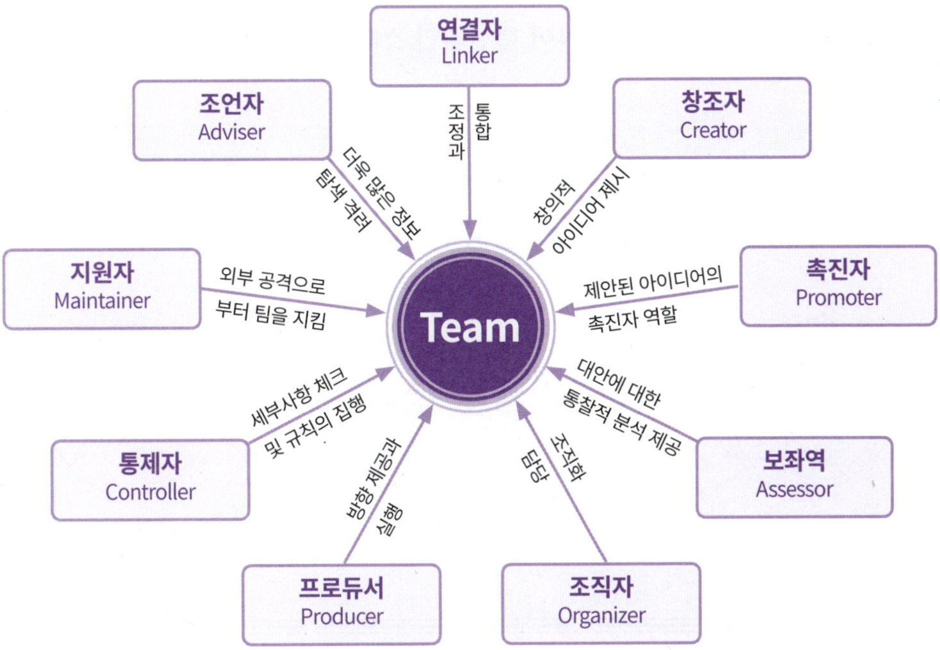

리더는 여러 가지의 역할을 수행하게 되는데 먼저 창의적인 아이디어를 제시하는 창조자(Creator) 역할을 한다. 그리고 구성원들의 아이디어 창출을 격려하고 지원하는 촉진자(Promoter) 역할을 한다. 또한 대안에 대한 통찰적 분석을 제공하는 보좌역(Assessor) 역할, 구성원을 이끄는 팀장으로서의 조직자(Organizer) 역할, 팀 프로젝트의 방향 제시와 실행을 담당하는 프로듀서(Producer) 역할, 프로젝트의 세부 사항을 점검하고 일정을 관리하는 통제자(Controller) 역할, 외부에 대해 팀을 대표하고 지원하는 지원자(Maintainer) 역할, 팀원들을 격려하고 동기를 부여하는 조언자(Adviser) 역할, 마지막으로 프로젝트 담당 교수 및 학교 담당자와의 소통을 담당하는 연결자(Linker) 역할을 수행한다.

애플사의 스티브 잡스가 혼자서 스마트폰을 만든 것이 아니듯이, "사업에 있어서 위대한 일은 결코 한 사람에 의해서 이루어지지 않고 훌륭한 팀이 이루어낸다."고 말했다. 잡스는 기업의 리더로서 다양한 문제들을 극복하고 조직의 갈등을 해결하며 팀 간의 협력을 이끌어 혁신적인 스마트폰을 탄생시켰다.

"사업에 있어서 위대한 일은 결코 한 사람에 의해서 이루어지지 않고 훌륭한 팀이 이루어낸다.

04. 팀 리더의 바람직한 위상과 팀원의 업무

1. 좋은 리더로 변신하자

캡스톤디자인 운영과 팀원의 통합을 효과적으로 수행하며 리더십을 발휘할 수 있는 리더가 되야 한다. 구성원들을 깊이 이해하고 자신을 아끼듯 팀원들을 배려해야 한다.

2. 대립과 갈등을 두려워하지 말라

캡스톤디자인을 운영하다 보면 대립과 갈등은 불가피한 요소이며, 동시에 아이디어 창출의 원천이 될 수 있다. 대립과 갈등을 회피하지 말고 적극적으로 대처하여 건설적인 방향으로 활용해야 한다.

3. 리더가 솔선해서 주도적으로 리드해야 한다

관리 능력은 지속적인 학습과 실천을 통해 향상되어야 한다. 어려운 문제일수록 적극적으로 대처하고 몰입하는 자세가 필요하다.

4. 팀원인 참여자와 관계를 돈독히 하여야 한다

팀원과 관계가 원활하지 않은 리더는 팀 전체에 부정적 영향을 미친다. 팀원과 리더가 상호 신뢰 관계를 구축하고, 결정된 사항을 효과적으로 관리하며 실행해야 한다. 업무가 한 단계 끝나면 서로 요약을 하고 협의토록 한다. 정보를 서로 공유하고 팀 전체에게 좋은 의견을 교류토록 한다.

5. 팀원 상호 간의 이해가 필요하다

리더는 팀원 간의 의도와 관점을 파악하고 이해하여 팀을 효과적으로 이끌어야 한다. 팀원 간의 협조를 유도하고 협력하는 자세는 기본이며, 모든 구성원이 공동 목표를 향해 나아가고 있음을 지속적으로 상기시켜야 한다.

6. 상부상조하는 지원 활동을 넓힌다

팀원 간에 갈등이 지속되면 프로젝트와 개인 성장 모두에 부정적 영향을 미친다. 상호 지원의 범위를 확대하기 위해 서로에게 아낌없는 격려와 칭찬을 제공해야 한다. 팀 내 활동에 자발적으로 참여하고 협력하며, 문제 해결의 방향을 함께 모색하고 모든 상황을 학습과 성장의 기회로 활용해야 한다.

7. 활기 넘치는 회의 분위기를 연출한다

회의 분위기를 밝고 활기차며 개방적으로 조성해야 한다. 팀원들의 적극적 참여를 유도하여 목표와 방침을 함께 결정하고, 팀원들의 자율성을 존중하며 업무 범위와 활동 지원 사항을 명확히 전달해야 한다.

05. 캡스톤디자인 팀 관리(Management)

1.관리(Management)는 무엇을 목적으로 하는가?

관리의 목적은 팀의 목표와 각종 활동을 효과적으로 실현하기 위한 지원에 있다.

2.관리는 프로젝트의 지원 수단이나 방법이다

관리는 팀을 효과적으로 운영하는 수단이나 방법으로, 그 자체가 목적이 아니다. 이는 최대한 경제적으로 운영하는 경영과 구별되며, 시간과 예산의 낭비를 줄여 최적화하는 것을 의미한다.

3. 관리 업무를 팀원과 재확인한다

관리 업무는 계획(Plan)-실행(Do)--점검(Check)의 관리 사이클로 구성되며, 지속적인 개선을 통해 발전시켜 나가야 한다. 따라서 관리 업무의 주요 기능은 체계적인 계획 수립과 목표 달성을 위한 운영 통제에 있다.

4. 관리는 필요한 정보를 명시하고 공유한다

관리는 의사결정에도 직접적인 영향을 미치므로, 정확한 의사결정을 위해 팀원들에게 필요한 정보를 명확히 제공해야 한다. 시제품 개발, 서비스 외주, 용역, 재료 발주 등 모든 진행 정보를 팀원들과 공유해야 한다.

5. 리더의 관리 영역

리더의 관리영역에는 계획서 통합 관리, 시간 관리, 예산 관리, 아이디어 발굴, 조직 관리, 커뮤니케이션 관리, 위험 관리, 외주 관리 등이 포함된다.

관리 영역

관리영역	계획 프로세스	실행 · 관리 프로세스
통합관리	• 프로젝트계획서	• 업무 진행 체크
시간관리	• 통합일정표 • 상세일정표 • 기능별 일정표	• 시간,일정 관리
비용관리	• 개발 업무 분석 • 개발 비용(시제품 -발주, 용역, 설치)	• 주간보고서
아이디어발굴	• 아이디어 발굴 회의	• 아이디어 아이템 발굴 회의 • 아이디어 의사결정 주관
조직관리	• 프로젝트 체계도	• 역할 분장 및 진도 관리
커뮤니케이션 관리	• 기록관리	• 회의록 • 회의 유보항목 • 질문관리 시트
위험관리	• 위험요소목록	• 프로젝트의 위험 요소 체크
외주관리	• 시제품 외주 용역, 서비스, 재료 등	• 외주 진행 체크

06. 팀장이 캡스톤디자인에서 기억해야 할 원칙

1. 회의는 정시에 시작하라

모든 회의는 약속된 시간에 정확히 시작해야 한다. 지연된 시작은 전체 일정을 늦추고 참가자들의 시간 관념을 해이하게 만든다.

2. 모든 업무를 똑같이 마쳐야 하는 것은 아니다

팀원들의 업무 난이도와 준비 과정이 다르므로 동일한 시간에 모든 업무가 완료되지 않을 수 있다. 팀장은 이를 세밀하게 분석하여 효과적인 시간 관리를 해야 한다.

3. 팀장은 촉매자로서 역할을 충실히 하여야 한다

자신의 생각을 일방적으로 강요하지 말고, 팀원들의 의견을 이끌어내는 촉매자 역할을 해야 한다.

4. 팀원들을 비판하거나 놀리지 말라

팀원들을 비판하거나 조롱하지 말아야 한다. 동의하지 않는 의견이라도 존중하는 자세를 보여야 한다.

5.팀원들이 서로 잘 어울리도록 해야 한다

각 팀원의 업무 적합성을 점검하고, 어려움이 있을 경우 업무 재배치나 문제 해결을 우선적으로 처리해야 한다.

6.팀원들이 가지고 있는 문제를 공론화하여 같이 고민해 본다

진행 과정에서 발생하는 문제는 팀 전체와 공유하여 함께 해결책을 모색해야 한다. '나보다 똑똑한 것이 우리'라는 원칙을 기억해야 한다.

7.누가 옳고 그른지를 팀원들과 논쟁하지 말라

팀장은 옳고 그름을 판단하는 역할이 아니라, 의견을 수렴하여 의사결정을 내리는 역할이다. '아주 흥미로운 질문이네. 다른 사람들 생각은?' 등 지속적으로 팀원들의 생각을 경청하는 것이 중요하다.

8. 팀원들 각자가 함께 일을 할 수 있는 분위기를 만들어라

개별 팀원이 지나치게 앞서나가지 않도록 하여 다른 팀원들이 위축되지 않게 해야 한다. 잘못되면 몇몇이 팀을 리드하게 되고 나머지는 구경꾼이 된다. 모든 팀원이 동등하게 참여할 수 있는 환경을 만들어야 한다.

9. 팀장은 회의 장소에 제일 먼저 도착하고 나중에 떠난다

회의 장소에 가장 먼저 도착하여 자리 배치와 자료 준비를 하고, 회의 종료 후에는 정리 정돈을 하는 모범을 보여야 한다.

10. 캡스톤디자인은 열정이다

제한된 시간 내에서 계획하고 실행하는 프로젝트의 특성상, 팀원들의 열정과 집중력이 성공의 핵심 요소이다. 중요한 것은 난관을 어떻게 극복 했는지가 중요한 관건이다. 포기하지 않고 끝까지 협동심을 밝휘한다면 성공한 프로젝트가 될 수 있다. 비록 프로젝트를 끝까지 완수하지 못했더라도 성공을 향한 열정은 남는다.

11. 팀장은 친근감을 주는 리더십을 가져야 한다

'시작할까요? 또는 시간이 다 되었는데 더 의견들 있는지요?' 등 존중과 제안의 어조를 사용해야 한다.

12. 발언 중에 끼어들지 않는다

팀원이 발언할 때는 끝까지 경청하고 눈을 보며 들어야 한다.

13. 서로의 발표 시간을 준수하도록 해야 한다

전체 회의 시간을 효율적으로 활용하기 위해 각 팀원의 발언 시간을 정하고 준수하도록 해야 한다.

14. 회의 시작 시 안건에 대해서 먼저 설명해 주어야 한다

회의 시작 시 진행될 안건과 내용을 공유하고, 문제점, 해결방안, 책임 배분을 명확히 해야 한다.

15. 회의 종료 시 팀원 격려로 마무리 한다

회의 마지막에 향후 진행 사항을 공유하고 팀원들의 노고에 감사를 표하며 다음 회의까지의 동기부여로 마무리해야 한다.

07. 커뮤니케이션(Communication)

커뮤니케이션은 단순한 정보 교환을 넘어서 인간 상호 간의 이해를 증진시키는 교량 역할을 한다. 상대방과의 공감적 이해를 바탕으로 한 진정한 소통이 커뮤니케이션의 본질이다.

커뮤니케이션이 실패하는 주요 원인들은 다음과 같다. 자기중심적 사고는 상호 소통을 방해하는 가장 큰 장벽이다. 사실과 추론을 혼동하여 오해가 발생하기도 하며, 서로간의 차이를 무시함으로써 갈등이 일어나기도 한다. 언어의 의미를 정확히 파악하지 못하거나, 마음을 열고 받아들이지 못할 때 상대방도 마음을 닫게 된다. 상대방의 이야기를 경청하지 않는 것도 커뮤니케이션 실패의 주요 원인이다.

이러한 문제들로 인해 커뮤니케이션이 실패하면 상호 간에 불편함을 느끼게 되고 관계가 멀어지게 된다. 커뮤니케이션을 방해하는 가장 큰 요소는 편견이므로, 이를 제거하기 위해서는 머리와 마음을 유연한 상태로 유지하고 평온한 자세로 임해야 한다.

상대방의 입장에서 생각해보고 관대하게 대하며, 자신의 고집을 내려놓아야 상대를 진정으로 이해할 수 있다. 선입관을 제거하고 협의로 이끄는 것이 진정한 리더십이다. 커뮤니케이션은 태도에 의해 결정되므로 상대방을 존중하고 이해해야 커뮤니케이션에 어려움이 없으며, 이는 원활한 소통을 위한 기본적 태도이다.

커뮤니케이션을 원활하게 만드는 구체적 방법은 다음과 같다. 개방된 환경을 조성하고 상대방의 이야기를 진지하게 경청하며 필요한 정보를 적극적으로 공유해야 한다. 상대방의 말을 수용할 자세를 취하고 이해한다는 표현을 자주 사용하는 것이 중요하다. 상대방의 이야기를 경청하는 것은 커뮤니케이션에서 가장 중요한 요소 중 하나이다. 적극적 경청의 방법은 자신의 마음을 열고 상대방의 이야기에 귀를 기울이며, 자신이 한 말을 행동과 일치시키는 것이다. 신뢰는 믿음이며 이는 상대와의 커뮤니케이션에서 중요한 덕목이다. 대화할 때 공감하고 이해한다는 끄덕임의 표현도 매우 효과적이다. 결국 경청이 상대방의 마음을 열게 하는 열쇠가 된다.

캡스톤디자인 프로젝트에서 커뮤니케이션의 어려움은 팀장이 리더, 동료, 친구, 선후배로서의 다양한 역할을 동시에 수행해야 한다는 점에 있다. 그러나 캡스톤디자인의 본래 목적은 기업의 팀제 운영을 그대로 구현하는 것이므로, 기업의 팀 조직과 동일하게 운영되어야 한다.

결국 효과적인 소통을 위한 리더 및 구성원들의 역할은 계획을 이해하고 공유하며, 활발한 커뮤니케이션을 바탕으로 의사결정을 내리고 조직의 갈등을 극복하여 목표에 도달하는 것이다.

팀원 모두가 서로를 존중해야 하며, 이를 위해서는 긍정적이든 부정적이든 관계없이 솔직한 피드백을 주고받을 수 있어야 한다. 일부 팀원이 일을 주도하거나 아무것도 하지 않는 상황이 발생해서는 안 된다. 모든 팀원이 공동으로 업무를 수행해야 갈등을 피하고 책임감을 가지고 열심히 노력할 수 있다.

팀원들 간에 강한 신뢰 관계가 형성되면 협력도 강화된다. 위대한 팀의 토대는 서로 함께 일하는 데 마음이 편안해야 한다는 것이다. 각 팀원이 다른 팀원들에 대한 퍼실리테이터(Facilitator) 역할을 해야 한다.

퍼실리테이터는 상대를 도와주는 지원자로, 사람과 사람 사이의 상호작용을 활발하게 하여 창의적 성과를 이끌어내기 위한 전략적 역할을 담당한다. 특히 팀장이 퍼실리테이터가 되어야 하는 이유는 다음과 같다. 첫째, 문제해결을 위해 구성원들 간의 깊이 있는 커뮤니케이션을 도모하여 상호 공감대를 형성한다. 둘째, 대화는 주로 공감과 배려에 기초한 소통에 주목하여 진행한다. 셋째, 자신의 생각을 주장하기 보다 여러 사람의 다양한 의견들이 표출되도록 하고 일정한 방향으로 의견이 모아지도록 회의를 중재한다. 넷째, 미리 정해진 결론으로 논의를 이끌어가서는 안 되며, 모든 구성원의 자율적 의견 개진을 존중한다.

어떤 조직이나 모임에든 갈등은 존재한다. 이는 사람이 독립적인 사고 능력을 가지고 있다는 자연스러운 현상이므로 인정해야 한다. 특히 친구, 동료, 선후배 관계가 얽혀있는 캡스톤디자인 프로젝트에서는 갈등이 더욱 복잡할 수 있다.

리더는 갈등을 회피하지 말고 가장 우선적으로 해결해야 하며, 갈등의 원인을 명확히 알려 주어야 한다. 갈등 해결 시 전화나 SNS 메시지로 해결하려 하면 실패할 가능성이 높다. 반드시 직접 대면을 통해 갈등을 해결해야 한다. 대면 상황에서는 상대방의 의견에 먼저 공감을 표시하면서 대화를 시작해야 한다. 상대방이 긴장하고 방어적 자세를 취하고 있는 상황에서 감정적이거나 비판적인 이야기를 먼저 꺼내면 갈등 해결이 어려워진다. 공감을 표시하면서 구체적으로 다른 의견을 지적하고, 그에 따른 해결 방안을 제시해야 한다. 서로가 같은 편이라는 사실을 상기시키고 공동의 목표를 가지고 있음을 강조해야 한다.

갈등 해결의 방법은 다음과 같다.

첫째, 문제를 명확히 제기하라. 갈등 상황을 분명하게 정의해야 한다. 문제를 명확히 정의하지 않으면 해결책을 찾기 어렵다.

둘째, 해결책에 집중하라. 문제를 제기한 후에는 가능한 한 많은 해결책을 모색하고 합의 가능한 부분부터 하나씩 해결해 나간다.

셋째, 모든 입장을 이해하라. 긴장 상태를 해소하려면 자신의 의견을 잠시 제쳐두고 상대가 충분히 수용의 자세를 보일 때까지 기다려야 한다.

넷째, 갈등 상황에서 한 걸음 물러서라. 개인적인 공격을 줄이고 한 걸음 물러서야 한다. 갈등은 누가 이기냐의 시합이 아니라 해결해야 하는 문제이다.

다섯째, 마음을 이야기하라. 갈등 중에는 서로 소통을 기피하게 되지만, 이는 갈등을 심화시킬 뿐이다. 마음속에 있는 것을 모두 표현해야 갈등을 해결할 수 있다.

여섯째, 상대방과 약속하라. 상호 확신이 없으면 문제는 해결되지 않는다. 서로의 입장을 들어주겠다는 약속을 해야 한다.

일곱째, 공통점을 생각해 보자. 갈등은 차이점을 부각시키지만, 갈등 해결의 핵심은 공통점을 발견하는 것이다.

여덟째, 불평에 대한 요구사항을 파악하라. 불평 뒤에 숨겨진 진정한 요구사항을 파악하면 갈등 해결의 실마리를 찾을 수 있다.

아홉째, 대화의 속도를 줄여라. 심각한 갈등에서는 감정이 격해져 빠른 말들이 오가지만, 속도를 줄이고 명확하게 의사를 전달해야 한다.

열째, 중재자를 활용하라. 갈등 당사자가 아닌 제3자가 중재자 역할을 할 수 있다.

열한째, 사과하거나 용서를 구하라. 갈등이 실수나 오해에서 비롯된 경우, 진정성 있는 사과와 용서 요청이 효과적이다.

지금까지 서술한 캡스톤디자인 리더십 교육의 핵심 내용을 다음과 같이 정리할 수 있다.

- 캡스톤디자인은 사회 경험을 위한 교내 현장실습으로서 창의력, 조직력, 혁신력을 필요로 한다. 팀장에게는 조직운영, 소통력, 협업력, 리더십이 요구된다.
- 리더십 교육의 핵심 학습 영역은 명료화, 창의적 사고, 비판적 사고, 의사결정, 문제해결 능력이다.
- 팀장은 열정을 가지고 팀원들을 서로 존중하고 신뢰하며 노력할 수 있도록 이끄는 것이 기본이다.
- 갈등은 직접 대면을 통해 상대방의 입장에서 생각하고 존중하는 마음으로 해결해야 한다.
- 팀장은 계획을 수립하고 진행 사항을 지속적으로 점검하며 팀원들과 정보를 공유해야 한다.
- 팀장은 향후 발생할 수 있는 위험을 사전에 인지하고 예방하기 위한 의사결정을 내려야 한다.

08. 프리젠테이션(Presentation)

1. 캡스톤디자인에서의 프리젠테이션 목적

캡스톤디자인 과정에서 프리젠테이션은 학생들의 아이디어와 성과를 효과적으로 전달하기 위한 핵심 도구로, 다음과 같은 구체적인 목적을 가진다.

❶ **프로젝트 가치 전달**: 캡스톤 프로젝트의 핵심 아이디어와 가치를 심사위원, 교수, 산업체 멘토 등에게 명확하게 전달하여 프로젝트의 중요성을 인식시킨다.

❷ **문제 해결 접근법 설득**: 문제의 정의부터 해결책 도출까지의 과정을 논리적으로 제시하여 접근 방식의 타당성을 입증하고 청중을 설득한다.

❸ **기술적 역량 증명**: 프로젝트 수행과정에서 활용한 기술과 방법론을 체계적으로 설명하여 팀의 전문성과 기술적 역량을 보여준다.

❹ **협업 과정 공유**: 팀워크를 통한 문제 해결 과정을 효과적으로 전달하여 협업의 가치와 각 구성원의 기여를 강조한다.

❺ **실현 가능성 입증**: 제안한 문제 해결 방안의 실현 가능성, 확장성, 지속 가능성을 구체적인 데이터와 근거를 통해 설명하여 프로젝트의 실용적 가치를 입증한다.

캡스톤디자인 프리젠테이션은 학업적 성취를 넘어 실무적 환경에서의 의사소통 능력을 개발하는 중요한 학습 기회이다. 발표 상황, 청중의 특성, 프로젝트의 성격에 따라 접근 방식을 전략적으로 조정하는 것이 중요하다.

2. 캡스톤디자인 프리젠테이션의 중요성 및 역할

캡스톤디자인 프리젠테이션은 단순한 결과 발표를 넘어 다음과 같은 중요한 역할을 수행한다.

❶ 복잡한 아이디어의 명확한 전달: 기술적으로 복잡한 프로젝트 내용을 다양한 배경의 청중이 이해할 수 있도록 시각적 요소와 명확한 설명을 통해 효과적으로 전달한다. 이는 향후 실무에서 기술 전문가와 비전문가 사이의 소통 능력을 기르는데 필수적이다.

❷ 프로젝트 가치 증명: 문제 정의의 타당성, 해결책의 효과성, 기대 효과 등을 논리적으로 제시하여 프로젝트의 가치를 증명한다. 특히 산업체 평가자나 투자자들에게 프로젝트의 실용적·경제적 가치를 설득력 있게 전달하는 것이 중요하다.

❸ 전문성과 프로정신 표현: 체계적이고 완성도 높은 프리젠테이션은 팀의 전문성과 프로젝트에 대한 진지한 접근을 보여준다. 이는 학생들이 미래 전문가로서의 역량을 갖추고 있음을 증명하는 기회가 된다.

❹ 산학 연계 강화: 산업체 관계자들에게 프로젝트의 실용적 가치와 시장 잠재력을 효과적으로 전달함으로써 산학 협력의 기회를 확대하고, 취업이나 창업으로 연결될 수 있는 네트워크를 구축하는 데 기여한다.

캡스톤디자인 프리젠테이션은 학생들이 제안하고 설계한 프로젝트의 가치를 극대화하고, 실무 환경에서 필수적인 의사소통 능력을 함양하는 중요한 과정이다. 프로젝트의 기술적 완성도와 더불어 이를 효과적으로 전달하는 능력이 프로젝트의 최종 성공을 좌우한다.

3. 캡스톤디자인 프리젠테이션의 효과적 준비 전략

❶ 목표 중심 접근

- 프리젠테이션의 핵심 목표(아이디어 및 성과 전달, 피드백 수집, 협력 파

트너 확보 등)를 명확히 설정한다.

- 청중 분석을 통해 기술적 배경지식 수준, 관심사, 기대사항을 파악하고 이에 맞춰 내용과 수준을 결정한다.
- 제한된 시간 내에 반드시 전달해야 할 핵심 메시지 3가지를 선정하고 이를 중심으로 내용을 구성한다.

❷ 효과적인 구성 설계

·도입부분

- 주의를 집중시키는 문제 상황이나 데이터로 시작하여 프로젝트의 중요성을 즉각적으로 인식시킨다.
- 프로젝트의 핵심 가치와 차별점을 한 문장으로 명확하게 제시한다.

·본론

- [문제 정의–접근 방법–해결 방안–검증 결과–기대 효과]의 논리적 흐름으로 구성한다.
- 각 단계에는 하나의 핵심 메시지와 이를 뒷받침하는 2-3개의 근거를 제시한다.
- 기술적 내용은 청중의 이해도에 맞게 적절히 조절하되, 핵심 원리는 명확히 전달한다.

·결론

- 프로젝트의 핵심 성과와 차별점을 재강조한다.
- 향후 발전 방향과 실제 적용 가능성을 제시하여 지속적인 관심을 유도한다.
- 청중이 반드시 기억해야 할 핵심 메시지를 인상적인 한 문장으로 마무리한다.

❸ 시각 자료 최적화

- 텍스트를 최소화하고, 데이터와 개념을 시각화하여 복잡한 정보를 직관적

으로 전달한다(그래프, 다이어그램, 프로세스 흐름도 등).

- 표본(prototype)이나 시뮬레이션 시연을 통해 실제 프로젝트의 운영 원리를 생생하게 보여준다.
- 한 슬라이드에는 핵심 아이디어만 포함하고, 텍스트는 핵심 키워드(6-8단어)로 제한한다(상세 설명은 구두로 전달).
- 색상은 2-3가지로 통일하여 일관성을 유지하고, 프로젝트의 성격과 주제를 반영한 컬러 팔레트를 선택한다. 시각적 피로를 줄이기 위해 대비가 적절한 색상 조합을 사용한다.
- 글자 크기는 발표 공간의 크기와 청중과의 거리를 고려하여 설정한다. 일반적으로 제목은 최소 32pt, 본문은 24pt 이상으로 설정하여 전문성을 높인다.

❹ 팀 프리젠테이션 전략

- 각 팀원의 전문 분야에 맞게 발표 파트를 배분하되, 전체적인 일관성을 유지한다.
- 발표자 전환 시 자연스러운 연결을 위한 전환 문구를 준비한다.
- 모든 팀원이 프로젝트 전체를 이해하고 있어야 질의응답에 효과적으로 대응할 수 있다.
- 발표순서, 시간 배분, 역할을 명확히 하고 여러 번 함께 연습한다.

❺ 효과적인 전달 기법

- 스토리텔링 방식으로 구성하여 청중의 관심과 이해를 높인다.
- 전문용어 사용 시 간략한 설명을 덧붙이고, 보편적 예시를 사용하여 이해를 돕는다.
- 목소리의 높낮이, 속도, 강조를 전략적으로 활용하여 핵심 내용을 부각시킨다. 특히 발표 중 몸의 자세와 손동작은 자연스럽게 유지하되, 과도한 움

직임은 청중의 주의를 분산시킬 수 있으므로 적절히 조절한다.

- 청중과 적극적으로 눈을 맞추고, 질문이나 간단한 상호작용을 통해 참여를 유도한다.

❻ 철저한 기술적 준비

- 발표 장소의 기술 환경(오디오 시스템, 해상도, 연결 방식 등)을 사전에 확인하고 테스트 한다. 발표 공간의 크기를 고려하여 마이크 사용 여부를 결정하되, 가장 뒤에 앉은 청중도 명확히 들을 수 있도록 한다. 마이크 사용 시에는 발표 전 음량과 피드백 여부를 확인한다. 프로젝터 연결 시 발표장의 해상도 설정을 확인하고 그에 맞게 슬라이드를 최적화한다.
- 표본이나 시뮬레이션 시연이 포함된 경우, 간단한 개요 설명으로 시작하고 핵심 내용을 3-5가지로 제한하여 각 단계를 설명한다. 또한 모든 시나리오에 대비한 백업 계획(스크린샷, 동영상 등)을 마련한다.
- 발표 자료는 다양한 형식(PDF, PPT)과 저장매체(USB, 클라우드, 이메일 등)로 준비한다.
- 발표 직전 장비 점검을 위한 충분한 여유 시간을 확보한다.

❼ 질의응답 대비

- 예상 질문 목록을 작성하고 팀 내에서 모의 질의응답 세션을 진행한다.
- 기술적 질문, 비즈니스 모델 관련 질문, 확장성 관련 질문 등 다양한 유형의 질문에 대비한다.
- 답변은 간결하게 핵심만 전달하되, 필요 시 추가 데이터나 상세 설명을 제공할 준비를 한다.
- 모르는 질문에 대해서는 정직하게 인정하고, 추후 답변 제공 방법을 제시한다.

캡스톤디자인 프리젠테이션은 학생들의 기술적 역량과 의사소통 능력이 결합된 종합적 역량을 보여주는 중요한 기회이다. 아무리 혁신적인 기술이나 뛰어난 비즈니스 모델을 가지고 있더라도, 이를 효과적으로 전달하지 못하면 성공적인 사업 추진이 어렵다. 프리젠테이션은 제한된 시간과 환경에서 집중력 있는 발표를 통해 청중을 사업의 동반자로 만드는 강력한 도구이며, 이는 기술적 역량 못지않게 중요한 인문학적 기술이다. 체계적인 준비와 효과적인 전달 전략을 통해 프로젝트의 가치를 극대화하는 것은 학업을 넘어 실무 환경에서의 성공으로 이어지는 핵심 역량이 될 것이다.

『팀워크로 혁신을 설계하는 캡스톤디자인: 아이디어에서 사업화까지』를 맺으며

한 권의 책이 독자의 손에 이르기까지 수많은 고민과 도전, 협업의 순간들이 있었습니다.

이 책이 여러분의 캡스톤 프로젝트 여정에 작은 이정표가 되고, 함께 고민하고 성장해 온 동료들과의 소중한 경험을 돌아보는 계기가 되길 바랍니다.

첫째, '팀워크'의 가치를 다시 한번 되새기고자 합니다.

혁신적인 아이디어는 개인의 영감에서 시작될 수 있지만, 이를 구체화하고 실현시키는 과정에서는 서로의 강점을 존중하며 보완해 주는 팀이 필요합니다. 때로는 갈등도, 때로는 시행착오도 있었겠지만, 그런 경험들이 모여 진정한 시너지를 만들어 냈습니다. 앞으로도 각자의 자리에서 동료와의 소통과 협력을 최우선으로 삼아 주시길 바랍니다.

둘째, '혁신'의 의미를 확장해 보세요.

기술의 진보나 새로운 비즈니스 모델만이 혁신은 아닙니다. 사용자 관점에서 불편을 해결하려는 작은 아이디어, 조직 문화 속에 숨겨진 비효율을 개선하려는 노력도 충분히 혁신입니다. 캡스톤디자인 과정을 통해 배운 문제 발견과 해결 방법론을 일상과 업무에 적용해, 지속 가능한 변화를 이끌어 가시길 바랍니다.

마지막으로, '사업화'의 여정은 끝이 아닌 또 다른 시작입니다.

이 책에서 제시한 방법론과 사례들은 여러분이 스스로 길을 개척해 나가는 데 밑거름이 될 것입니다. 실패를 두려워하지 말고, 시장의 목소리에 귀 기울이며 끊임없이 검증하고 개선해 나가십시오. 여러분이 만들어 낼 미래의 혁신이 더욱 기대됩니다.

이 여정을 함께해 준 모든 동료, 멘토, 그리고 독자 여러분께 진심으로 감사드립니다. 여러분의 도전과 열정이 앞으로도 더 많은 아이디어를 사업으로 꽃피우는 밑거름이 되길 바라며,

이 책이 그 여정의 든든한 동반자가 되기를 소망합니다.

2025년 봄

가톨릭관동대학교 경영학과

교수 원성권

참고자료

1. KAIST 문술미래전략대학원 미래전략연구센터 지음, 《카이스트 미래전략 2020: 기술과 인간의 만남》, 김영사, 2019.
2. 홍정민 외 지음, 《어떻게 기술이 최고의 인재를 만드는가》, 행복한북클럽, 2019.
3. 카츠마 카즈요 지음, 이선미 옮김, 《비즈니스 사고력》, 쌤앤파커스, 2009.
4. 한상설, 박희랑 지음, 《마케팅 마인드·툴·스킬》, 한솜, 2004.
5. 김진영 외 지음, 《창업성공을 위해 꼭 해야하는 사업타당성분석과 사업계획서작성》, 한국창업경영컨설팅협회, 2008.
6. 배리 리버트·존 스팩터 지음, 김정수 옮김, 《나 보다 똑똑한 우리: 소셜 네트워킹과 집단지성의 비즈니스 혁명》, 럭스미디어, 2010.
7. 조연순 외 지음, 《창의성 교육: 지혜와 창의적 문제 해결력을 위한》, 이화여자대학교출판부, 2019.
8. 하원규, 최남희 지음, 《제4차 산업혁명: 초연결 초지능 사회로의 스마트한 진화. 새로운 혁명이 온다!》, 콘텐츠하다, 2015.
9. 박휴용 지음, 《융합지식과 융합교육과정》, 전북대학교출판문화원, 2018.
10. 양은우 지음, 《관찰의 기술: 보려고 하는 순간, 새로운 세상이 펼쳐진다》, 다산북스, 2013.
11. 모리츠 에셔, 「천국과 지옥」, https://mcescher.com/
12. 이정문 화백, 「서기 2000년대 생활의 이모저모」, https://www.joongang.

co.kr/article/25258231

13. 작자 미상, 「토끼-오리 착시 그림」, Fliegende Blätter, 1892.

14. 이경희 지음, 《석·박사학위 논문작성을 위한 연구조사방법론》, 민영사, 2005.

15. 비제이 쿠마 지음, 이유종 외 옮김, 《혁신 모델의 탄생: 기업에서 정부 기관까지 모든 조직 혁신을 위한 디자인방법론 101》, 틔움출판, 2014.

16. 데이브 엘리스 지음, 펍헙 번역그룹 옮김, 《세계 최고의 학습법》, 아시아코치센터, 2009.

17. 유필화 외 지음, 《현대마케팅론》, 박영사, 2019.

18. 고다마 미쓰오 지음, 김외현 옮김, 《오타니 쇼헤이의 쇼타임: 평범함을 위대함으로 바꾼 오나티의 40가지 원칙》, 차선책, 2023.

19. 윤석철 지음, 《경영학의 진리체계》, 경문사, 2012.

20. 에이드리언 슬라이츠키 지음, 이상욱 옮김, 《수익지대》, 세종연구원, 2005.

21. 진성한 외 지음, 《중견·중소기업과 스타트업의 ESG 완전정복: ESG 경영의 이해와 실행지침서》, 학지사, 2023.

22. 사토 유이치 지음, 신주영 옮김, 《돈 잘버는 회사들이 선택한 재무분석 테크닉 73》,비즈니스맵, 2005.

23. 이민화 지음, 《기업가정신 2.0: 지속가능한 혁신의 리더십》, 창조경제연구회, 2018.

24. 황보윤 외 지음, 《기업가정신과 창업》, 이프레스, 2022.

팀워크로 혁신을 설계하는 캡스톤디자인: 아이디어에서 사업화까지

발행일 2025년 7월 15일 초판 1쇄
지은이 양창훈. 원성권. 송진호
발행인 송자영
발행처 초아출판사

주소 서울시 성북구 정릉로 36길 41
전화 070-8739-0036
팩스 0504-178-5627
E-mail choapublish@hanmail.net

ISBN 979-11-88425-49-5
정가 30,000원